조선의
리더십을
탐하라

# 조선의
# 리더십을
# 탐하라

이영관 지음

이콘

한강의 기적을 일궈냈던 대한민국은 21세기에 접어들어 저성장으로 인한 경제적 어려움에 직면해 있다. 우려되는 것은 이러한 상황이 단시간 내에 반전되기 어려울 것이라는 전망이 쏟아지고 있다는 점이다. 또한, 문화적 정체성의 측면에서도 새로운 해법을 모색해야 하는 과제를 안고 있다.

지구촌이 하나의 거대한 시장으로 통합되어가는 현실이지만, 통합이 곧 한 국가의 안정성을 담보하는 것은 아니라고 볼 때 우리는 우리 나름의 지속가능한 대안을 모색해야 할 것이다. 이러한 관점에서, 대한민국이 글로벌 시대를 리드할 수 있는 선진국으로 진보하기 위해서는 한국적인 리더십으로 세계와 경쟁해야 한다는 저자의 논리는 창의적이면서도 신선하다.

조선시대를 이끌었던 영웅들의 이야기를 토대로 한국형 리더십의 본질 분석을 통해 시대를 초월하는 해법을 도출해낸 접근법은 한국적 리더십이 곧 세계적 리더십이라는 점을 이해하는 데 큰 도움이 된다. 특히 위기관리, 혁신, 심학, 여가생활로 나눠 대안을 제시한 점은 통합적 리더십을 필요로 하는 현대의 리더들에게 좋은 길잡이가 될 것이다.

또한 역성혁명을 도모하여 조선시대의 문을 연 태조 이성계를 비롯하여, 기나긴 유배생활 속에서 실학을 집대성한 정약용, 추사체를 완성한 김정희를 통해 분석해낸 위기관리와 발전적 대안 제시는 참으로 감동적이다.

혁신을 통해 영웅이 된 인물들의 이야기도 흥미롭다. 변화를 주도하면서 구성원들의 갈등을 슬기롭게 극복한 세종대왕의 훈민정음 창제와, 임진왜란을 극복한 이순신, 그리고 조선의 문예부흥과 상업자본의 육성을 통해 미래를 설계한 정조의 창조적 실용주의도 눈여겨볼 만하다.

원칙 중심의 리더십으로 조선 최고의 정승이 된 황희와, 정치적 탐욕을 경계하며 대학자의 반열에 오른 이황, 그리고 그의 학문적 경쟁자였던 이이의 삶이 전해주는 교훈 또한 자기 자신을 슬기롭게 다스리는 심학의 필요성을 일깨워준다.

한편, 조선의 선비들과 임금들의 여가문화 속에서 한국사회가 지향해야 할 여가생활의 모델을 발견한 관점도 흥미롭다.

누구나 출세를 바란다. 그러나 무엇보다 중요한 것은 일과 여가생활의 균형이다. 직업인으로서의 성공도 생활인으로서의 성공으로 뒷받침되지 않는다면 그 가치가 반감된다. 저자는 삶의 문제에 대한 패러다임의 전환이 필요하다는 점을 설득력 있게 강조하고 있다.

순천향대학교 총장 손 풍 삼

　　지금 우리들은 정보통신기술의 비약적인 발전과 세계화의 흐름 속에서 자신이 원하는 정보를 편리하게 구할 수 있는 지구촌시대에 살고 있다. 이러한 때에 민족주의를 말하면 시대에 뒤떨어진 사람으로 인식할 만큼, 우리들은 세계인이라는 정체성을 받아들이고 있다. 일류기업들 또한 국경을 뛰어넘어 무한경쟁을 벌이고 있으며, 자신들의 경영노하우를 보호하면서 경쟁력을 강화하기 위해 차별화된 리더십을 추구하고 있다.

　　한국사회가 20세기 후반기에 이룩한 고속성장의 신화를 뒷받침하기 위해서는 무엇보다도 우리 스스로의 독창적인 리더십으로 세계시장을 선도해 나가야 한다. 그동안 우리들은 선진국들의 자본과 과학기술, 경영기법을 도입하여 경제성장을 견인할 수 있었다. 하지만 이제 우리나라는 과거와 달리 노동력이 싼 나라도 아니고 서구의 자본에 의지하여 국가경쟁력을 이끌어갈 수 있는 처지도 되지 않는다.

이러한 상황에도 불구하고 오늘날 한국사회에서 보편적으로 통용되고 있는 리더십은 우리의 경영풍토에 적합한 지식이라 하기에는 너무도 많은 허점을 내포하고 있다. 서점에서 쉽게 접할 수 있는 리더십 관련 서적들은 대부분 해외 번역서들이고 리더십의 통합적인 이해를 뒷받침하기보다는 단편적인 리더십 정보들을 확대 재생산해내고 있는 것이 사실이다.

이제 우리는 우리만의, 한국적인 리더십으로 세계인들과 경쟁해야 한다는 당위성을 스스로 인식하고 그 대안을 모색해야만 한다. 외국에서 도입된 경영기법의 장점을 존중하면서도 반만년 우리 민족의 유구한 역사 속에 감추어진 리더십의 심오한 가치들을 현대적 관점에서 재해석하여 세계시장을 주도해나갈 수 있는 한국적 리더십의 핵심적 가치를 찾아내야 한다.

조선왕조는 20세기 근세사로 연결되는 시기일뿐만 아니라 유적지의 보존상태도 양호하며 우리의 조상들과도 직접적으로 연결되는 시점이다. 그렇기 때문에 대한제국을 포함한 조선왕조를 지탱해준 리더십의 본질을 면밀하게 검토해 보면 한국적 리더십이 나아가야할 실마리를 풀어낼 수 있다.

**그 실마리의 첫 번째 키워드는 '위기관리'에 모아진다.**

위기에서 기회를 찾아낸 영웅들의 리더십에는 우리들이 눈여겨볼 만한 소중한 교훈들이 가득하다. 우선 몰락해가던 고려말기의 명장으로, 위화도회군을 단행해 자신의 불리한 처지를 극복하면서 조선왕조를 건국한 태조 이성계의 주도면밀한 위기관리능력이 돋보인다. 훈구세력들로 인해 조선왕조의 기틀이 흔들리던 혼란기에 사림정치를 구현하여 조선왕조의 정통성을 공고히 한 김종직의 리더십도 사림의 선구자로서의 위상에 걸맞은 지도력을 보여주었다. 전라도 강진 땅의 기나긴 유배생활 속에서도 실학을 집대성한 정약용과 제주의 유배지에서 자신의 독창적인 추사체를 완성한 김정희의 집념도 본받을 만하다.

두 번째 키워드는 '혁신'이다.

한국사회에서 조선을 대표하는 군주를 꼽는다면 많은 사람들이 주저하지 않고 세종대왕을 내세운다. 그는 한글을 창제하여 조선의 국격을 높였고 덕치주의를 실천하였을뿐 아니라 인재 발굴에도 탁월한 능력을 보여주었으며 정치·경제·문화·과학 등의 분야에서 조선의 그 어떤 군주도 이룩하지 못한 위대한 업적을 남겼다. 임진왜란의 위기 속에서도 '백전백승'의 신화를 일궈낸 이순신의 완벽주의는 오늘날의 리더들이 검토해 볼 만한 심오한 지혜를 남겨놓았다. 또한 조선후기를 풍미했던 정조의 리더십은 문화적 개방성과 창조성이 어떻게 조화를 이루어 발전시켜 나가야 하는지를 일깨워 주었다. 조선왕조의 끝자락에서 백성들을 리드한 전봉준의 민족주의도 눈여겨볼 만하다.

세 번째 키워드는 '심학心學'이다.

명재상 황희, 정치를 멀리하고 조선 최고의 학자가 된 이황, 이황과 학문적 깊이를 겨루었던 이이, 그리고 임진왜란의 소용돌이 속에서 묵묵히 자신의 소임에 충실했던 류성룡이 보여준 심학적인 교훈은 물질만능주의에 휘청거리고 있는 한국사회의 왜곡된 리더십을 바로잡는데 크게 기여할 수 있다고 본다. 신권정치를 부르짖다 단명한 정도전과 신진사림으로 한때는 능력을 발휘했지만 과욕으로 사약을 받아야 했던 조광조, 무리하게 쇄국정책을 추진했을뿐 아니라 한일병합 이후에도 권력을 탐했던 흥선대원군의 교훈도 함께 소개했다.

**네 번째 키워드는 '여가생활'이다.**

음악으로 정치적 탐욕을 경계했던 맹사성, 정자에서 가사문학을 꽃피우며 고품격 여가생활을 추구했던 정철, 보길도에 거대한 부용동원림을 꾸며놓고 미래지향적인 여가생활을 추구했던 윤선도, 그리고 왕실의 여가문화를 엿볼 수 있는 창덕궁 후원이 현대의 리더들에게 전해주는 교훈을 심층적으로 제시했다.

이처럼 조선왕조에서 배우는 리더십은 위기관리·혁신·심학·여가생활로 모아진다. 이 네 가지의 교훈들은 그동안 우리가 접했던 서구적인 리더십의 부작용을 최소화하는데 큰 도움을 줄 수 있을 것이며, 글로벌 시장에서 경쟁하고 있는 리더들에게도 큰 유익이 될 것이다.

이 책은 조선의 영웅들이 보여준 리더십의 교훈을 중심으로 엮어졌음에도 조선의 영웅들에 도취되는 즐거움에 머물지 않고, 그들이 보여준 리더십의 장단점을 진솔하게 접하면서 한국적 리더십에 대한 본질적인 이해를 도모하는데 역점을 두었다. 단순히 역사적 사료에 근거한 리더십의 이야기들은 자칫 현실감이 떨어질 수도 있기에 각 테마별로 그 이야기의 현장을 답사하며 얻을 수 있는 교훈도 자세히 기술했다. 다행히도 조선왕조의 영웅들에 관한 자료와 흔적들은 대부분 고스란히 보존되어 있었다.

조선왕조를 지탱해준 영웅들의 리더십을 종합적으로 분석하고, 그들의 유적지를 답사하며 그들의 사상과 철학을 면밀하게 살펴보는 지적 탐구는 리더를 꿈꾸는 사람들에게 큰 보탬이 될 것이다. '백문이 불여일견 百聞不如一見'이란 말처럼 현장에서 직접 보고 조선의 영웅들이 남겨준 교훈들을 느껴보는 여정은 한국적 리더십의 본질을 터득하는 바로미터가 될 것이다.

끝으로 조선시대 영웅들의 유적지를 답사하는데 도움을 주신 전국 각지의 문화원과 시·군청의 관계자와 문화관광해설사, 향토사학자들에게 감사의 마음을 전한다. 그리고 이 원고가 세상에 빛을 볼 수 있도록 책으로 엮어 주신 이콘 출판 관계자 여러분께도 감사를 드린다.

2012년 6월
이영관

사람들은 위기가 닥쳐오면 자신이 감당해야 하는 고통을 받아들이기보다 자신을 어렵게 만든 자들을 원망하면서도 위기상황에서 벗어나지 못한 채 스스로 인생을 망가뜨리기 십상이다. 반면 위대한 리더라고 평가를 받는 사람들은 여건이 좋을 때는 최대의 성과를 이끌어내고, 위기가 닥치면 적극적으로 위기를 극복해나가는 능동적인 대응능력을 보여준다. 물론 이를 위해서는 평소에 위기관리 능력을 키워 잠재적 위기요인들을 사전에 예방하는 것이 매우 중요하다.

위기와 기회는 동전의 양면과도 같아 상황을 어떠한 관점에서 바라보느냐에 따라 결과가 판이하게 달라질 수 있다. 역성혁명으로 조선왕조를 세운 이성계는 위기 속에서 기회를 찾아낸 대표적인 인물로, 조선 건국 과정뿐 아니라 신왕조의 기틀을 공고히 한 PMI(Post-Merger Integration)의 달인이었다. 정약용은 전라도 강진으로 유배를 가서도 자신의 신세를 원망하기보다는 후학들을 양성하며 실학을 집대성하는 위업을 달성했고 개혁주의자가 감내해야 하는 위기관리의 중요성을 일깨워주었다. 정치적인 소용돌이에 휘말린 김정희도 제주도 유배지에서 추사체를 완성하여 그의 예술적 재능을 승화시켰지만 사회개혁을 주도하지 못하는 보수주의자로서의 한계를 드러냈다.

반면 무능력한 권력자는 자신뿐 아니라 국운에도 큰 해를 끼친다. 제왕학을 체계적으로 학습하지 못한 채 임금이 된 단종과 그를 무력으로 몰아내고 임금이 된 세조, 명종대 부정부패의 만연으로 등장한 의적 임꺽정. 그리고 청나라와의 외교관계에 실패해 병자호란을 자초한 인조의 무능력도 현대인들에게 소중한 교훈을 전해주고 있다.

# 1부

# 위기에서 기회를 엿보다

함께 일할 사람들을 고르고 일을 맡기고

불화가 생기지 않도록 하며 그 성과를 보여주는 것.

물러나야 할 때를 알고 자신의 개인적인 선호와 관계없이

조직의 발전을 위해 후계를 챙기는 것 등

이성계의 일화 속에는 우리들이 배워야 할 많은 것들이 담겨있다.

# PMI Post-Merger Integration 의 달인
# 이성계

1335년 함경남도 영흥에서 태어난 태조 이성계는 어릴 적부터 총명하고 담대했으며 뛰어난 궁수였기에 아버지의 총애를 받았다. 그는 1361년 박의가 일으킨 반란을 진압하였고 홍건적의 개경 침공 때는 사병 2천 명을 거느리고 수도 탈환 작전에 참여하여 큰 전과를 거두기도 하였다.

당시 세도가들은 자신의 권위를 위해 사병을 육성했고 관군과 연합하여 적을 제압하는 능력을 지니고 있어야만 했다. 이와 같은 현상은 고려 말기에 접어들면서 국가권력의 근간이 미약했음을 의미하는 증거이기도 하다.

이성계의 가문은 그의 고조부인 이안사李安社가 남경에서 원元의 지방관으로 활동하면서 정치적 영향력을 확대해 나갔다. 이성계의 부친 이자

춘李子春은 원나라가 고려 출신의 이주민들에게 차별정책을 실시하자 원을 멀리하고 고려를 도운 것이 계기가 되어 고려왕조와 인연을 맺었다. 중국대륙에서는 한족漢族이 명明나라를 세워 세력을 확장하고 있었고, 원의 세력은 점차로 약화되고 있던 시기였다. 이때 이자춘은 고려의 공민왕과 우호관계를 맺고 고려가 옛 땅을 회복하는 데 큰 공로를 세웠고 이를 계기로 이성계 가문은 고려왕조의 중심 세력으로 성장할 수 있었다.

이성계의 부친이 동북면의 안정을 위해 힘쓰다 1360년 병으로 사망하자 차남 이성계가 그의 자리를 물려받았다. 그는 부친이 이룩한 업적을 능가하는 전과를 거두면서 그 세력을 확대하게 된다. 이성계가 위화도회군威化島回軍을 감행할 때까지 30여 년간의 기나긴 세월 대부분을 전쟁터에서 보낸 것을 보면 그의 삶은 생사를 넘나드는 인고의 세월이었음을 알 수 있다. 그 결과 이성계는 고려왕실은 물론 관료들과 백성들로부터 두터운 신임을 얻게 되고 1388년에는 고려시대 최고 관직인 문하시중門下侍中*의 바로 아래인 수守문하시중이 되었다. 이는 이성계가 전쟁터뿐 아니라 중앙 정치무대에서도 탁월한 수완을 발휘했음을 의미한다.

그렇게 승승장구하던 이성계에게도 절체절명의 위기가 찾아왔다. 철령 이북 땅을 차지하고자 지속적으로 위협하며 무리한 조공을 요구하는 명에 대항해 요동을 공격하라는 임금의 명령이 바로 그것이었다. 전쟁터에서 평생을 보낸 이성계였지만 이 전쟁에서는 승리할 자신이 없었다. 그렇기에 기나긴 시간동안 고민할 수밖에 없었고 자신을 따르는 참모들과 대책을 논의하느라 분주한 나날을 보내야만 했다.

---

*고려시대의 중서문하성(서무를 총괄하고 간쟁諫諍을 맡아보던 관아)의 종일품 으뜸 벼슬을 말한다.

출정이 불가하다는 상소를 올리기도 했으나 당시 군의 최고통수권자인 팔도도통사 최영장군과 우왕의 뜻을 꺾을 수는 없었다. 만약 임금의 명에 따라 전쟁을 치르다 패하게 되면 그동안 자신이 쌓아놓은 업적이 하루아침에 물거품이 될 수도 있고, 운이 나쁘면 생명까지도 잃을 수 있다는 위기감이 그를 엄습해왔다. 명을 거부하고 물러난다면 역적이 되어 죽거나 운이 좋아 살아남는다 하더라도 장수로서의 생명은 끝이 날 상황이었다. 고민끝에 그는 위화도회군을 감행하여 승부수를 던졌다. 1388년 5월의 일이다.

승부사 이성계는 좌군통도사 조민수와 함께 위화도회군을 감행하여 단숨에 우왕을 제압하고 고려왕조를 무너뜨렸다. 그리고 자신의 행보에 걸림돌이 되는 인물들을 주도면밀하게 제거해나가기 시작했다. 손을 잡았던 조민수와도 차기 임금을 옹립하는 문제로 정면으로 대립하게 되었다. 조민수는 공민왕의 정비 안씨와 연합해 우왕의 아들 창을 왕위에 올렸고 이성계는 정몽주와 손을 잡고 1389년 11월, 창왕을 폐위시키고 제20대 신종의 7대손인 요창을 공양왕으로 추대하는데 성공했다. 조민수는 창왕을 옹립시킨 것이 빌미가 되어 완전히 실각하였고 마침내 이성계는 비틀거리는 고려왕조의 권력을 완전히 장악할 수 있게 되었다.

조정 내에서는 이성계를 새로운 임금으로 추대하려는 움직임이 점차 가시화되다 결국 1392년 7월 정도전과 이방원 등의 추대에 힘입어 이성계는 임금(태조)으로 등극했다. 공양왕은 공양군으로 강등되어 원주 등지에서 유배 생활하다 처형되었다. 이로써 475년간을 이어온 고려왕조는 막을 내리게 된 것이다.

하지만 승승장구하던 태조에게도 신왕조를 세우는 일은 결코 쉽지 않았다. 고려를 추종하는 무리들이 시시때때로 권력을 되찾기 위해 동분서주했고 고려왕조를 무너뜨리는데 동조했던 인물들 중에서도 이성계가 신왕조를 건국하는 것을 반대하는 이들이 많았다. 공양왕의 스승이며 고려의 충신이었던 정몽주뿐 아니라 많은 고려의 충신들이 형장의 이슬로 사라졌다. 이 과정에서 이성계의 셋째 아들 방원은 혁혁한 공로를 세웠다.

양립하기 어려운 권력의 속성을 잘 알고 있던 이성계는 수많은 인재들이 사라지는 것을 보면서도 주저하지 않았다.

## 한양천도로 조선왕조의 정통성을 세우다

위화도회군 후에 보여준 이성계의 행보 또한 거침이 없었다. 임금이 된 이듬해에는 명나라의 도움을 얻어 국호를 조선으로 바꾸었다. 그는 더 나아가 수도를 옮겨 신왕조가 시작되었음을 만백성에게 알리고자 했다.

고려의 충신들을 아우르며 신왕조의 기틀을 바로세우는 일은 고려왕조를 무너뜨리는 일보다 결코 쉬운 과제가 아니었다. 그러나 전쟁터에서 승부사로서의 능력을 유감없이 발휘했던 이성계는 조선왕조의 기틀을 다지는 데 있어서도 남다른 능력을 보여주었다. 기업 인수합병M&A에 적극적으로 활용되고 있는 PMIPost-Merger Integration의 달인이라 할 만큼 이성계는 조선 건국 후 빈틈없는 전략과 지략으로 신왕조의 기틀을 공고히 하였다.

PMI란 인수합병의 부작용을 최소화하기 위해 합병 이후 나타날 수 있는 문제점들을 제거하여 시너지효과를 극대화하는 전략으로, 이는 인수합병 이후의 통합에 초점을 맞추고 있다. 이질적인 조직들을 합병시켜 놓으면 각각의 이해집단들은 자신들의 기득권을 보호하려는 과정에서 불협화음을 야기하기 때문에 최고경영자는 갈등을 봉합하면서 미래를 향해 나아갈 수 있는 남다른 지도력을 발휘해야만 한다.

이성계는 한양천도를 단행하는 과정에서도 풍수지리 전문가들의 의견을 경청하면서 최적의 의사결정을 이끌어냈다. 특정인에게 의뢰하지 않고 전문가들에게 각자 나름대로의 방식으로 한양천도의 최적지를 찾아보길 지시했던 것이다. 조선을 건국하였을 때 숭유억불을 주장했음에도 스님인 무학대사를 참여시켰을 만큼, 한양천도는 조선왕조의 기틀을 공고히 하느냐 마느냐하는 핵심적인 과업이었다.

하지만 한양천도 프로젝트에 참여한 하륜, 정도전, 무학대사 간의 의견통일은 쉽게 이루어지지 않았다. 이들이 자신의 이해득실 때문에 합의를 보지 못했다고 단정 지을 수는 없지만 한양천도에 접근하는 각자의 접근법이 달랐음은 자명하다. 다른 신하들도 한양천도에 미온적인 반응을 보이고 있었다. 살던 고향을 버리고 낯선 곳으로 이사를 가야 한다는 사실이 탐탁지 않았던 것이다. 오늘날처럼 교통이 발전하지도 않은 상황에서 온 식구를 데리고 생활터전을 옮겨야 한다는 사실을 반길 사람은 많지 않았을 것이다.

한양천도를 지시한 태조는 이런저런 이유들로 진척되지 않자 다급해졌다. 고려의 왕족과 충신들 중에는 조선왕조를 향해 복수의 칼날을 가는 이들도 많았고 신왕조에게 충성을 해야하는지에 대해 고민하는 백성들도 많았기에 계획한 천도가 흐지부지된다면 어렵게 세운 신왕조에 위기가 닥쳐올 수도 있는 상황이었다.

천도에 대한 의견이 좀처럼 좁혀지지 않자 새 후보지로 거론된 신촌 일대와 계룡산, 북악산 주변지역을 태조가 직접 둘러보았다. 여러 우여곡절 끝인 1394년 8월 태조는 옛 고려의 남경南京*이었던 한양의 옛 행궁에 머물면서 그곳을 궁궐터로 정했다. 최고 의사결정권자가 직접 둘러보고 좋다는데 반대할 사람은 없었다.

그해 9월에는 정도전을 중심으로 조정의 관료들이 한양을 방문하여 궁궐·사직·종묘 터를 결정했다. 궁궐터가 정해지자 태조는 급히 한양으로 거처를 옮겼다. 10월 28일 태조 일행은 한양에 도착하여 한성부漢城府**의 객사에서 생활하면서 12월 4일에 궁궐 공사를 시작하여 10개월 후인 1395년 9월 29일에 완공하였다. 궁궐의 규모는 내전과 외전 등을 포함하여 총 755칸이다.

임금이 스스로 편안한 궁을 버리고 경호도 제대로 되지 않는 허름한 공관에서 생활하며 공사 현황을 살펴보았으니 그 공사 책임자로서는 얼마나 힘들고 부담이 되었겠는가?

그 힘들고 중요한 역할은 정도전이 맡았다. 하륜이나 무학대사 입장에서는 좀 서운함을 느낄 수도 있었겠지만 두 사람 모두 수양을 많이 한 인물들이다. 하륜은 자신의 능력을 발휘할 본격적인 때가 아님을 알고 있었고, 본인 스스로 물러나 태조와의 불편한 관계를 만들지 않았다. 그 결과 하륜은 풍수지리와 역학에 뛰어나며 자신을 드러내지 않는 리더십으로 훗날 태종대에 정승의 반열에 오를 수 있었다. 무학대사 또한 조선의 건국 과정에서 자신의 소임이 다했음을 느끼고 스님 본연의 삶으로 되돌아갔다.

---

*고려시대의 사경四京 가운데 지금의 서울에 해당하는 행정 구역을 말한다.
**조선시대 한양의 이름이자 관청

태조는 한양천도에서도 시기적절하게 인재를 활용했다고 해야 할까? 결과적으로 정도전을 선택한 이성계의 판단은 현명했다. 궁이 세워지는 과정에서 정도전이 보여준 능력은 기대 이상이었기 때문이다. 궁궐과 각 건물에 왕궁의 위상에 걸맞은 작명에서부터 작업 인원의 총감독, 일정 조율까지 그의 활약은 눈부셨다. 아마도 태조는 이 과정에서 전보다 더 정도전을 신뢰하게 되었을 것이다.

궁궐이 완성되자 궁을 호위하는 궁성宮城을 두르고 건춘문建春門, 영추문迎秋門, 광화문光化門*을 세웠다. 바야흐로 조선의 첫 번째 궁궐은 경복궁으로 정해졌고 정전正殿인 근정전勤政殿과 편전便殿인 사정전思政殿 그리고 침전寢殿인 강녕전康寧殿 등의 이름이 지어졌다. 이후 마무리 공사가 끝나고 태조가 경복궁에서 정식으로 첫 업무를 보기 시작한 날은 1395년 12월 28일이다.

동쪽의 낙산, 서쪽의 인왕산, 남쪽의 남산, 북쪽의 북악산이 경복궁을 둘러싸고 있으며 앞으로는 명당수인 청계천이 흐르고 남대문 너머에 한강이 흐르고 있어 전국의 곡물과 목재, 어물들을 수로를 통해 운반할 수 있었기 때문에 풍수지리상으로 보나 위치적인 면에서 보나 조선의 도읍지로는 최적의 장소이다.

도읍을 호위할 도성은 북악산을 중심으로 낙산, 남산, 인왕산을 연결하고 있으며 둘레는 약 18킬로미터에 이른다. 지금도 성곽의 흔적은 종로구와 남산 등지에서 쉽게 확인할 수 있다. 서울특별시사편찬위원회에서 펴낸 『서울의 성곽』에 의하면, 도성의 제1차 공사는 1396년 1월 9일부

---

* 건춘문은 경복궁의 동쪽 문이고 영추문은 서쪽 문, 광화문은 정문이다.

터 2월 28일까지 49일 만에 끝났다고 한다. 겨울철에 도성을 축성한 것은 각 도에서 징집된 농민들이 다음 해 농사에 지장이 없도록 배려하였기 때문이라고 한다. 당시 공사는 1구간 600척씩 총 97구간으로 나누어 공사를 진행하면서 함경도, 강원도, 경상도, 전라도, 평안도 등지에서 11만 8,070명을 동원하였다.

하지만 제1차 공사는 추운 날씨에 서둘러 건설했기 때문인지 성곽이 견고하지 못해 무너져 내리는 곳이 많았다. 1396년 8월 6일부터 9월 24일까지 제2차 공사를 실시해 1차 공사 시 미비했던 구역과 무너져 내린 곳을 정비했다. 이때 걸린 기간도 딱 49일이다. 지금처럼 중장비가 있는 것도 아니고 교통이 편리했던 시대도 아닌 때에 이처럼 단기간에 도성을 정비할 수 있었던 것은 철저한 공정관리가 뒷받침되었기 때문이다.

이런 과정을 거쳐 태조가 꿈꾸었던 한양천도는 완성되었다. 그는 궁궐과 도성이 건립되는 동안 불편한 객사에서 생활하면서도 공사현장을 직접 진두지휘하느라 고단한 나날을 보내야만 했지만 그의 신하들과 백성들에게 보다 나은 풍요로운 세상을 만들어줄 영웅으로 부각될 수 있는 일석이조의 결과를 낳게 되었다. 리더에게 도전이란 반드시 넘어서야만 하는 통과의례이고 그 과정에서 리더의 지도력은 자연스럽게 검증된다고 볼 수 있다.

시대와 환경 자체가 달라 동일선상에서 비교할 수는 없으나 현재 진행되고 있는 세종시 건설과는 다른 점이 많이 보인다. 세종시 건설은 태조가 주도한 한양천도와 달리 청와대와 국회의사당은 서울에 남겨둔 채 총리실과 행정 부처들을 이전하는 것이고, 그 진척 또한 매우 느리다. 태조가 한양천도를 단행하며 보여준 리더십에 비하면 아쉽다는 생각이 든다.

한양천도에서 보여준 태조의 리더십은 현대그룹 故정주영 회장의 불도 저식 리더십을 떠올리게 한다. 부하들을 앞세우고 자신은 뒤로 물러나는 스타일이 아니라 자신이 목표를 세우고 전면에 나서서 직접 주요 안건들을 챙기며 부하 직원들을 이끄는 스타일이었다.

부하들 뒤에 숨어서 큰 업적을 남기는 것이 어렵다는 것은 동서고금을 막론하고 보편적인 예라 할 수 있다. 한때 대영제국이 '해가 지지 않는 나라'가 가능했던 이유도 지도자의 헌신적인 솔선수범 때문이었다. 특히 위기상황에서는 전면에 나서는 리더가 부하직원들에게 더 큰 호응을 이끌어 낼 수 있다.


## 왕자의 난을 슬기롭게 수습한 태조

조선왕조의 기틀을 다지는 과정에서 태조는 많은 개국공신들의 도움을 받아야만 했고 건국 후에도 개국공신세력들과 함께 신왕조의 기틀을 공고히 해야 했기에 그들을 예우하는 문제와 공신들 간의 힘겨루기를 조율하는 과정에서 많은 고초를 겪을 수밖에 없었다. 특히 정도전과 자신의 다섯째 아들, 방원 간의 권력다툼이 심화되면서 태조의 심기는 불편할 수밖에 없었지만 싸움에 적극적으로 개입하지 않았다.

어찌 보면 두 사람간의 싸움은 태조가 선택한 후계구도로 인해 비롯되었다고 볼 수 있다. 당시 태조의 후계를 둘러싼 권력구도는 세자 방석을 후원하고 있는 정도전과 이방원과의 대결구도였다. 태조는 조선 건국과정에서 혁혁한 공을 세운 방원 대신 자신의 두 번째 부인 신덕왕후 강씨 소생의 나이 어린 방석을 세자로 책봉했고 이는 결국 방원을 포함한 첫째 부인의 자식들과의 갈등을 야기하게 되었다. 위화도회군이나 한양천도에서 보여준 주도면밀함과는 또 다른 부분이다. 애초에 태조가 방원을 세자로 책봉했다면 '왕자의 난'은 일어나지도 않았을 것이다.

방원의 과격한 성격을 누구보다도 잘 알고 있는 태조가 방석을 세자로 책봉한 이유에는 신덕왕후 강씨에 대한 사랑과 더불어 평소 신권정치를 구현하고자 했던 정도전의 이해관계가 크게 작용했을 것이다. 정도전 또한 주군으로부터 쌓은 신뢰를 바탕으로 자신의 권력을 키우려 했던 모양이다. 결국 방원은 제1차 왕자의 난을 일으켜 세자 방석과 함께 정도전을 제거하고 권력의 중심에 섰다. 태조가 하늘을 찌를 만큼 진노한 것은 자명한 일이다.

태조에게는 두 가지 길이 있었다. 그가 가진 모든 권력으로 방원을 치거나 인정해주는 것이었다. 조선을 세운 태조에게 또다시 위기가 찾아온 꼴이 되었다. 그러나 태조는 냉철하게 자신을 돌아보고 스스로 상왕이 되어 미련없이 권력을 방원에게 물려주었다. 만약 그가 방원을 끝까지 미워하며 지속적으로 복수의 칼날을 갈았다면 그 혼란을 틈타 또 다른 영웅이 나타나 조선이 아닌 새로운 왕조를 세울 기회가 됐을지도 모른다.

그는 일련의 모든 불행한 사건들을 자신의 업보로 여기고 권좌에서 물러나는 결단을 내림으로 자신의 리더십은 더 이상 능력을 발휘하기 어렵다는 정치현실을 냉철하게 받아들였다. 영웅이란 앞으로 나설 때와 물러날 때를 정확하게 파악하고 행동해야 함을 태조가 몸소 보여준 셈이다. 어찌 보면 태조는 조선 건국의 일등공신이자 자신의 다섯째 아들인 방원이 자신의 행보에 걸림돌이 되는 정적들을 차례로 제거해나가는 과정을 알면서도 묵묵히 지켜볼 수밖에 없었을 것이다.

조선을 건국한 태조가 왕자들 간의 권력투쟁에 적극적으로 개입하지 못한 것에 대해 우리들은 어떻게 이해해야 할까. 방원이라면 많은 피를 흘릴지언정 자신이 세운 조선을 단단히 꾸려나갈 인물로 판단했던 것은 아닐까.

함흥차사咸興差使란 말이 있다. 스스로 왕좌에서 물러나 함경도 함흥 별궁으로 들어갔지만 마냥 참고 앉아있을 수만은 없던 태조는 방원이 자신에게 차사를 보낼 때마다 죽여버리는 강수를 택했다. 태종이 된 방원이 태조를 한양으로 모시기 위해 보낸 차사들은 태상왕과 현왕의 감정싸움으로 말미암아 속절없이 목숨을 잃어야만 했다. 태조가 정확히 몇 명의 차사를 죽였는지는 알 수 없다. 그러나 한동안 태종이 함흥 별궁에 보낼 차사가 없어 애태웠다는 문헌을 보면 참으로 많은 차사들이 억울하게 죽임을 당한 것은 분명하다. 하지만 자식 이기는 아버지 없다고, 태상왕 태조는 함흥 별궁을 방문한 무학대사의 청을 뿌리치지 않고 한양으로 돌아와 태종과 어색하지만 화해를 하게 된다. 이 과정에서 보여준 태종의 됨됨이도 눈길을 끄는 부분이다. 태종은 부친의 노골적인 편애와 공개적인 적의에 대해서도 자식으로서의 도리를 저버리지 않기 위해 부단히 애를 썼다. 그 과정에서 벌어진 함흥차사에 관한 이야기만 보아도 알 수 있을 것이다.

결국 태상왕 이성계는 자신의 대의명분을 축적한 후 한양으로 돌아왔고 태종 방원을 얼싸안고 눈물을 흘리며 화해했다. 그리고 지난날의 영광을 뒤로한 채 역사의 뒤안길로 묵묵히 사라져갔다. 하지만 그는 편안히 잠들 수 있었을 것이다. 태종이라면 자신이 세운 조선왕조의 기반을 보다 더 공고히 할 수 있는 인물로 믿어 의심치 않았기에……

사람들은 이런저런 이유들로 그 누군가와 다투게 되면 그동안 쌓아왔던 인연을 버리고 원수로 돌변한다. 시간이 흐르며 화해하는 경우가 없는 것은 아니지만 그마저도 쉬운 일은 아니다. 리더의 자리에 오르면 이보다 더 복잡한 관계 속에서 살게 된다. 권력을 위임받은 공인으로서 책무를 수행하다보면 자연스럽게 아군과 적군이 생기고 이전에는 상상할 수 없었던 권력투쟁의 소용돌이에 빠져들기도 한다. 하지만 이러한 일들을 자연스럽게 받아들일 수 있어야 한다.

이를 위해서라도 리더는 사사로운 감정을 제어할 수 있는 자신만의 감정 통제 능력을 키워야 한다. 능력이 출중하면서도 한순간의 분노와 정의감에 사로잡혀 그동안 일궈놓은 눈부신 성과들을 순식간에 무너트린 예는 역사 속에서도 수없이 발견된다. 보통 사람에게 위기는 드문드문 찾아오지만 리더에게는 수시로 찾아오기에 사사로운 감정을 제어하면서 조직의 목표와 공익을 우선시하는 이타주의적 책무에 충실해야만 존경받는 위인의 반열에 오를 수 있다.

태조처럼 나라를 뒤엎고 새로 세운다는 것은 보통사람으로서는 감히 꿈도 꾸기 힘들고, 실제 실행하는 사람도 드물다. 그 과정을 거쳐 나라를 세운 위인들에 대해 사람들은 막연한 존경심만을 품는다. 하지만 그 이면에 그가 고민해야 했던 다양한 생각들을 엿보는 것만으로도 지금 새로운 조직을 이끌어야 하는 리더들에게는 많은 도움이 될 것이다.

함께 일할 사람들을 고르고 일을 맡기고 불화가 생기지 않도록 하며 그 성과를 보여주는 것. 물러나야 할 때를 알고 자신의 개인적인 선호와 관계없이 조직의 발전을 위해 후계를 챙기는 것 등 이성계의 일화 속에는 우리들이 배워야 할 많은 것들이 담겨있다.

# 한양천도 1번지
# 경복궁

우리나라는 물론 해외에서도 각 나라의 왕궁을 지키는 근위병들의 교대식은 관광객들에게 큰 인기를 끌고 있다. 화려한 복장과 위엄을 갖춘 교대식 광경은 그 자체만으로도 왕궁은 물론 그 나라의 역사와 전통, 아름다움을 함축적으로 보여준다.

경복궁에서 행해지고 있는 수문장 교대식과 그들이 입고 있는 전통복장은 세계인들에게 보여줄 수 있는 우리만의 대표적인 문화상품으로 손색이 없다(하지만 수문장 교대식이 지나치게 관광객들을 배려하여 본래의 고유성이 훼손되지 않았으면 좋겠다는 생각도 든다).

나는 경복궁의 입구를 지나 정전正殿인 근정전勤政殿으로 들어섰다. 임금이 조회를 보던 궁전을 정전이라 하는데(경복궁에서는 근정전, 창덕궁에서는 인정전이 정전이다). 임금의 즉위식과 국빈 환영행사 등 국가적인 공식행사를 집행했던 장소로 궁전이나 누각 앞에 세워 놓은 섬돌인 월대月臺 위

임금의 즉위식과 국빈 환영행사 등의 국가적인 공식행사를 집행하던 경복궁의 근정전. 조선왕조의 권위를 표현하기 위해 웅장하게 건립되었다.

에 위풍당당하게 서 있다.

근정전 앞에는 세 폭으로 길이 나있는데 이 길을 삼도三道라 하며 양 옆에는 품계석品階石이 세워져 있다. 삼도 중 가운데 길을 임금의 길이라는 뜻의 어도御道라 하는데 이 길은 임금 이외에는 밟을 수 없는 길이었다. 어도 옆 동쪽의 길은 문관이 이용하는 길이었고 서쪽의 길은 무관이 이용하는 길이었다. 품계석은 신하들의 직위를 나타내는 품계가 적혀있는 돌을 말하는데 어도를 중심으로 동쪽과 서쪽에 각각 12개씩 배치되었다. 문관은 동쪽에 서고 무관은 서쪽에 서게 된 이유는 당시 예법에 근거했는데 그에 따르면 문관과 무관의 지위구분에서는 문관이 무관보다 높다고 한다. 그런 이유로 동서남북 방위 중 가장 신분이 높은 상석, 즉 리더의 자리는 북쪽에 배치하고 문관은 동쪽, 무관은 서쪽에 배치했다.

근정전 내부를 살펴보면 일월오악도日月五嶽圖를 배경삼아 임금의 자리인 어좌御座가 자리 잡고 있다. 일월오악도란 용상(임금이 정무를 볼 때 앉던 평상) 뒤에 있는 병풍으로 해와 달과 다섯 개의 산봉우리, 즉 금강산(동), 묘향산(서), 삼각산(중앙), 지리산(남), 백두산(북)을 표현하고 있다. 일월오악도는 임금이 하늘의 뜻을 받아 삼라만상을 통치하고 하늘의 보살핌으로 왕실과 나라의 무궁함을 기원하는 그림으로 조선임금들 대대로 이 병풍을 사용하였다.

근정전 뒤편으로 걸어 들어가니 사정전思政殿이 보인다. 이곳은 임금의 집무실로 '깊이 생각하고 정치를 한다'는 뜻을 담고 있으며 임금은 신하들과 국가의 중요한 일들을 의논하거나 강의를 듣기도 하고 공부를 하기도 한 곳이다. 사정전 양쪽에는 만춘전萬春殿과 천추전千秋殿 건물들이 사정전을 호위하듯 배치되었는데 특이하게도 천추전에는 온돌이 설치되어 있어 추운 날씨에 주로 이용하던 건물이다. 일종의 겨울건물인 셈이다.

사정전에서 서쪽으로 걸어 나가면 거대한 경회루가 보인다. 경회루는 외국사신을 맞이하거나 신하들에게 연회를 베풀던 곳으로 48개의 돌기둥이 다락처럼 생긴 마루방인 누마루를 떠받치고 있다. 바깥쪽에는 네모기둥을, 안쪽에는 둥근기둥을 배치하였는데 이는 하늘은 둥글고 땅은 네모나다는 의미의 천원지방설天圓地方說에 근거해 지은 것이라고 한다. 경회루의 1층 바닥은 네모난 벽돌을 깔고 2층 바닥에는 마루를 깔았는데 신분상의 위계질서를 쉽게 구분할 수 있도록 마루의 높이를 3단으로 구분하여 지위에 따른 좌석배치를 명확히 했다.

돌기둥으로 세워진 1층 마루 중 가장 위쪽의 마루는 3간이라고 하며 천지인天地人을 뜻한다. 마루에 세워진 8개의 기둥은 주역의 8괘에 따른 것으로 각 기둥들은 자연의 섭리를 상징한다. 지붕의 양쪽 추녀마루에는 잡

나라의 큰 경사가 있을 때나 외국사신이 방문했을 때 연회를 베풀던 경회루.

상*을 배치하여 장식효과 이외에 악한 귀신을 막고자 했다.

사정전 뒤에는 임금의 침전인 강녕전康寧殿이 자리 잡고 있다. 임금은 이곳에서 일상생활을 하였는데 임금의 신변 보호를 위해 대청마루를 9칸으로 나눠 임금이 잠을 자는 방을 중심으로 동서남북 사방으로 여러 개의 방들을 배치하였다. 임금은 이 9개의 방 중에서 한 곳에 머무르지 않고 번갈아 가며 잠을 잤으며 상궁들은 임금이 자는 방을 중심으로 숙직을 섰다. 무장한 경비병들을 배치하지 않은 것은 내부의 적을 경계했기 때문이다.

강녕전 뒤편에는 왕비의 침전인 교태전交泰殿이 위치하고 있는데, 궁궐의 정 중앙에 배치되어 중궁전中宮殿으로 불리기도 했다. 특이한 점은 임금과 왕비의 처소인 강녕전과 교태전의 지붕에는 용마루가 없는데, 궁궐의

---

*여러 가지 신상神像을 새겨 얹는 장식 기와

침전에서 보편적으로 발견되는 건축양식이다. 이는 풍수에 입각한 것으로 임금과 왕비가 동침을 할 때 하늘의 기운을 받을 수 있게 만들었다고 한다.

　최근의 드라마에 나온 임금과 왕비의 동침장면이 화제가 된 적이 있다. 실제로 임금과 왕비는 교태전에서 상궁들이 지켜보는 가운데 사랑을 나누었다고 한다. 임금의 신변보호를 위해 프라이버시는 보호되지 않았던 것이다. 이는 마치 오늘날 영화나 드라마 촬영장에서 배우들이 러브신을 연기할 때 여러 명의 스태프들이 지켜보며 촬영하는 분위기과 비슷했을 것이다.

　왕비는 교태전에서 일상생활을 하며 궁궐의 여인들을 다스렸는데 임금은 여러 명의 후궁을 거느렸기에 후궁들 사이에서도 그녀들만의 위계질서가 필요했고 임금의 여인들 간에 갈등이 생기면 왕비가 슬기롭게 해결해야만 했다.

　교태전 뒤뜰로 나아가면 아름답게 장식된 꽃담과 굴뚝이 방문자들을 매료시킨다. 굴뚝 너머에는 자그마한 아미산이 있는데 이 산은 태종이 경회루를 건립할 때 연못을 파낸 흙으로 만들었다고 한다. 아미산에는 큰 나무들을 심고 곳곳에 인공적인 시설물을 배치해 왕가의 품격을 높였다. 하지만 그보다

봉황, 매화, 불로초 등의 무늬를 조화롭게 배치한 아미산 굴뚝

고종의 정치적 자립을 상징하는 향원정은 육각형의 2층 정자로, 취향교와 어우러진 정취가 아름답다.

더 돋보이는 것은 교태전과 아미산을 연결시켜주는 화려한 굴뚝이다. 이 굴뚝은 교태전에서 보거나 아미산에서 봐도 중후한 멋이 느껴지도록 설계되었는데 화려한 자태를 뽐내고 있는 이 네 개의 굴뚝은 대리석 기초 위에 붉은 벽돌을 쌓아올리고 기와지붕을 올려서 만들었다. 굴뚝의 각 벽면에는 국화, 대나무, 매화 등 멋스런 문양을 새겨 넣어 조선의 민가에서는 볼 수 없는 왕실 건축만의 독특한 미학을 집약시켰다.

교태전 동편에는 대비가 거처하던 자경전慈慶殿이 있고 그 뒤편에는 십장생무늬의 굴뚝이 있다. 교태전 뒤뜰에 배치된 네 개의 굴뚝도 매력적이지만 자경전의 이 십장생무늬 굴뚝도 그에 못지않은 아름다움을 보여준다. 자경전은 자신의 둘째 아들 명복을 고종에 등극시키는 데 큰 도움을 준 익종비 조대비를 위해 흥선대원군이 특별히 건립한 곳이다.

자경전 우측의 인도를 따라 안쪽으로 올라가면 작지만 운치 있는 향원정香遠亭을 만날 수 있다. 조선의 제26대 임금인 고종은 경복궁 안쪽에 건청궁乾淸宮을 세우고 그 뜰 앞에 연못을 만들어 그 한 가운데 섬에 향원정香遠亭을 세웠다. 향원지 연못을 한 바퀴 돌며 각도를 달리할때마다 다채로운 분위기를 느낄 수 있는데 그중에서도 석양 무렵이 가장 아름다운 것 같다.

전략과 지략으로 조선을 세우고 신왕조의 기틀을 다진 태조 이성계는 조선을 세운 그 마음으로 조선을 위한 궁을 지었다. 나는 이 경복궁을 보며 그런 이성계의 마음과 열정을 고스란히 느낄 수 있었다.

규모뿐만이 아니라 구석구석 세세한 곳까지 아름답게 치장하고 다듬은 경복궁은 짧은 시간의 흥망을 바라고 지은 궁은 아니었다. 내가 지금 걷고 있는 이 경복궁은 그의 손에 피와 땀을 묻히고 세운 조선이 자신의 아들과 후손들에게는 화려한 꽃길로, 혹은 평화로운 연못으로 길이길이 보여주고자 하는 임금이자 아버지의 염원을 느낄 수 있었다. 그가 자신의 아들인 정종과 태종, 그리고 세종을 위해, 조선의 두 번째 발걸음을 위해 기꺼이 자신의 손에 피를 묻힌 그 걸음을 이 경복궁을 거닐며 느낄 수 있다.

그가 사랑한 조선, 그가 세종의 눈으로 바라보고자 했던 조선을 지금 나도 바로 이곳 경복궁의 봄에서도 충분히 느껴볼 수 있었다. 메마른 풀들 사이로 꽃이 피는 경복궁을 바라보며 그가 세운 경복궁, 그가 세운 조선이 더욱 아름답게 피어나길 지금의 나도 같이 느끼고 있으니 말이다.

최고경영자가 될 수 없는 여건이라면 주군으로부터

절대적인 신임을 받아야만 조직 속에서

자신의 존재가치를 각인시킬 수 있을뿐만 아니라

자신의 역량 또한 발휘할 수 있다.

# 2인자 리더십,
# 김종직의 권력균형

사림정치의 선구자로 불리는 김종직은 1431년(세종 13)에 밀양에서 태어나 1453년 진사가 되었고 1459년(세조 5)에 문과에 급제한 뒤에 교리, 감찰, 경상도병마평사 등을 지냈다. 성종 초에는 임금과 함께 유교의 경서經書와 치도治道를 강론하고 토론하는 업무를 담당하는 경연관이 되었고 이조참판, 공조참판, 형조판서, 중추부지사 등을 역임하였다. 김종직이 중앙정치무대에서 활약하게 되면서 세조를 도와 부귀영화를 누리던 공신세력들은 점점 설 자리를 잃게 되었다. 이러한 상황전개는 훈구세력과 사림세력이 불가피하게 대립하는 계기가 될 수밖에 없었다.

훈구세력과 사림정치인들의 대립을 이해하려면 우선 나이 어린 단종을 몰아내고 임금(세조)이 된 수양대군과 그를 도와준 소인배들에 대해 알아볼 필요가 있다. 소인배들은 길지 않은 인생이 끝나고 나면 자신들이 현세에서 누렸던 부귀영화보다 몇 배, 아니 몇 백 배 더 큰 역사적 심판을 받아야 함을 절감하지 못했던 모양이다(그래서 예나 지금이나 당장의 부귀영화를 좇아 떠돌아다니는 철새 정치인이나 사업가들이 넘쳐나는 것 같다).

당시 엘리트 관료들이 수양대군의 거사에 참여하지 않은 이유는 성리학적 명분과 선비로서의 자존감을 중시했기 때문이라는 주장이 있다. 그래서 과거에 급제하지 못한 채 경덕궁 궁지기로 있던 한명회를 비롯해 과거에 급제하여 출사出仕는 했지만 출세는 못한, 즉 권력구조에서 밀려난 자들이 부귀영화를 꿈꾸며 모여들었다. 한마디로 세상살이에 이런저런 이유로 불만이 많았던 소인배들을 중심으로 무리한 혁명을 감행했다고 보면 된다.

왕족들은 상반된 반응을 보였다. 당시 양녕대군과 효령대군은 수양대군의 편을 들어 큰 이득을 챙겼고 세종의 서자인 계양군 이증과 익현군 이현 등은 일등공신에 이름을 올렸는데 안평대군 등 세종의 적자들은 단한 명도 수양 편에 서지 않아 대조를 이루었다. 그만큼 수양대군의 쿠데타는 명분이 없었던 것이다.

권력욕에 눈이 멀어 많은 사람들을 죽음으로 몰아넣고 즉위한 뒤에도 끝없이 이어지는 상왕복위사건과 그 자신을 제거하려는 음모에 대항하다 보니 세조는 어쩔 수 없이 자신을 도와 쿠데타를 성공시켰던 공신들과 야합하는 정치에서 벗어나지 못했다. 당연하게도 그동안 이룩해 놓았던 조선왕조의 기틀은 순식간에 와해되었고 공신들에게 너무도 많이 내려준 포상과 그들에 대한 특혜로 말미암아 백성들의 삶은 더욱 궁핍해졌다. 심지어 공신들이 백성을 죽여도 죄를 묻지 않는 조처를 단행하여 백성들의 불만은 극에 달해 있었는데 결국 대의명분을 중시했던 전국 각지의 뜻있는 사대부들의 울분은 점점 커져만 갔고 조선왕조의 정통성은 크게 훼손되었다.

중세 때의 전쟁영화를 보게 되면 승리한 군인들이 정복한 지역의 재물과 여자들을 나누어 갖는 장면을 보게 되는데 세조의 공신들도 이와 같을 일들을 저지르고 말았다. 마치 자신들을 적군을 제압한 승자로 착각했던 모양이다. 이덕일의 저서 『김종서와 조선의 눈물』에 의하면 세조를 따랐던 공신들의 행태는 가히 눈뜨고 볼 수 없을 지경이라고 전한다. 계양군은 이소동의 아내 천비와 이공회의 아내를, 영의정 정인지는 박팽년의 아내 옥금과 김종서의 아들인 김승규의 아내 내은비를, 좌의정 한확은 조청로의 어미 덕경과 이현로의 첩의 딸 이생을, 우의정 이사철은 이현로의 아내 소사와 민보창의 아내 두다비를, 병조판서 신숙주는 최면의 누이 선비와 조완규의 아내 소사와 딸 요문을 취했는데 『세조실록』에 의하면 단종에게 충성하여 세조 공신들의 노비로 전락해버린 사람들이 무려 170여 명에 달했다고 기록해 놓았다.

혁명을 위한 대의명분이 미약했음에도 수양대군을 충동질하여 세조 즉위 후 부귀영화를 누린 공신세력들의 면면은 조선왕조에 불행한 정치적 굴곡을 알리는 신호탄이 되고 말았다. 결국 조선의 유교적 통치이념은 점차 유명무실해졌고 조선왕조의 권력구조는 명분보다는 힘의 논리에 의해 국정이 좌지우지되는 미궁 속으로 점점 빠져들게 되었다.

세조의 뒤를 이어 제8대 임금으로 예종이 즉위했지만 1년 2개월 만에 서거하자 또다시 세조비 정희왕후 윤씨와 한명회의 야합으로 의경세자의 둘째 아들인 잘산군이 제9대 임금, 성종이 되었다(당시 잘산군은 13세로 한명회의 사위였다). 이와 같은 사례들로 인해 신권이 왕권을 통제할 수 있다는 좋지 못한 선례를 남기고 말았다.

조선시대 최고의 성군으로 꼽히는 세종대왕이 그의 위대한 업적을 이룩하는데 맹사성과 황희와 같은 충직하고 유능한 신하가 있었기에 가능했다는 점을 생각할 때, 당시 한명회라는 인물이 자신의 사리사욕을 위해 조선왕조의 정통성을 흔들어 놓은 행위는 아쉽기만 하다.

## 사림정치 구현을 위한 인재 육성

우여곡절 끝에 나이 어린 성종이 즉위하자 세종의 넷째 아들 임영대군의 아들인 구성군은 왕권을 위협할 수 있는 인물이라는 죄목으로 대신들에 의해 탄핵되어 유배지에서 생을 마감하는 신세가 되고 말았다. 이 사건 이후로 왕족이 관료가 되는 길은 제도적으로 봉쇄되어 신권이 정치를 주도하는 조선 정치사의 전환점이 된 것도 흥미롭다. 이는 성종대에 접어들어 왕권이 극도로 쇠약해져 버렸다는 반증이기도 하다. 그런 상황에서는 임금이라 하더라도 신하들이 반대하는 개혁정책을 추진하려면 사사건건 신권과의 대립을 불러왔을 것이다.

그러나 성종은 총명한 군주였다. 그는 7년간 정희왕후의 수렴청정이 끝나자 권력이 특정인의 손에 의해 좌우되는 정치현실을 바로잡으려 노력하였다. 하지만 한명회를 중심으로 하는 공신세력들은 자신들의 기득권을 쉽게 포기하지 않았다. 결국 성종은 공신세력들의 죄를 물어 정죄하는 방식보다 새로운 정치세력인 사림인사들을 등용시켜 훈구세력과의 세력

균형을 도모하였다. 사림이란 본래 지방에 근거지를 둔 중소지주 출신의 지식인으로, 중앙정치에 진출하기보다 지방에서 영향력을 행사해 오던 선비들을 말한다. 이들은 학문의 기본정신을 도학道學*에 두었으며 대의명분을 매우 중시한 인사들이다.

이즈음 사림정치의 선구자로 등장한 인물이 밀양사람 김종직이다. 그는 성종의 총애를 받아 정여창, 김굉필, 김일손 등의 제자들을 대거 관직에 등용시킬 수 있었지만 훈구파와의 갈등을 초래할 수밖에 없는 처지에 놓이게 되었다. 그럼에도 김종직은 살아생전에 훈구세력들과 큰 갈등 없이, 비교적 원만하게 관료로서의 성공적인 삶을 살았고 천수를 누릴 수도 있었다. 그는 훈구세력을 공격하면서도 그들과 격의 없이 생활했고 대의명분을 내세우면서도 점진적이고 은밀하게 훈구세력들을 견제했다.

그가 훈구세력과의 대립 속에서도 무탈하게 개혁을 이끌었던 원동력은 관직에 등용된 제자들이었다. 김종직에게는 사람의 됨됨이를 분별하는 탁월한 재능이 있었고 제자들을 따뜻하게 보살폈으며 그의 제자들 또한 스승이자 은인인 김종직에게 충성으로 보답했다.

당시의 학풍은 오늘날과 달리 지식을 팔고 사는 교육사업적인 관점이 아닌 후학을 양성하면서 자신의 학문과 사상을 교육시키는 교육철학적인 관점에서 이루어졌기에 스승을 중심으로 학파가 형성되는 풍토가 조성되었다. 김종직은 혼신의 힘을 다해 후학 양성에 매진하였고 그가 성종의 총애를 받게 되면서 자연스럽게 그의 제자들도 훈구세력을 견제하는 곳곳에 배치될 수 있었다. 김종직은 자신의 제자들인 사림세력을 감찰업

*유학의 분파로서 주자학의 별칭

무를 담당하는 언관직言官職으로 등용시켜 훈구세력의 부정부패를 파헤치고 해결하는 임무를 맡겼다. 그가 비록 많은 제자들을 등용시킬 수 있는 처지는 아니었지만 성종 임금의 바램이었던 훈구세력을 견제할 수 있는 곳에 충직한 사림세력들을 집중적으로 배치함으로서 수적인 열세에도 불구하고 사림정치의 중요성을 각인시켰을뿐만 아니라 성종의 총애를 지속적으로 이끌어낼 수 있었다.

리더가 능력을 발휘하려면 리더를 전심전력으로 보필할 수 있는 우수인재를 시기적절하게 선발해야만 한다. 시급히 해결해야 하는 난제들을 슬기롭게 헤쳐 나가려면 유능한 인재들을 필요로 하기 때문이다. 충성심이 아무리 높다 해도 무능하다면 조직이 원하는 소기의 목적을 달성하기 힘들다. 하지만 우수인재들은 다소 까다로운 면이 있어서 목숨을 바쳐서라도 충성하고 싶은 영웅이 아니라면 쉽사리 섬기려 하지 않는다. 우수인재를 자신의 부하로 삼으려면 우선은 리더 스스로 뛰어난 능력의 소유자가 되어야하고 타의 모범도 되어야 하며 부하 직원들을 전심전력으로 성장할 수 있도록 도와줄 수 있는 덕 또한 갖추어야만 한다.

예나 지금이나 권력의 속성은 크게 다르지 않다. 핵심적인 사안에 대해서는 부작용이 있더라도 측근들의 의견을 따라야 하고 함께 결정해야만 그 진행에 무리가 없다. 그래서 개혁이란 전시戰時와 같은 극단적인 위기상황이 아니라면 징벌에 대한 가이드라인을 공개하면서 사람들을 불안하게 하거나 무차별적으로 밀어붙이는 전략은 가급적 삼가야 한다. 부하 직원의 단점이 있다손 치더라도 그의 장점이 뛰어나다면 그의 단점에 괴로워하기보다는 감싸주면서 그의 장점들이 빛을 볼 수 있도록 도와주는 배려의 리더십을 발휘해야만 훌륭한 리더로 거듭날 수 있다.

김종직의 경우에는 그의 사후를 대비하지 못했다는 아쉬움이 있다. 훈구세력과의 갈등을 무마해주던 김종직이 세상을 떠나자 사림세력들은 순식간에 역적 신세로 전락해 버렸다. 기회를 엿보고 있던 훈구세력들의 총공세에 김종직의 제자들은 추풍낙엽처럼 쓰러져 유배지에서 또는 정치 현장에서 생을 마감하는 신세가 되고 말았다.

훈구세력들이 사림인사들을 처단하기 위해 들고나온 카드는 김종직이 사초史草*에 적어놓았던 조의제문弔義帝文이었다. 조의제문은 항우에게 죽은 초나라 의제의 죽음을 애도하는 내용을 담고 있는데 이는 세조에게 죽임을 당한 단종을 의제에 비유한 것으로 세조의 정통성에 문제가 있다는 점을 간접적으로 표현한 것이다. 이미 사망한 김종직은 부관참시**를 당하였고 그의 문집은 모두 소각되었으며 김일손을 비롯한 많은 그의 제자들이 처형당하는 빌미가 되었다. 하지만 그의 실추된 명예는 중종 때 복원되었고 숙종 때 영의정에 추증되었다.

**권력 균형을 중시했던 김종직**

김종직이 원만한 인간관계를 유지했음에도 그에 대한 평가가 크게 엇갈리고 있는 것 또한 사실이다. 그의 인생철학에 대해『김종직』을 저술한 역사학자 정성희는 '의리와 실천을 바라는 제자들과 훈구 대신들 사이에서,

---

*공식적인 역사편찬의 자료
＊＊죽은 뒤에 큰 죄가 드러난 사람의 시체를 베거나 목을 잘라 거리에 내 거는 극형

도학과 문학의 사이에서, 도학적 가치의 실현과 고위직에 올라 가문을 빛내기를 바라는 부모의 간절한 염원 사이에서 어디에도 완벽하게 속하지 못하고 서성거렸던 경계인'이었다고 평가했다.

아이러니하게도 조의제문에서 시작된 무오사화의 희생자라는 인식 때문에 사대부들은 김종직에 대해 논하기를 꺼려했고 그의 단점을 공개적으로 비판하는 것 자체가 쉽지 않은 상황이 되어 사후에도 김종직은 융숭한 대접을 받을 수 있었다. 그는 현실적인 면에서 실리를 추구하면서도 성리학적 정통성을 중시하는 정치적 수완을 발휘한 지략가로 평가 받을만하다. 유교적 이념을 중시했던 김종직은 처세 면에서 조선 초기에 재상을 지낸 청백리 맹사성과 흡사한 면이 발견된다.

세월이 흘러 사림세력이 조정의 요직에 배치됨에 따라 성종이 그토록 원했던 권력균형을 도모할 수 있게 되면서 그는 임금의 총애를 한 몸에 받게 되었다. 그럼에도 그는 청백리정신을 잃지 않았다. 그가 만약 물욕에 눈이 어두워 자신의 권력을 개인적인 부귀영화를 위해 남용했다면 그도 여느 탐욕스러운 관료들처럼 유배지에서 사약을 받고 세상을 하직하는 신세로 전락하고 말았을 수도 있다. 김종직의 청빈했던 삶의 흔적은 현재 밀양에 남아있는, 그가 살았던 소박하기 그지없는 추원재追遠齋를 방문해 보면 쉽게 납득할 수 있다.

김종직이 함양군수 시절에 겪어야 했던 고뇌와 백성들을 사랑했던 그의 일화를 들여다보면 그의 됨됨이를 어렴풋하게나마 이해할 수 있다. 군수시절 그는 해마다 임금에게 차茶를 바쳐야 했는데 당시 함양에서는 차를 재배하지 않았다. 차 가격은 매우 비쌌기에, 가뜩이나 궁핍한 백성들에게 차를 구입하기 위한 비용을 전가하는 것은 아무리 어명이라고 해도 군수로서 할 짓이 아니라고 판단한 김종직은 신라 때 당나라에서 차를 들여와 지리산 자락에서 차를 재배했다는 기록을 확인한 뒤 지리산에서 차종자를 찾아낼 수 있었다. 그런 노력끝에 백성들은 차를 재배하여 임금에게 차를 바칠 수 있었다고 한다.

또한 그는 자신의 정치적 소신을 성종에게 시기적절하게 전하는 치밀함과 정적인 훈구세력과도 원만한 인간관계를 형성한 사교성을 동시에 가진 처세의 달인이었다. 급변하는 국제질서 속에서 능력을 발휘해야 하는 현대의 리더들은 원리원칙을 지키면서도 정적을 아우를 수 있는 김종직의 처세술을 본받을 만하다. 어쩌면 변변치 못한 가문에서 태어나 이끌어주는 사람없이 스스로 커야 했던 상황과 그 상황이 만들어낸 조심성이 그를 처세의 달인으로 만들었는지도 모를 일이다.

생각하는 바를 주장하고 저돌적으로 문제를 해결하는 담대함을 보여주지 못한 점도 마찬가지 이유일 수 있다. 세조를 비판하면서도 세조대에 벼슬을 한 행적이 그의 도덕적 가치에 아쉬움을 남긴 것도 사실이다. 하지만 정치적 이상도 어차피 현실세계에서 구현되는 것이기에 그를 탓할 수만은 없을 것이다. 절대왕정국가였고 훈구세력들이 막강한 영향력을 행사하고 있었던 당시의 정치적 풍토를 고려해 본다면 그의 선택 자체가 크게 잘못되었다고 평가하기는 어렵다.

김종직의 평가에 관련된 공과功過를 생각하면서 우리사회에 만연해 있는 '마녀사냥식 비판주의'의 부작용도 함께 생각해 볼 필요가 있다. 인간은 신이 아니기에 아무리 뛰어난 사람이라 하더라도 존경받을 만한 도덕적 가치와 실용적인 문제해결 능력 모두를 지니기는 결코 쉽지 않다. 완벽한 인간들로 구성된 조직을 만들 수 없다면 단점보다는 장점을 끌어내는 리더십을 보여야 마땅할 것이다. 적재적소에 인재를 배치하는 과정에서 사람 됨됨이 전체를 꼼꼼하게 살펴보는 것이 기본이겠지만 그 사람의 단점 때문에 장점을 보지 못하는 우를 범해서는 안 된다.

게다가 자신이 추구하는 비전의 실현은 미래에 이루어지므로 당면한 문제들을 슬기롭게 해결해가면서 점진적으로 미래를 준비하는 처세술은 너무나도 보편적이어서 자칫 대수롭지 않게 생각할 수도 있다. 하지만 아무리 위대한 영웅이라 하더라도 현실의 문제를 도외시한 채 미래로 나갈 수는 없다. 현대사회는 김종직이 추구했던 이상과 유교문화를 중시하던 조선시대보다 실용적인 가치를 추구한다는 점에서 그의 처세에서 배워야 할 점이 크다 하겠다.

조직 내의 1인자는 자신의 자리를 넘보거나 배반하는 자들을 철저하게 경계하기 때문에 2인자들은 주군에게 신뢰받을 수 있는 여건을 조성해야만 살아남을 수 있다. 김종직은 1인자였던 성종의 의중을 정확히 간파했고 주군이 뜻하는 정치의 구현에 최선을 다했다. 최고경영자가 될 수 없는 여건이라면 주군으로부터 절대적인 신임을 받아야만 조직 속에서 자신의 존재가치를 각인시킬 수 있을뿐만 아니라 자신의 역량 또한 발휘할 수 있다.

# 김종직이 풍류를 즐겼던
# 영남루

   밀양에 들어서면 조선시대의 작은 한양을 보는 것만 같다. 밀양강은 한강을 축소시켜 놓은 듯 밀양 시내를 유유히 흐르고 있어 '작은 것이 아름답다'는 격언처럼 작은 도시가 보여줄 수 있는 아름다움을 함축적으로 표현하고 있다. 이 밀양의 매력은 영남루嶺南樓에서 절정을 이루는데 강가 언덕 위에 우뚝 솟아 있는 영남루를 보고 있노라면 조선시대 선비들의 멋과 낭만을 조금이나마 이해할 수 있다.

   사림정치의 선구자였던 김종직은 이 영남루에서 풍류를 즐겼다. 밀양 문화원의 원장님은 김종직이 밀양사람이라는 것에 대한 자긍심이 남달랐고 그의 대표적인 유적지인 영남루와 농암대를 추천해주었다.

   "영남루는 김종직이 처음으로 건립한 누각은 아니지만 이곳에서 시를 읊었던 곳이기 때문에 꼭 가봐야 합니다. 농암대는 선생이 지인들과 바둑을 두면서 풍류를 즐겼던 곳입니다. 아쉽게도 댐 건설로 인해 많은 부분

우리나라 3대 명루 중 하나로 인정받는 영남루. 이곳에서 김종직은 강을 바라보며 시를 읊었고 풍류를 즐겼다.

이 물에 잠기기는 했지만 지금도 그 장소는 확인할 수 있습니다."

원장님과 김종직의 작품세계와 정치철학에 대해 이야기를 나누다보니 어느덧 점심때가 되었다. 감사의 뜻으로 점심을 대접하려 했으나 한사코 집으로 초대해 도리어 떡국 대접을 받고 말았다. 바삐 움직이는 도회지에서는 쉽게 경험할 수 없는 밀양의 후덕한 인심도 덤으로 맛보았다.

영남루의 창건 연대는 확실치 않으나 1365년(고려 공민왕 14) 전에 있던 작은 누각을 철거해 다시 크게 확장했으며 현재의 영남루는 1834년(순조 34)에 화재로 불타버린 것을 1844년(헌종 10)에 재건한 것이라고 한다. 영남루는 진주의 촉석루矗石樓와 평양의 부벽루浮碧樓와 함께 우리나라 3대 명루名樓로 인정받고 있을 만큼 빼어난 풍광을 자랑한다.

정면이 5칸이요 측면이 4칸으로 간격을 넓게 잡고 높다란 기둥을 사용하여 규모가 웅장하다. 누각 좌우에는 부속건물인 침류당沈流堂과 능파당凌波堂이 연결되어 있어 영남루의 웅장함을 부드럽게 상쇄시켜 주어 전체적인 조화가 돋보인다. 누각 위에서 밀양강의 주변 풍광을 바라보는 것도 아름답지만 강을 가로지르는 다리 너머에서 바라보는 풍광도 영남루의 웅장함과 주변 경관의 조화로움 속에서 빛을 발한다.

김종직은 응천강(밀양강의 옛 이름)가와 영남루에 올라 주변 경치의 아름다움에 매료되어 시를 지었다. 미학에 깊은 식견이 없는 사람이 보더라도 영남루 일대의 아름다운 경치는 바라보기만 해도 낭만적인 정취에 젖어 들게 만든다. 김종직이 응천강가에서 읊었던 시를 음미해 보면 그가 사랑했던 밀양의 경치가 파노라마처럼 펼쳐지는 듯하다.

영남루 아래서 배를 띄우다　　　　　　　　　　嶺南樓下泛舟
난간 밖의 맑은 강 만 이랑의 구름 아래　　　　　檻外澄江百頃雲
그림배가 지나가니 주름진 무늬 아롱지네　　　　畵船橫渡皺生紋
해 저물 녘 반쯤 취해 상앗대를 잡고 보니　　　　晩來半醉撑篙看
양편 언덕에 푸른 산이 더욱 아름다워라　　　　　兩岸靑山更十分

나는 원장님이 추천해준 농암대도 찾아 나서기 위해 밀양댐으로 발걸음을 옮겼다. 농암대籠巖臺란 지금은 밀양댐 수몰지역인 고례천 상류 부근을 말하는 것으로 1킬로미터 정도의 계곡을 말하는데 농암대란 이름은 계곡 양쪽으로 거대한 바위들이 농籠과 같이 겹쳐 쌓여져 붙여진 이름이다.

현장을 직접 찾아갈 수는 없었지만 밀양호 상류부근으로 향하는 도로가의 농암정에서 농암대를 바라보자 농암대의 아랫부분은 물에 잠기고 윗부분의 커

지금은 수몰되어 농암대가 거의 보이지 않지만 농암정에 올라보면 물 위에 솟아 있는 농암대의 일부분을 볼 수 있다.

다란 바위만이 호수 위에 두둥실 떠 있었다. 수몰되기 전에는 병풍처럼 펼쳐진 바위들이 에워싸 있었고 계곡의 맑은 물에는 은어들이 서식했던 곳이다. 김종직은 농암대에서도 시를 남겼다.

| 홍류동 | 紅流洞 |
|---|---|
| 아홉 구비 흐르는 물 우레처럼 부딪치니 | 九曲飛流激怒雷 |
| 떨어진 붉은 꽃잎 물결 따라 끝없이 흐르네 | 落紅無數逐波來 |
| 반평생 도원의 길을 알지 못했으나 | 半生不識桃源路 |
| 오늘에야 만났거늘 조물주의 시샘을 받는구나 | 今日應遭物色猜 |

현재 밀양에는 영남루와 농암대 외에도 김종직과 관련된 유적들이 몇 군데 더 남아있다. 그가 태어나고 생활했던 고택은 여러 전란을 겪으면서 방치되다 1810년(순조 10)에 지역 주민들과 후손들이 건물을 새롭게 정비하고 그곳을 추원재追遠齋라 이름 지었다. 이밖에 김종직이 만년에 제자들과 토론하던 쌍수정雙樹亭 터가 남아있고 뒷산에는 김종직의 묘가 위치하고 있다. 인근의 예림서원은 김종직이 직접 제자들을 가르쳤던 곳은 아니지만 사후에 그의 업적과 학풍을 이어받아 사림의 사상과 학문을 가르치던 곳이다. 현장을 방문해 보니 아쉽게도 서원 내부를 공개하지 않아 담장 밖에서 살펴볼 수밖에 없었다.

김종직의 종택과 사당은 경북 고령의 쌍림면에 위치하고 있다. 종택은 선생의 5대 손인 김수휘가 1651년(효종 2) 이곳에 정착하면서 신축한 건물로, 현재에도 후손들이 살고 있으며 종택 내 우측 뒤편에는 김종직을 추모하기 위한 문춘공 사당이 세워져 있다.

김종직은 생전에 뛰어난 학식과 성품으로 성종의 눈에 들어 사림의 중심세력으로 성장할 수 있었다. 어찌 보면 김종직은 왕권을 넘보는 훈구의 세력들을 견제하기 위한 임금에게 이용당한 것으로도 보이지만 결국 김

김종직이 태어나고 생활한 추원재. 이곳은 1810년대에 후손들과 사림들이 힘을 합쳐 중건하였다.

종직은 그 속에서도 자신의 나아갈 길을 찾아 고군분투한 한 인간이었다.

임금의 기대와 훈구세력의 견제 사이에서 아슬아슬하고 첨예하게 대립할 수밖에 없는 그런 김종직에게 고향인 밀양은 자연 속에서 모든 것을 잊고 휴식과 여유를 즐길 수 있던 그만의 작은 공간이었을 것이다.

김종직에게 그곳은 새로운 도약의 기회를 찾기도 하고 권력의 틈바구니 속에서 살아남기 위해 잠시 숨을 고르던 고마운 장소였을 것이다. 자신의 마음을 대변한 시를 지어 한탄하기도 했을 것이며 경계인인 자신의 위치를 재확인했으며 자연을 바라보며 다시 또 시작될 하루를 준비하기도 했을 것이다.

지금 영남루에서 김종직의 모습은 볼 수 없지만 영남루에서 강을 바라보던 그의 심정은 충분히 느껴볼 수 있다. 직장 내의 정치에 휘말리거나 경계인으로 살아가는 사람들에게 영남루를 따라 흐르는 강물은 오늘날의 김종직들에게 무엇을 이야기해줄 것인가.

리더가 개혁을 추진하면서 무엇보다도 먼저 고려해야 하는 선결과제는 조직 구성원들의 공감대를 이끌어내는 것이다. 지도자가 아무리 뛰어난 비전을 제시한다 하더라도 개혁을 이끌어가야 하는 조직원들이 동의하지 않는다면 좋은 성과를 이끌어낼 수 없기 때문이다.

# 개혁주의자의 위기관리,
# 정약용의 비전은 실학

진주목사를 지냈던 정약용의 아버지 정재원은 사도세자의 죽음을 계기로 벼슬을 그만두고 고향인 경기도 광주군 마현리로 내려와 1762년 정약용을 낳았다. 당시 사도세자를 죽여야 한다고 주장한 사람들을 '벽파'라 했고 죽여서는 안 된다고 역설한 사람들을 '시파'라 했다. 1776년 봄 영조가 세상을 떠나고 정조가 즉위했다. 그는 부친인 사도세자를 죽음으로 몰아넣었던 벽파 대신들을 축출하고 사도세자를 돕다 벼슬에서 쫓겨난 시파의 선비들을 요직에 배치하였다. 새로운 세상이 도래하자 정약용의 부친 정재원도 호조좌랑戸曹佐郎*에 임명되었다.

---

\* 정육품 관직

정약용의 어머니는 해남 윤씨로 조선시대의 유명한 화가였던 공재恭齋 윤두서尹斗緒의 손녀였다. 때문에 그는 어린 시절 어머니를 따라 해남에 위치한 외갓집(윤선도고택)을 방문해 중국에서 들어온 귀중한 책들을 가까이 할 수 있었는데 이때 서학에 관련된 책들도 접할 수 있었다. 기존의 성리학에서 볼 수 없었던 폭넓은 지식과 과학기술을 다룬 책들을 보며 정약용은 인간생활에 실질적인 도움을 주는 실학에 눈을 뜨게 되었다. 또 성호 이익의『성호문집』을 접하면서 학문이란 실제 사회에 도움이 되어야만 진정으로 가치가 있다는 신념을 갖게 되었고 점차 그의 학문은 나라를 바로 세우는 정치와 백성들의 풍요로운 삶을 위한 경제 분야에 집중되었다.

귀족의 가문에서 태어났고 경제적으로도 풍요로운 삶을 살았던 그가 선비들의 공감대가 미약했던 조선의 경제적 이슈에 눈을 뜨게 된 것이다. 당시에는 오늘날과 달리 물질주의의 영향력보다 종교적인 내세관과 성리학적인 도덕적 가치가 중요하게 인식되고 있었던 때에, 굶주림에 처한 백성들의 경제문제와 국제정세의 흐름 속에서 부강한 조선을 위한 비전을 발견했던 그의 지적 호기심은 조선에게는 큰 행운이었다.

조선이 부강한 나라가 되려면 사회를 실질적으로 개혁할 수 있는 실학이 뿌리내려야 한다는 신념을 갖게 된 정약용은 서양학문에도 관심이 많았다. 그 관심은 자연스럽게 서학을 전해주는 천주교인들과도 친밀하게 지내는 계기가 되었다. 그에게 성리학을 가르쳐준 매형 이승훈뿐만 아니라 친형인 정약전과 정약종도 천주교 신자였으므로 정약용도 천주교인이었다고 단정 지을 수는 없지만 천주교에 대해 우호적이었음은 분명했다. 이 자체만으로도 정약용은 오늘날로 치면 급진적인 개혁주의자라 할 수 있을 것이다.

사회의 발전은 때로는 개혁주의자들이 이끌기도 하고 때로는 보수주의자들이 계승 발전시키기도 하지만 당시의 시대여건을 고려해볼 때 무너진 기강과 부정부패의 만연 등으로 백성들의 삶은 말로 표현하기 힘들만큼 도탄에 빠져있던 시기였고 그렇기에 사회 곳곳에서 개혁의 열망은 매우 강했다. 당시 조정에서는 조상의 제사를 금하고 신분제도를 부정하며 인간의 평등을 강조하는 천주교리에 위기의식을 느끼고 있는 와중에 천주교인들에 대한 탄압이 본격화되었다. 정약용 또한 충청도 해미현으로 귀양을 갔으나 조선의 문예부흥을 이끄는 중심인물로 정조의 총애를 받고 있었기에 얼마 뒤 풀려날 수 있었다.

하지만 정조가 승하하면서 그에게도 시련이 찾아왔다. 정조의 뒤를 이어 나이 어린 순조가 즉위하자 영조의 계비인 정순왕후가 정치를 좌지우지하면서 잠시 잠잠해졌던 세도정치는 다시 고개를 들게 되었다. 아쉽게도 정순왕후는 사도세자와 사이가 나빴을 뿐 아니라 자신의 친정 사람들은 벽파에 속해 있었고 정조대에 큰 화를 입었기에 시파에 속해있던 사람들을 탄압하기 위한 빌미를 찾고 있었다. 결국 사회를 어지럽힌다는 이유로 천주교인들에 대한 박해가 시작되었고 순교의 행렬은 끝없이 이어졌다. 덩달아 서학을 공부하는 인사들까지 엄단하는 조치가 취해졌는데 이러한 정치적인 소용돌이 속에서 정약용 또한 빠져나갈 수 있는 길이 막혀버렸다.

지금도 충청도의 당진과 서산, 보령 일대의 천주교 순교지들을 둘러보면 처절했던 당시의 상황을 조금이나마 이해할 수 있다. 천주교보다 조금 늦게 조선사회에 전파된 개신교와 달리 천주교에 대한 탄압은 조선왕조가 망하는 그 순간까지 끊임없이 지속되었다.

당시 조선사회는 서양의 지식과 과학기술의 영향력을 완전히 부인하지도 않으면서도 왕실은 왕실대로, 신하들은 신하들대로 자신들의 기득권에 도전장을 내밀 수 있는 진보적인 사상을 전파하는 서양의 종교와 과학기술을 두려워했다. 서양의 기독교 정신은 근본적으로 인간의 존엄성과 평등을 추구했고 남녀평등까지 강조하는 천주교인들은 조선사회의 질서를 뿌리 채 흔들어 놓을 수 있는 시한폭탄과도 같은 존재로 인식되었을 법하다.

## 사회 개혁을 추구했던 다산의 위기관리

정약용이 평생 연구하고 실천한 것은 실사구시實事求是에 부합되는 지식이었다. 그가 실용적인 학문을 해야겠다고 결심하게 된 이유는 서학의 영향도 컸지만 그가 암행어사 시절에 보았던 백성들의 궁핍한 생활과 사리사욕에 눈이 멀어 백성들을 괴롭히던 부패한 관리들 때문이라고 한다. 정약용은 그동안 조선사회를 지탱해온 유학으로는 무너져 내리고 있는 조선왕조를 유지할 수 없다고 판단했던 것 같다.

현대의 관점에서 보면 정약용은 개선이 아니라 혁신을 원한, 대기업이 아닌 벤처에 몸을 담은 사업가가 아니었을까? 그의 가슴 속에는 새로운 사상과 과학기술로 조선을 개혁해야만 강해질 수 있다는 믿음이 있었다. 운 좋게도 그는 조선의 신세계를 도모하려 했던 정조와 뜻을 같이하면서 도약할 수 있는 계기를 마련할 수 있었다.

정약용이 위대한 실학자로 자리매김하게 된 이유는 그 자신의 탁월한 식견과 노력이 가장 중요한 요인이었겠지만 문예부흥을 간절히 원했던 정조의 도움과 후원이 있었기에 가능했다고 보아야 한다. 만약 정약용이 정조를 만나지 못했다면 아마도 실학을 집대성하기는커녕 조선사회를 좀먹는 불손한 사상을 전파하는 위험인물로써 탄압의 대상이 되었을 것이다.

위대한 군주가 탁월한 능력을 지닌 신하를 알아본 것일까. 정조는 정약용의 형제들이 천주교도임을 고하는 수많은 투서와 대소신료들의 끝없는 탄핵 상소에도 굴하지 않고 정약용을 지켜주었다. 이에 정약용은 오늘날 세계문화유산으로 평가 받고 있는 화성華城 건설에 주도적인 역할을 수행해 정조에게 보답했다.

화성 건설은 정조의 부친, 사도세자의 명예회복과 함께 무너진 조선왕조의 정통성을 바로 세우면서 조선 후기의 문예부흥을 상징하는 대규모 토목공사였다. 그렇기 때문에 그는 화성의 설계도를 작성하는 일에도 주도적인 역할을 수행했을 뿐만 아니라 성곽을 쌓거나 건축기간을 단축시킬 수 있는 다양한 기구들을 제작하여 화성이 성곽으로서의 기능뿐만이 아니라 예술적인 면에서도 그 어느 성곽도 흉내낼 수 없을 만큼 아름답게 꾸며놓았다.

정약용은 강진으로 유배를 가서도 부강한 조선을 위한 실학 연구를 멈추지 않았다. 주자학에 기반을 둔 전통적인 학문은 물론이고 역사와 지리에도 관심을 보였으며, 과학적 지식을 발전시켜온 서학을 적극적으로 수용하는 태도를 보였다.

그의 유배생활이 마무리될 무렵에 완성된 『목민심서牧民心書』의 내용을 들여다보면 그가 추구했던 실사구시 정신의 실체를 엿볼 수 있다. 이 책은 지방관의 치민治民에 대한 도리를 기술하고 있는데 죄인의 몸으로 유배 중이었던 그는 중앙정치에 뛰어들 수 없는 현실적인 한계를 인식하고 있었다. 그래서 중앙 관료들의 부정부패를 고발하기보다는 지방 관료가 실천하고 지켜야 할 도리에 초점을 맞추어 현실에 도움이 될 수 있는 주제를 연구한 것이다. 만약에 그가 중앙정치의 문제점을 지적하거나 개선책을 제시하는 연구에 몰두했다면, 아마도 그는 유배생활이 끝나기도 전에 극악무도한 대역죄인으로 낙인 찍혀 유명을 달리했을 가능성이 높다. 그는 백성을 위한 애민정신과 그들의 생활상과 서리의 부정, 토호의 병폐와 도서민의 생활환경을 구체적으로 분석하고 대안을 내놓는데 역점을 두었다.

그에게서 우리가 배워야 할 점은 자신을 몰라주는 세상을 원망하기보다, 자신이 처한 현실을 겸허히 받아들이고 자신의 능력으로 개선할 수 있는 연구에 전념하는 실사구시적인 접근법이라 할 수 있다. 앞으로 나아가기보다는 비판에 혈안이 되어 있는 사람들이 적지 않은 현실에 비추어 보면 유배지의 열악한 연구 여건 속에서도 불구하고 실학을 집대성하는 위업을 달성한 그의 노력은 더더욱 커 보인다.

참고로 그가 실학을 집대성하면서 연구했던 접근법은 조선 선비들이 연구의 근본으로 삼았던 성리학에 대한 이해를 바탕으로 서학을 선별적으로 받아들이는 방식이었다. 한국적이면서도 세계와 소통할 수 있는 실학을 연구했다고 해도 과언이 아니다. 오늘날 우리들은 지나치게 서양의 학문과 과학기술을 수용하다 보니 한국적인 것을 잃어버린 채 세계화의 길로 나아가고 있는 경향이 있어, 다산이 보여준 한국적인 지식에 뿌리를 두고 서학을 선별적으로 수용했던 주체의식을 되새겨볼 필요가 있다.

정약용은 정조의 승하와 함께 불어 닥친 위기상황을 초기에 진압하지 못하고 전라도 강진 땅에서 18년간이라는 기나긴 유배생활을 해야만 했다. 정조의 전폭적인 후원이 사라지자 역적의 신세가 되어 유배를 가야 했던 상황을 리더십의 관점에서 해석해 보면 몇 가지 교훈을 얻을 수 있다.

첫째, 정약용이 추진했던 급진적인 개혁사상은 사회적인 공감대가 부족했다. 그가 살았던 조선 후기는 조선왕조의 기틀 자체가 흔들리던 시기로 보수주의자보다 개혁주의자가 영웅이 될 가능성이 높은 시기였다. 하지만 당시 조선의 지식인들은 개혁에 그리 적극적이지 않았기에 개혁적인 인사들이 사회변화를 도모하는 일이 쉽지 않았다. 그럼에도 정약용은 개혁자의 삶을 묵묵히 살아갔다. 그는 주자학적인 가치를 존중하면서도 서학을 아우르며 중국대륙 일변도의 세계관에서 탈피했지만 그의 진보적인 세계관을 이해해줄 수 있는 조선의 지식인들은 그리 많지 않았다. 사회발전을 위한다는 개혁주의자들의 대의명분을 위해 자신의 기득권을 양보한다는 것은 현실적으로 거의 불가능한 일이기 때문이다.

실학을 확산시켜 백성들의 삶을 윤택하게 하고자 했던 정약용의 비전에 대해 엘리트 지식인들의 반발은 거셌다. 이상은 컸지만 조선의 발전을 이끌고자 했던 그의 소망과 달리 조선의 기득권 세력들은 사회 변화를 그리 원치 않았다. 오히려 사회 개혁을 부르짖는 정약용과 같은 개혁주의자들이 꿈을 펼치기 전에 그들을 역적으로 몰아붙여 능력을 제대로 발휘하지 못하도록 대응했다고 볼 수도 있다. 그는 사회 개혁을 표방하면서 자신의 실학사상을 확산시키는데 주력하기 이전에 조선의 관료들에게 자신의 비전에 대한 공감대를 확산시키는데 보다 많은 노력을 기울였어야만 했다.

둘째, 정약용은 위기관리 능력이 미흡했다. 개혁에는 필연적으로 위기가 수반되기 마련이다. 사회 개혁이든 기업의 개혁이든지 변화를 갈망하는 리더들은 개혁에 따르는 저항세력들을 자기편으로 끌어들일 수 있는 포용력을 발휘해야 하고 다른 한편으로는 반대세력에 대항할 수 있는 우호세력을 적절히 활용하여 반대세력을 제압할 수 있는 리더십을 발휘해야 한다. 하지만 정약용은 정적을 아우르는 차원에서는 남다른 능력을 보여주었다고 보기는 어렵다. 다만 그가 18년간이라는 기나긴 유배생활 속에서도 살아남은 것을 보면 자신을 위기로 몰아넣은 정적들과 극단적으로 대치하는 우를 범하지 않았다고 짐작해볼 수 있다.

셋째, 정약용은 사회 개혁에 박차를 가하기 위해 관료들의 우려에도 불구하고 진보적 성향이 강했던 정조의 힘에 의지하여 사회 개혁을 추진하는 길을 선택했다. 조선사회는 절대 권력자인 임금을 중심으로 권력구도가 형성되기 때문에 임금의 후원 하에 개혁을 단행한 행위 자체가 잘못되었다고 평할 수는 없지만 개혁이 진행될수록 많은 정적들을 양산하는 결과를 초래했다는 점에서는 아쉬움이 남는다.

정약용의 개혁적인 리더십은 성종의 총애를 받아 사림정치를 도입하면서도 훈구세력인 정적들과 비교적 원만한 인간관계를 형성했던 김종직보다는 중종의 전폭적인 지원 하에 정적들과 대립하며 또다시 사림정치를 확산시키려 했던 조광조의 개혁 노선과 흡사한 면이 많다. 다만 정약용이 조광조처럼 사약을 받지 않고 무탈하게 유배생활에서 벗어날 수 있었다는 점은 참으로 다행스런 일이다.

권력의 헤게모니가 순식간에 뒤바뀔 수도 있다는 것을 감안하면 비록 사회적인 명분이 좋다 할지라도 정약용처럼 반대세력을 효과적으로 아우르지 못한 채 개혁을 추진하는 것은 추후에 보다 큰 후폭풍을 만날 수도 있다. 개혁이란 어느 조직에서나 필요한 것이지만 물이 위에서 아래로 흐르듯 특정세력과 연대하여 속전속결로 소기의 목적을 달성하려는 전략은 그리 바람직한 것이 못됨을 되새겨보게 한다.

시대를 앞서간 영웅들은 세상의 변화를 감지하는 능력과 대응책을 마련하는데 남다른 재주를 지닌 자들이었다. 리더가 개혁을 추진하면서 무엇보다도 먼저 고려해야 하는 선결과제는 조직 구성원들의 공감대를 이끌어내는 것이다. 지도자가 아무리 뛰어난 비전을 제시한다 하더라도 개혁을 이끌어가야 하는 조직원들이 동의하지 않는다면 좋은 성과를 이끌어낼 수 없기 때문이다.

리더와 함께 개혁을 추진해가야 하는 조직원들을 현대경영에서는 내부고객이라 부르고 내부고객인 종사원들을 만족시키는 지도력을 인터널 마케팅Internal marketing이라고 한다. 대외적인 고객을 만족시키기 이전에 내부고객인 종사원들을 만족시켜야만 기업이 추구하는 성과를 달성할 수 있다는 논리다. 리더의 웅대한 비전도 현실 속에서 달성해나갈 수밖에 없음을 상기해야 한다.

때때로 사회정의라든가, 조직의 이익을 위한다는 명목 하에 조직구성원들의 반대를 무릅쓰고 자신만이 옳다는 전제하에 일을 추진하는 사람들이 있다. 하지만 영웅을 꿈꾸는 이들이라면 목표달성의 시간이 더 걸리더라도 선후배 동료들과 협력하면서 목표를 달성할 수 있는 방안을 모색하는 마음의 여유를 가져야 한다.

## 다산의 위기를
### 지행해준 다도茶道

정약용은 유배 전에도 차를 즐겨 마셨는데 물을 달리하여 맛을 시험할 정도로 차를 좋아했고 무더운 여름에도 차를 즐겼던 인물이다. 차가 나쁜 버릇을 다스리는데 효험이 있음을 일찍이 터득했을 뿐만 아니라 술을 마신 뒤에도 차를 마셔 술을 깨고 혼돈된 마음을 바로잡기도 했다.

예로부터 다산초당이 위치한 강진지역은 야생차가 유명한 곳으로, 차 문화가 발달한 지역이다. 그래서 그는 유배생활 중에도 차를 마시며 세월을 낚고 마음속에 끓어 오르는 분노와 울분을 삭힐 수 있었다. 47편의 다시茶詩와 『동다기』『다암시첩』등을 남겼으며 『상토지桑土誌』에는 차 재배법까지 상세히 기록해 놓았다.

그는 차 모임인 '다신계茶信契'를 조직해 만난 18명의 제자들과의 인연을 소중히 여겼다. 다신계를 조직하면서 그는 사람이 귀하다는 것은 신의가 있기 때문이며 만일 모여 살면서 서로 즐거워하다가 흩어진 다음에 서로 잊어버린다면 그것은 짐승이나 다를 바 없다고 말했다.

강진에 머문 지 4년째부터는 도암면 만덕산 기슭에 위치한 백련사의 혜장선사와도 활발히 교류했다. 혜장선사를 처음 만난 곳은 주막이었다고 한다. 당시 관리들도 그의 근교여행을 부정적인 관점에서 감시하지는 않았던 모양이다. 정약용과 혜장선사가 친교를 두텁게 할 수 있었던 것은 다도의 멋을 공유할 수 있고 주역에 관심이 많았기 때문이었다. 혜장선사는 그로부터 역학을 깊이 공부할 수 있었고 그는 혜장선사가 마련해준 보은산방에서 함께 차를 마시며 불경을 논하기도 하고 주역의 실용적 가치를 탐구하기도 했다. 후에 정약용은 혜장선사의 소개로 알게 된 초의선사와도 두터운 인연을 맺었다.

리더십 차원에서 다도문화는 자기계발을 위한 여가생활에 해당된다. 도시문명이 지니고 있는 혼잡과 환경오염, 바쁜 일상으로 인해 현대인들은 조선의 선비들보다 많은 스트레스에 노출되어 있다. 더더욱 각 분야의 리더들은 부하 직원들보다 고도의 집중을 요하는 업무를 처리해야 하기에 보통 사람들보다 더 극심한 스트레스에 노출될 수밖에 없다.

'개미와 베짱이'의 이야기 속 개미처럼 그저 부지런히 일해야만 훌륭한 사람이고 베짱이처럼 일하는 시간에 여흥을 즐기는 것을 부도덕하게 인식하는 사회적 풍토는 이제 변할 때가 되었다.

# 다산초당에서 만난
# 정약용

나는 다산이 주도했던 다신계茶信契를 기억하고 있었기에 도심 속의 전통찻집이긴 하지만 '다신계'라는 간판을 보았을 때 그곳에 무언가 특별한 사연이 있을 것이란 생각이 들었다. 아닌 게 아니라 전통찻집의 주인은 다산이 강진에서 유배생활을 할 때 그를 물심양면으로 뒷바라지 해준 귤림처사 윤단의 6대 후손이었다. 그는 강진군수를 지냈고 현재는 다산초당 근처에서 다산학당과 다산학연구원을 운영하고 있다고 했다.

나는 사람들이 왜 아직도 이곳을 여행지로, 그리고 학술적 열망으로 찾는지 그 이유가 궁금했다.

"원장님, 사람들이 다산초당에 모여드는 이유는 무엇이라고 생각하세요?"

"무엇보다도 정약용선생이 다산초당에서 실학을 집대성한 상징성 때문이겠지요. 그리고 다산초당을 이해하려면 먼저 다산4경을 살펴보는 것이 좋습니다. 다산4경은 다산초당을 복원하는 과정에서 건물의 규모와 위치를 결정하는데 결정적인 근거를 제공했기 때문이죠."

원장님은 나에게 차를 권하고 다산4경이 기록된 시문을 보여주면서 부연설명을 해주었다.

"다산4경을 자세히 살펴보면 정약용선생이 야생차에 기울인 열정을 조금이나마 이해할 수 있을 것입니다. 그는 차에 심취하여 마음의 여유를 회복할 수 있었고 가슴을 짓누르고 있던 분노와 슬픔을 진정시킬 수 있었으니까요."

원장님의 설명과 차를 대접받은 것에 대한 감사의 뜻을 전하고 나는 다산초당으로 향했다. 오솔길을 따라 다산초당으로 이동하다보면 곧게 뻗은 대나무와 소나무가 독특한 분위기를 자아낸다. 서로 어울릴 것 같지 않은 이질적인 나무들이 조화를 연출하고 있는 풍경이 인상적이다. 당쟁의 소용돌이 속에서 고뇌의 나날을 보내야 했던 다산의 굳은 절개를 대변이라도 하듯 곧게 뻗은 나무들은 방문자들을 올곧은 신념의 터널로 안내

정약용이 유배생활하며 실학을 집대성한 다산초당. 다산4경인 다조, 약천, 정석, 연지석가산을 배치하여 운치를 살렸다.

하고 있었다.

다산초당에 올라서자 햇볕이 차단된 고요한 공간 속에서 서암西庵과 동암東庵이 다산초당을 호위하듯 배치되어 있었다. 서암은 다산의 제자들이 거처했던 건물이고 동암은 정약용이 거처했던 곳으로 이곳은 그가 『목민심서牧民心書』와 『경세유표經世遺表』 등 500여 권의 책을 저술하면서 실학을 집대성한 뜻 깊은 곳이다. 동암은 송풍암松風庵이라고 불리기도 하는데 동암 근처에 소나무가 무성하여 솔바람이 불어오는 암자라는 의미를 내포하고 있다. 지금도 '茶山東庵다산동암'이라는 다산의 친필 현판이 걸려 있다.

다산초당에는 다산4경인 다조茶竈, 약천藥泉, 정석丁石, 연지석가산蓮池石假山이 배치되어 있는데 언뜻 살펴보면 쉽게 확인하기 어렵다. 다산4경은 정약용의 당시 생활상과 심경을 이해하는 단초가 된다. 그를 따랐던 제자들과 함께 이곳을 조성하고 위치와 형상을 상세히 기록해 두었는데 윤동환의 『다산 정약용』(다산기념사업회)을 살펴보면 상세한 내용을 확인할 수 있다.

다산은 다조라 칭한 바위에서 솔방울로 약천의 물을 끓여 차를 마시며 제자들과 이야기를 나누었다.

다산초당 앞마당에 있는 다조는 차를 끓여 마시던 부뚜막을 상징한다. 그는 제자들은 물론 친분이 두터웠던 지인들과 함께 산속의 허름한 초가 앞마당의 그저 펑퍼짐한 바윗돌에 둘러앉아 차를 마시며 학문을 논하고 인생을 논하고 세상사를 논했다.

다조를 설명하고 있는 시문은 다음과 같다.

| 다조 | 茶竈 |
|---|---|
| 푸른 돌 평평히 갈고 닦아 붉은 글자 새겼으니 | 青石磨平赤字鐫 |
| 차 달이는 조그만 부뚜막이 초당 앞에 놓였네 | 烹茶小竈草堂前 |
| 고기 목구멍 같은 아궁이에 불길 깊이 스미고 | 魚喉半翕深包火 |
| 짐승의 귀 같은 굴뚝에 가는 연기 피어나네 | 獸耳雙穿細出煙 |
| 솔방울 주워와 새로 숯을 갈고 | 松子拾來新替炭 |
| 매화꽃 걷어 내고 샘물 떠다 더 붓네 | 梅花拂去晚調泉 |
| 차 많이 마셔 정기가 침해됨은 끝내 경계하니 | 侵精瘠氣終須弄 |
| 앞으로는 단로를 만들어 신선되는 길 배우려네 | 且作丹爐學做仙 |

약천은 다산초당 뒤쪽에 위치한 샘으로, 정약용이 직접 파서 만든 우물이다. 정약용은 이곳에서 물이 촉촉이 스며 나오는 것을 확인한 뒤에 흙을 파내어 돌 틈에서 솟아나오는 샘물을 식수로 활용했는데 이 샘물은 지금도 방문자들이 마실 정도로 보존상태가 양호하다. 그는 약천의 물이 담을 삭이고

다산이 직접 파서 만들었다는 약천. 이 우물은 가물어도 좀처럼 마르지 않는다고 한다.

다산은 바위에 직접 '丁石(정석)'이
라는 글씨를 새겼다. 필체에서 그
의 선비정신이 느껴지는 듯하다.

묵은 병을 낫게 하는데 효험이 있으며 맛과 향이 뛰어나 차를 끓이기에 적합한 약수라고 극찬했다.

정석은 다산초당 뒤쪽 산비탈에 병풍처럼 펼쳐진 바위를 말한다. 정약용은 평범해 보이는 이 바위에 '丁石정석'이란 두 글자를 새겨놓았다.

"죽각 서편 바위는 병풍 져 있고 부용성 꽃주인은 벌써 정씨丁氏에게 돌아왔네"로 시작되는 '정석'을 찬미하는 시문은 다산초당 인근 서편에 있는 바위가 돌병풍처럼 아름답다고 극찬하는 내용을 담고 있다. 丁石정석의 정丁은 정약용을 말하는데 직역하면 '정약용의 바위'를 의미한다. 다산초당의 서편에 위치한 병풍모양의 바위가 아름다워 정약용은 그 바위에 직접 두 글자를 새겼고, 풍경이 아름답고 크게 번창할 수 있는 곳인데 세상으로부터 가려져 빛을 보지 못한다고 생각하며 그 바위에 자신의 외로운 심경을 빗대어 표현했다. 등산하다 보면 누구나 흔하게 발견할 수 있는 큼지막한 바윗돌에 불과할 수도 있지만 정약용에게 이 바위는 미래의 비전에 대한 확신이었고 초라한 자신의 처지를 대변해주고 있는 친구처럼 여겼던 것 같다.

연지석가산은 다산초당 옆에 조성한 연못 가운데 돌을 쌓아 만든 작은 봉우리를 의미한다. 1808년 정약용이 이곳으로 이주한 뒤에 연못을 넓히고 탐진강가에서 수집해온 돌을 쌓고 주변에 백일홍과 대나무를 심어 한껏 멋을 부렸다. 그리고 산속에서 흐르는 작은 물줄기를 연못으로 흐르게 하여 비류폭포를 만들고 잉어도 길렀다.

연지석가산을 찬미한 정약용의 시문 속에는 그의 자연관이 담겨 있다.

| 연지석가산 | 蓮池石假山 |
|---|---|
| 바닷가의 괴석 모아 산을 만드니 | 沙灣怪石聚爲峯 |
| 진짜 산보다 만든 산이 더 멋있구료 | 眞面還輸飾假容 |
| 가파르고 묘하게 앉힌 삼층탑 산 | 巉嶭巧安三級塔 |
| 오목한 모습 따라 소나무 하나 심었네 | 谽谺因倚一枝松 |
| 뒤얽힌 묘한 모습 봉황의 춤 같고 | 蟠廻譎態蹲芝鳳 |
| 뽀족한 곳 얼룩무늬 죽순이 치솟은 듯 | 尖處斑文聳籜龍 |
| 그 위에 샘물 끌어와 빙 둘러 만든 연못 | 復引山泉環作沼 |
| 물밑 고요히 바라보니 푸른 산 빛 어렸구나 | 靜看水底翠重重 |

정약용이 만든 연지석가산. 산속에 흐르는 작은 물줄기를 이곳 연못에 흐르게 하고 비류폭포를 만들어 잉어도 길렀다.

정약용은 연지석가산에서 동암을 거쳐 백암사로 향하는 오솔길 모퉁이에 서서 강진만의 비경을 감상하고 가족에 대한 그리움을 달래곤 하였는데 다산초당이 복원되면서 정약용이 비경을 감상하던 그 자리에 당시에는 없었던 천일각天─閣을 세웠다. 천일각에서 다산이 혜장선사와 친교하면서 이용했던 오솔길은 지금도 매력적인 공간이다. 백련사로 향하는 800여 미터의 오붓한 오솔길은 경사가 완만하고 주변경치가 빼어나 그가 겪어야 했던 인고의 세월을 더듬으며 걸어보기에 좋았다.

그는 김종직과는 달리 임금과 주변의 정적과 동료들 사이에서 균형을 이루지 못하고 임금에게만 인정받고자 하는 마음이 컸다. 그 이유는 그가 추구하는 실학의 세계가 주변의 사람들에게 인정받지 못하고 받아들여지지 못했기 때문일 수도 있을 것이다. 그는 최종 결정권자에게 인정을 받음으로서 주변에서 인정받지 못하는 자신의 능력을 마음껏 펼쳤을 것이다. 실용적인 세계관은 그의 사고방식 또한 지배했는데 그럴 수밖에 없었을 것이다. 그의 개혁은 가히 혁명적이었기에 주변의 지지와 도움보다는 자신을 알아주는 임금에게만 인정받으면 된다는 극히 실용주의자의 사고였을지도 모른다.

그는 비록 내부의 인정을 받는 것에서는 실패했지만 자신을 몰라주는 세상을 원망하기보다는 자신이 처한 현실을 인정하고 학문에 대한 열정을 쏟아 붇는 실사구시적인 행동으로 성리학에 함몰되어서 형식적이고 관료주의화 된 세상에 변혁을 위한 새로운 가능성을 보여주었다.

그의 비전은 그를 후원하던 정조가 서거한 뒤 빛이 바래고 몰락의 길을 걸었지만 조선사회에 실학이라는 학문의 중요성을 일깨워주는 값진 시도임은 분명하다. 그의 실학에 대한 도전이 없었다면 우리는 과학적이고 아름다운 수원화성을 만날 수 없었을 것이다.

그는 말로 국민을 다스리던 시대에 실학의 눈으로 세상을 보았고 행동에 옮겼다. 그가 진정 원한 세상은 양반만을 위한 학문과 사상이 아니라 백성들이 실질적으로 도움을 받고 이용할 수 있는 학문을 전파하고자 했을 것이다.


나는 다산초당을 거닐며 진정으로 백성들이 잘 살기를 바라는 열망을 품은 채 성리학이라는 큰 벽에 부딪힌 한 청년을 만날 수 있었다. 그리고 그가 고군분투하며 달려야 했던 세상을 잠시 잊고 한 잔의 차를 마시며 바라보았을, 혼미한 세상을 밝혀줄 비전을 나 또한 그려본다.

정약용처럼 실용주의적이고 워커홀릭인 사람이 시간과 정성, 예법을 요하는 다도에 빠져든 이유가 무엇이었을까? 새삼 궁금해졌다.

그에게 있어 다도란 자신의 능력을 아낌없이 분출한 뒤에 잠시 쉬어가며 마음속으로 누리는 휴식이 아니었을까. 수원화성이 과학적이면서도 실용적으로 설계되었음에도 예술적 가치를 간직한 조화로운 건축물이기에 지금도 세계인들의 사랑을 받는 것처럼, 우리의 인생도 노동과 여가생활이 조화를 이루어야 아름답다고 말하는 것은 아닐까 생각해본다.

앞만 보고 달려가는 그에게 다도란 잠시 쉬어갈 수 있는 피난처이자 휴식이었기에 그의 열정을 더 크게 키울 수 있었고 값진 결실도 맺을 수 있지 않았을까하고 다산초당을 거닐며 생각해본다.

보수적 성향의 리더는 사회변화에 둔감하고

시대적인 흐름에 부합하지 못하는 우를 범하기 쉽기에,

자신의 성향으로 인해 발생할 수 있는 부작용을

최소화할 수 있도록 우수인재를 영입하여

자신의 단점을 보완하고 절충하는 지혜를 발휘해야 한다.

# 보수주의자의 벤치마킹,
# 추사체에 깃든
# 김정희의 예술혼

추사 김정희는 영조의 계비 정순왕후를 비롯 호조참판 김귀주, 우의정 김관주 등을 배출한 경주 김씨로 1786년(정조 10) 예산의 용궁리 향저에서 태어났다. 고조부인 김한신이 정조로부터 하사 받은 월성위궁에서 어린 시절을 보냈고, 15세 무렵에는 당대의 석학 박제가로부터 교육을 받으면서 청나라의 학문에도 관심을 가지기 시작했다.

1809년 사마시司馬試*에 합격했고 동지부사로 임명된 부친 김노경과 함께 자제군관子弟軍官**으로 중국의 연경을 방문하여 청나라의 학자들과도

---

*생원과 진사를 뽑던 과거 시험
**외국에 파견되는 사신이 자신의 아들이나 동생을 동행하는 제도로 공식적인 외교업무에서 벗어나 현지문물을 자유롭게 접할 수 있는 기회가 주어진다.

폭넓게 교류했다.

김정희는 연경에서 시와 글씨에 명망이 높고 박제가와 친분이 두터웠던 조강曹江을 만났고 그는 서송徐松을 소개해 주었다. 김정희는 서송과 교제하면서 당대의 석학인 옹방강翁方綱과 완원阮元도 만나게 되었다. 완원은 김정희에게 완당阮堂이란 아호를 지어준 인물로, 김정희의 아호가 30대 이후부터 추사보다 완당으로 더 잘 알려진 것을 보면 두 석학의 관계가 어느 정도 돈독했는지 짐작할 수 있다. 그 후 김정희는 34세 때인 1819년(순조 19) 과거시험에 합격하여 출세의 기반을 마련했고 그의 부친도 같은 해에 예조판서가 되면서 김정희의 집안은 과거의 영화를 회복함은 물론 그 후 20여 년을 무탈하게 지냈다.

그러나 1840년 경주 김씨와 라이벌 관계였던 안동 김씨 김우명이 대사간이 되고 김홍근은 대사헌에 임명되면서부터 김정희에게 위기가 찾아오기 시작했다. 우여곡절 끝에 김정희는 동년 9월, 제주도의 대정현에 위리안치圍籬安置*되는 형벌을 받게 된다.

조선시대 후기의 학자들은 주자학의 한계를 극복하기 위해 경세치용經世致用, 이용후생利用厚生, 실사구시實事求是를 중시하는 실학에 몰두했는데 그때 청나라에서는 시대변화를 주도하기 위해 고증학考證學을

김정희는 제주도 유배지에서 집 주변에 가시울타리를 치고 생활해야하는 형벌을 받았다.

---

＊유배지에서 달아나지 못하도록 가시울타리를 치고 생활해야 하는 형벌

발전시키고 있었다. 홍대용, 박지원, 박제가로 이어지는 조선의 북학北學은 고증학을 연구해 실학을 보다 논리적으로 발전시키려는 연구였다. 김정희 는 북학을 조선의 실정에 맞게 집대성하는 업적을 남겼다.

정조는 실용적인 학문의 중요성을 인식하고 북학파의 문인들이 청나 라의 학자들과 활발히 교류할 수 있도록 규장각을 세워 연구에 필요한 학 술자료의 수집과 관련 책자의 발간을 후원하였다. 현재 창덕궁 후원에는 규장각 건물이었던 주합루宙合樓가 남아 있는데 왕실의 아름다운 정원에 학자들을 위한 도서관을 세워준 셈이다.

## 위기상황에서도
## 자기사랑을 실천한 김정희

해남 대둔사에서 초의선사와 나눈 이야기로 짐작해 보면 김정희는 제 주도로 유배를 떠나면서도 대학자의 품위를 잃지 않고 평상심을 유지하 고 있었던 것으로 보인다. 그는 초의선사에게 나약한 모습을 보이기는커 녕 '대웅보전'의 기존 현판을 떼어내고 자신이 써준 현판으로 바꾸라고 권 할 정도로 기세가 당당했다고 한다.

차를 좋아했던 김정희는 초의선사의 다선일체茶禪一體*에 큰 감명을 받 았고 그와의 만남이 이어지면서 자연스럽게 불교 교리를 깊이 연구하는 계기가 되었다. 유배지에 도착해서는 한동안 자신의 신세를 한탄하며 허 송세월을 했지만 곧 마음을 추스르고 서예와 그림 연구에 몰두하며 끓어

---

*차를 마시는 행위와 마음을 한 곳에 모으는 선의 일체감

김정희는 유배 중에도 '세한도'라는 명화를 탄생시켰다.

오르는 분노를 삭일 수 있었다. 그리고 마침내 그 유명한 추사체를 완성하는 쾌거를 이룩했다.

그의 글씨는 유배 이전과 이후로 확연히 구분된다. 유배생활 중 그의 글씨는 점차 군살이 빠지고 모방을 뛰어넘어 김정희만이 표현할 수 있는 창조적인 글씨로 발전했다. 약간의 차이는 있지만 비슷한 시대를 살았던 정약용이 강진의 유배지에서 실학을 집대성했듯, 그 또한 유배지에서 추사체를 완성시켜 자신의 건재함을 세상에 알렸다.

그의 대표작으로 꼽히는 완당세한도阮堂歲寒圖 또한 이 시기의 작품이다. 세한도는 그가 귀양살이 하는 동안 물심양면으로 도와준 제자 이상적에게 보답으로 그려준 그림이다. 이상적은 스승이 그려준 세한도를 받고 하염없이 눈물을 흘렸다고 한다. 유배지까지 찾아가 스승의 은혜에 보답한 이상적의 이야기는 스승과 제자간의 관계가 교육사업적인 경향으로 흐르고 있는 우리의 현실을 되돌아보게 한다.

현재 남제주군에 위치한 김정희의 유배지는 그가 오랫동안 거주했던 강도순의 집을 복원한 곳이라고 한다. 지금은 위리안치에 필요한 가시울타리 대신 돌담을 둘러놓았고, 인근에 위치한 추사유물전시관은 그의 작품세계를 이해하는데 큰 도움을 주고 있다.

　조선시대의 유배사를 보면 임금이 총애하나 신하들과 백성들의 눈 때문에 어쩔 수 없이 귀양을 보내야만 하는 경우에는 한양에서 가까운 곳이나 죄인의 고향 근처로 보내는 것이 일반적이었다. 반면 한양에서 먼 곳, 그것도 고립된 섬으로 유배를 간다는 것은 죄질이 매우 나쁘다는 것을 의미했다. 즉 제주도로 유배를 간 김정희는 중죄인이었다.

　세상살이란 무릇 흐르는 물과 같고 권력과 재물을 좋아하는 인간들의 탐욕은 보편적이어서 권력을 휘두르거나 금은보화가 넘쳐나는 힘있는 자들에게는 사람들이 모여들기 마련이다. 그 반대의 경우에는 흩어진다. 그런데 이 보편적 법칙이 김정희에게는 적용되지 않았다. 많은 제자들과 유배지의 주민들은 그를 극진히 대접했다. 정치적으로는 대죄인 취급을 받았지만 제자들과 백성들로부터는 존경을 받았음을 의미한다. 그는 비록 유배생활을 하고는 있었지만 자신의 삶이 그래도 한편으로는 지식인으로서의 소명에 충실했구나 하는 생각에 기뻐하지 않았을까 싶다. 정치적으로는 재기가 불가능할 정도로 만신창이가 되었지만 개인적인 삶에 있어서는 학자로서, 도덕적인 인간으로서 존경받을 만한 삶을 살았고 조선의 양식있는 백성들은 그런 그에게 끊임없는 친사를 보내주었다.

　김정희가 오랜 세월 제주도에서 유배생활을 하면서도 추사체를 완성하는 쾌거를 이룰 수 있었던 것은 무엇보다도 자기 학문과 정치적 소신에 대한 남다른 신념이 있었기 때문이다. 그러한 올곧은 성품이 귀양살이를 하는데 단초를 제공한 측면도 없지 않지만 그는 자신에게 불어 닥친 난관 속에서도 학자로서, 정치인으로서의 품위를 잃지 않았을 뿐만 아니라 자기 자신을 비하하는 어리석음을 범하지도 않았다.

최근 한국사회는 세계적으로 자살률이 매우 높은 국가라는 불명예를 안고 있는데 이는 자기 자신에 대한 사랑을 포기해버린 사람들이 늘고 있다는 뜻이기도 할 것이다. 자기를 사랑하는 사람은 위기상황에도 잘 견뎌낼 뿐만 아니라 자신의 처지를 비관하며 인생을 낭비하기보다 대안을 모색하는데 보다 적극적이다. 김정희나 정약용에게 배워야 할 것은 다른 것보다도 자기 스스로를 사랑하는 마음가짐이 아닐까 싶다.

## 김정희의 추사체, 모방에서 창조로

『완당평전』에서 유홍준은 추사체를 '괴怪하다'고 표현했다. 여기서 강조하고 있는 '괴'에는 김정희의 독창성과 긴 유배생활에서 터득한 심오한 인생관이 함축되어 있다. 9년간의 유배생활을 하기 전 김정희의 글씨에는 여유와 풍요로움이 넘쳐흘렀는데 유배생활 뒤의 추사체는 간결한 멋과 넘치지도 부족하지도 않은 그만의 독특한 필치로 변모했다는 것이다. 『추사에 미치다』의 저자 이상국이 추사체의 '괴'함을 묘사한 대목도 인상적이다.

'괴'의 당혹과 그것에 대한 경탄은 사실 손바닥과 손등의 관계일지 모른다. 요컨대 추사체가 '괴' 했느냐 아니냐가 중요한 것이 아니라, 김정희가 한 실험들이 새로움을 넘어서서 심원한 미학에 도달했느냐가 중요하지 않을까 한다. 고졸古拙은 매끈한 것들에 대한 권태가 작동하는 시기에 찾아낸 어수룩함의 파격이다. 김정희는 그 역류하는 미감의 전위에 있었다.

혹자는 추사체가 아름답지 못한 글씨라고 평하는 이들도 있다. 하지만 이는 얼마나 창조적으로 접근했느냐라기 보다는 기존의 훌륭한 문체를 원형에 가깝게 모방했느냐를 가지고 우수함의 가치를 평가하려는 과거 지향적인 가치관 때문이다. 이러한 경향은 농경민족의 후예이기에 겪는 현상일 수도 있다. 유목민들은 양이나 소를 키우다 가축의 먹이가 떨어지게 되면 생존을 위해 어쩔 수 없이 다른 지역으로 이동해야만 했다. 그래서 그들은 새로운 세계를 탐험하거나 문화를 받아들이는데 익숙해질 수밖에 없었다. 이에 비해 농경민족은 새로움을 추구하는 데 소극적이고 기존의 가치와 질서를 관행처럼 받아들여 왔음을 부인할 수 없다. 그러다보니 스승이나 대가를 뛰어넘는 행위 자체가 자칫 잘못하면 불경한 행위로 간주되기 십상이었던 것이다.

김정희는 벤치마킹을 토대로 창조적인 서체를 연구하면서 개성이 넘쳐나는 추사체를 완성하였다.

한국사회는 많은 영역에서 세계화되었음에도 아직도 창의적인 선구자들을 위험한 인물로 보는 경향이 곳곳에 남아있다. 대학교수들 중에서도 자신이 수립한 업적을 뛰어넘는 학생들을 곱지 않게 보는 이들이 있다. 하물며 조선후기의 폐쇄적인 사회에서 기존의 필체에서 벗어나 독자적인 필체를 정립하려 했던 김정희에게 고운 시선을 보내기는 힘들었을 것이다.

우리주변에 모방에는 탁월한 능력을 보이지만 창조적인 능력을 발휘해야 하는 상황이 되면 힘들어하는 사람들이 많고 학창시절에는 수재였는데 사회에 나와서는 평범한 인재의 역할밖에 수행하지 못하는 전문가들이 많음을 되새겨 볼 필요가 있다. 또한 기존 대가들의 작품을 원형에 가깝게 모방하면서 자신은 큰 성취를 이룩했다고 스스로 도취되어 살아가고 있는 사람들은 세계화와 급변하는 현대사회에서 점점 설 자리를 잃어가게 될 것임을 깊이 인식해야 한다.

한편 김정희의 실사구시 학풍은 비슷한 시대를 살았던 다산 정약용과 비교해 보면 큰 차이를 보인다. 정약용이 추구한 실사구시는 현실세계에서 고통받고 있는 백성들의 경제문제, 우리건축의 실용성과 예술의 영역에서 현실적인 문제들을 직접 해결하고자 하는 과학자적인 실용주의였지만 김정희가 추구한 실사구시는 인문학적인 실사구시에 머물러 있었고 정약용과는 달리 중국 중심의 세계관에서 벗어나지 못하는 한계를 보여주었다. 하지만 두 거목의 차이를 논하는 것은 큰 의미가 없어 보인다. 쉽게 말해 사회과학적이고 공학도적인 실용주의와 인문학적인 실용주의의 차이라고 말하는 편이 더 적절한 표현일듯 싶다.

그럼에도 불구하고 당시의 학문적 연구방법은 오늘날처럼 세분화된 것이 아니었기에 조선 최고의 지식인 반열에 있었던 김정희가 지나치게 주자학적인 접근과 비문을 연구하는 금석학金石學*에 몰입한 채, 사회 개혁과 민생문제를 해결할 수 있는 연구에는 특별한 대안을 제시하지 못한 점에 있어서는 아쉬움이 남는다. 그 예로 '세한도'를 자세히 살펴보면 그의 세계관을 어렴풋하게나마 이해할 수 있다. 세한도의 발문跋文**에는 '날이 차가워진 연후에야 소나무와 잣나무가 뒤늦게 시드는 것을 알게 된다'는 공자

---

*금속과 석재에 새겨진 글을 대상으로 언어와 문자를 연구하는 학문
**책을 발간하거나 그림을 그리게 된 배경을 간략하게 표현한 글

의 글귀를 적어놓았고, 그림 속에는 우리나라 건축이 아닌 중국 건축에서 흔하게 사용되던 원형 창문을 그려 넣었다. 또한 추사체가 완성되는 과정을 보면 모방을 거부한 채 완전하게 상상력 속에서 독창적으로 만들어졌다고 보기는 힘들다. 그보다는 대가들의 글자체를 연구하고 모방해가면서 점차로 자신의 독창적인 추사체가 완성되었다고 보는 것이 적절하다.

이처럼 모방에서 출발하여 창조의 길로 나아가는 것을 경영학에서는 '벤치마킹bench-marking'이라 부른다. 벤치마킹이 성공하려면 기본적인 전제조건이 따르는데 모방에서 출발해 모방으로 끝나면 벤치마킹이 되지 못한다. 추사체가 완성된 것처럼 모방에서 출발했으나 결국에는 창조가 이루어져야만 벤치마킹은 그 본래의 취지대로 큰 성과를 이룰 수 있게 된다. 오늘날 삼성전자가 가전제품 분야와 휴대폰 분야에서 세계적으로 두각을 나타내고 있는 이유는 벤치마킹에서 출발해 창조적 혁신을 통해 세계인의 마음을 사로잡을 수 있는 제품을 꾸준히 개발하고 있기 때문이다.

특히 현대사회는 정보화, 개방화로 인해 경영에 필요한 정보들을 구하는 것이 그리 어렵지 않다. 창조적으로만 문제를 해결하는 방식은 해결책을 도출하는데 많은 시간이 소요되어 막상 뛰어난 해법을 찾아내고도 경쟁자에게 뒤지기 십상이다. 그래서 벤치마킹을 통해 시급히 해결해야 할 난제들을 발 빠르게 해결하는 리더들이 훨씬 더 경제적이면서도 시기적절하게 좋은 성과를 이끌어낼 수 있다.

다만 보수적 성향의 리더는 사회변화에 둔감하고 시대적인 흐름에 부합하지 못하는 우를 범하기 쉽기에, 자신의 성향으로 인해 발생할 수 있는 부작용을 최소화할 수 있도록 우수인재를 영입하여 자신의 단점을 보완하고 절충하는 지혜를 발휘해야 한다.

# 봄 풍경이 매혹적인
# 추사고택

예산의 추사고택秋史故宅*은 봄꽃으로 장식되는 4월이 가장 아름답다. 솟을대문을 들어서면 추사가 거처했던 사랑채가 나타나는데 남쪽에 한 칸, 동쪽에 두 칸의 온돌방이 있고 대청과 마루도 배치되었다. 마루공간 이 크게 설치된 것은 집주인의 친교와 예술 활동을 위한 설계로 보인다.

사랑채 앞에는 고즈넉한 분위기를 자아내는 화단이 있고 화단 앞쪽 중앙에는 해시계로 사용되었던 석주石柱가 자리잡고 있다. 약 1미터 높이 의 석주에는 '석년石年'이란 두 글자가 새겨져 있는데 이 석주 위에 나무 막 대기를 꽂아 시간을 확인했을 것이다.

사랑채에 걸터앉아 앞마당을 바라보자 거대한 은행나무가 선생의 품격 을 대변하듯 위풍당당한 모습으로 서 있다. 작은 화단과 은행나무와 담장

---

*김정희가 태어나서 어린 시절을 보냈던 고택

너머의 백목련이 연출하는 하얀 봄 풍경은 저절로 시상을 떠오르게 한다.

사랑채 뒤편으로 돌아서면 만개한 매화나무가 매혹적이고 담장 밖에는 백목련의 화려한 자태가 고풍스런 정취와 어우러져 독특한 멋을 자아낸다. 모퉁이를 돌아서자 산 능선을 따라 담장이 이어지고 먼발치에는 추사 선생의 사당인 추사영실秋史影室이 고택을 굽어보고 있다. 추사영실까지 설치된 담장을 따라 모과나무, 감나무, 앵두나무 꽃들이 피어 화사한 봄 풍경에 알록달록한 불을 지펴놓은 듯 보인다.

안채는 'ㅁ'자 형태로 6칸의 대청과 2칸의 안방 그리고 건넌방이 배치되어 있다. 안방과 건넌방 밖에는 각각 툇마루가 있고 부엌 천장에는 다락이 설치되어 있다. 안방과 건넌방 사이에 있는 6칸 대청은 비교적 큰 규모로서 중부지방과 영남지방의 상류층 주택에서 볼 수 있는 건축구조이다.

사랑채와 안채로 이어지는 처마의 곡선은 추사의 예술혼을 대변하듯 산 능선의 흐름과 조화를 이루고 있다. 자연미와 인공미를 절묘하게 결합시킨 공간배치와 지붕의 곡선미가 돋보인다. 고택이 위치해 있는 용궁리 주변지역은 무인武人의 기상은 엿볼 수 없지만 문인文人에게 어울리는 부드

김정희의 추사고택은 여유로운 공간 속에서 위풍당당한 모습을 자랑한다.

러운 형상을 하고 있다. 집터 앞으로 펼쳐진 안산 역시 나지막한 야산이다.

본래 이 집은 추사의 증조부인 월성위月城尉 김한신金漢藎이 영조의 둘째 딸인 화순옹주와 결혼하면서 영조가 용궁리 일대의 토지와 함께 하사한 53칸짜리 주택이다. 지금의 이 고택은 1970년대에 복원되면서 규모가 다소 축소되었다고 한다.

추사고택을 거닐다 보면 기둥들에 장식해 놓은 주련柱聯*들도 매력적이다. 조선을 대표하는 서예가의 고택답게 수많은 주련이 안채와 사랑채 등에 주렁주렁 걸려 있다. 주련이 고택을 감싸고 있다 해도 과언은 아닐 듯싶다.

김정희가 중국에서 들여와 고조부 김흥경의 묘소 앞에 심어놓았다는 백송도 매력적이다. 백송의 나뭇잎은 일반 소나무와 비슷하지만 나무줄기가 흰색을 띠고 있어 독특한 분위기를 자아낸다. 본래 세 줄기였는데 서쪽과 중앙의 줄기는 부러져버려 지금은 동쪽의 줄기만이 남아있지만 여전히 고고한 자태를 뽐내고 있다.

유홍준의 『완당평전』에는 추사가 '예산禮山'이라는 시를 지어 고향을 찬미했는데 감성적인 필치가 돋보인다.

예산
예산은 점잖아라, 팔짱을 낀 듯
어진 산은 고요하여 조는 것 같네.
뭇 사람이 보는 바는 똑같지마는

---

*건물의 기둥에 세로로 써 붙이는 글씨

나 호올로 신이 가는 것이 있다오.

너른 벌은 진실로 기쁘거니와

좋은 바람 역시나 흐뭇도 하이.

벼가 자라 이 둑 저 둑 묻어버리니

죄다 골라 한 사람의 논과도 같네.

서너 줄로 늘어선 가을 버들은

여워여워 길먼지를 다 덮어썼네.

이것 저것 모두가 그림 같은 모습인데

해맑은 저녁빛은 저 먼 하늘에.


김정희의 흔적은 그의 집안 개인 사찰이었던 오석산 자락의 화암사花巖寺
에도 고스란히 남아있는데 그는 틈틈이 예산의 고택에서 심신을 단련하
면서 산책삼아 화암사를 찾곤 했다. 추사는 1846년(헌종 12) 제주에서의
유배생활 중에도 문중에 서한을 보내 화암사의 중건을 지시했을 정도로

병풍바위에 새긴 김정희의 글씨. 시경(詩境)은 시흥을 불러일으키는 아름다운 정취, 천축고선생댁(天竺古先
生宅)은 불교와 유교가 어울리는 집, 즉 불교사찰을 의미한다.

그곳에 대한 애정이 남달랐다고 한다. 화암사 뒤편에는 높이가 3~4미터, 길이가 30여 미터인 병풍바위가 자리 잡고 있다. 그는 이곳에 '시경詩境'과 '천축고선생댁天竺古先生宅'이란 글자를 새겨놓았다. '시경'은 그가 중국에 사신으로 파견되었을 때 중국의 문인들로부터 입수한 탁본을 새겨놓은 것인데 탁본의 주인공은 송나라 때 애국시인으로 알려진 육방옹陸放翁이다. '천축고선생댁'이란 불교사찰을 의미한다.

추사고택 인근에는 여행객들이 가볼만한 곳이 많다. 덕산면에 위치한 덕산온천에는 2005년도에 개장한 테마온천휴양지인 '스파캐슬'이 관광명소로 자리잡았고 인근의 수덕사도 매력적이다. 덕숭산 기슭에 자리잡고 있는 수덕사는 백제 위덕왕(554~597) 때 창건된 것으로 추정하고 있는데 사찰 입구에서 대웅전으로 향하는 주변 풍광이 매혹적이다. 대웅전은 고려 충렬왕 때인 1308년에 건립된 팔작지붕의 건축물로 고풍스런 자태를 뽐내고 있는데 단청을 하지 않아 고건축의 깊이와 은은한 멋이 깃들어 있다.

수덕사 인근에는 불교 건축을 중심으로 우리나라의 대표적인 건축물들의 모형을 전시하고 있는 한국고건축박물관이 있다. 대목장 전흥수 씨가 건립한 곳으로 불교건축의 다양성을 한눈에 파악할 수 있는 곳이다.

인근의 예당호도 가볼만하다. 호수라고 부르는 것이 민망할 정도로 큰 규모인 이곳은, 호변 도로를 따라 드라이브하기에도 제격이다. 우리나라를 대표하는 일출 명소로도 유명한 예당호의 수면을 수놓은 물안개가 연출하는 아침풍경은 호변관광의 매력을 함축하고 있다. 호수 너머에서 붉은 태양이 솟아오르는 장면을 감상하고 있으면 바다에서 감상하는 해돋이와 비교할 수 없는 독특한 매력에 젖어 든다.

또한 김정희는 제주도에서 유배생활을 하면서 그만의 추사체를 완성

거대한 강이나 바다에서 목격하는 비경과 구별되는 이곳 예당호는 우리나라의 대표적인 일출명소로 손꼽힌다.

하고 〈완당세한도〉(국보 제180호)를 비롯한 많은 서화를 그렸으며 제주지방 유생들에게 학문과 서예를 가르치는 등 많은 공적을 남겼다. 추사유배지는 그가 제주도에 남긴 유배문학의 커다란 문화적 가치뿐만 아니라 그가 남긴 금석학과 유학, 서화書畵의 의미는 역사적·학술적으로 크게 평가되고 있다.

그의 정갈한 추사체와 아름다운 서화들을 보고 있노라면 그가 시련을 겪은 유배지에서조차 자신에 대한 애정이 얼마나 큰지, 그런 자신에 대한 확신과 자존감이 후학을 위한 배품을 줄 수 있는 힘이 되었는지를 느낄 수 있다. 자신을 정갈히 지키고 자신만의 서체를 완성한 그를 우리가 지금도 기억하는 이유일 것이다.

리더들은 측근을 관리함에 엄격해야 하고 그들로 인해

문제가 생기는 것을 철저히 차단해야 한다. 그래야만

중간관리자의 부정부패를 막을 수 있고 밑에서 노력하는

종업원들의 애정을 에너지로 삼아 앞으로 나아갈 수 있다.

# 탐욕과 독단은 조직을 망친다, 조선사회를 퇴보시킨 권력자들

조선왕조는 세습체제를 구축함으로써 절대왕권국가의 면모를 보여주었지만 능력이 부족하거나 나이가 어리더라도 왕위를 계승해야 하는 허점 또한 동시에 가지고 있었다. 결국 임금의 리더십이 부족하면 국력이 약화되는 모순이 반복되었고 그때마다 관료들의 부정부패는 심해졌으며 국가의 기강도 바로 서지 못했다. 그런 구조를 가지고 있었기 때문에 특히 파렴치한 권력자는 자신뿐 아니라 국운에도 큰 해를 끼치게 된다. 그 대표적인 예가 단종을 몰아내고 보위에 오른 수양대군(세조)이다.

그는 자신이 갈망하던 임금이 되기는 했으나 혁명의 명분이 약했고 전국적으로 확산된 단종복위운동 때문에 죽는 날까지 편치 못한 나날을 보낼 수밖에 없었다. 조선의 건국이념인 유교적 통치철학은 흔들리게 되었고 점차 왕권이 바로 서지 못하며 신권의 영향력이 극대화되는 부작용을 초래하고 말았다.

수양대군은 위기관리 차원에서는 권력을 쟁취한 성공한 리더였지만 조선왕조의 정통성을 위기로 몰아넣는 우를 범하고 말았다. 비록 살아생전에는 직접적으로 화를 당하지는 않았지만 명분없는 혁명이 초래한 후유증은 조선왕조의 정통성이 한순간에 무너져 내리는 결과를 초래하고 말았다.

어린 나이에 보위에 오른 단종을 몰아내고 스스로 임금(세조)이 된 수양대군은 너무도 과격한 방식으로 권력을 장악했다. 세조는 조선사회를 이끌고 있던 엘리트 지식인들을 무자비하게 처단했을 뿐만 아니라 그들의 식솔들을 노비로 삼아버리는 상상하기 힘든 행위를 저질렀다. 심지어 자신의 형제이지만 견해를 달리했던 안평대군과 금성대군까지도 제거했다. 그가 조선 최고의 성군으로 칭송받는 세종대왕의 아들이었다는 것을 생각해 보면 더욱 믿기 어렵다.

세종의 뒤를 이어 맏아들인 문종이 왕위에 올랐지만 건강이 좋지 못하여 일찍 세상을 떠나자 그의 아들인 세자 홍위(단종)가 12세의 나이에 왕위에 올랐다. 나이 어린 임금이 즉위하면 수렴청정을 받았는데 당시 궁중에는 대왕대비, 대비, 왕비가 부재하여 단종은 수렴청정도 받지 못하는 처지가 되었다. 단종을 도와줄 왕실의 어른들이 없자 김종서와 황보인 등이 막강한 권력을 행사하게 되고 이를 지켜보는 왕족들의 불만은 커져만 갔다.

세종의 둘째 아들 수양대군은 1453년 계유정난을 일으켜 신권의 중심에 있던 김종서와 황보인을 제거하고 자신은 영의정이 되면서 왕권과 신권을 완전히 장악하였다. 조정은 수양대군을 추종하는 무리와 단종을 추종하는 세력으로 나뉘었지만 대세는 이미 수양대군의 편이었다. 단종은 자의반 타의반으로 스스로 상왕이 되어 물러났으나 단종복위운동이 발발하여 세조 추종세력들의 심기를 건드렸다. 명분이 약했던 세조 일당들은 단종복위운동이 확산된다면 쉽게 수습하기 어렵다고 판단하여 처음부터 강하게 대응했다. 당시 단종복위운동을 주도한 성삼문과 박팽년 등의 사육신은 거혈형을 당했고 상왕으로 물러난 단종은 노산군으로 강등되어 영월에 유배되는 신세가 되고 말았다. 이런 슬픈 정치현실을 개탄하면서 정계를 떠나는 관료들도 많았다.

노산군으로 강등된 단종은 한양을 출발하여 광주, 여주, 원주, 주천을 거쳐 영월의 청령포에 도착했다. 청령포는 내륙의 섬이라 불릴 만큼 삼면에 서강이 흐르고 뒤편에는 절벽으로 이루어진 천연 요새인지라 일단 한 번 갇히면 탈출이 어려운 곳이다. 아마도 노산군은 청령포로 향하는 서강을 건너면서 권력의 비정함을 곱씹으며 자신의 처지를 한탄했을 것이다.

노산군은 이후 관풍헌에서 생을 마감하는 신세가 되고 말았다. 그때 그의 나이 17살이었다. 『세조실록』에는 단종이 스스로 목매 자살하여 장사지냈다고 기록하고 있으나 박종우의 『병자록』에는 금부도사 왕방연이 사약을 받들고 영월에 이르러 감히 들어가지 못하고 머뭇거리고 있었는데 노산군이 익선관과 곤룡포를 갖추고 관풍헌 마당 가운데로 나와 왕방연이 온 연유를 물으니 그가 대답을 못하였고 잠시 후 노산군을 모시고 있던 자가 자청하여 활줄로 노산군의 목을 매여 죽였다고 전하고 있다.

하지만 단종이 죽은 뒤에도 세조를 규탄하는 지식인들의 메아리는 쉽게 가라앉지 않았다. 수양대군의 형제인 금성대군은 경상도 영주의 순흥에 머물면서 세조의 파렴치한 왕위 찬탈을 규탄하는 거사를 계획했다. 지금도 소수서원에는 당시 금성대군의 거사에 참여했던 선비들의 피가 넘쳐 흘렀던 백운동 '경敬' 자 바위를 볼 수 있다. 이곳은 1542년(중종 37) 풍기군수 주세붕이 고려의 유현儒賢이었던 안향安珦의 사묘를 세우고 이듬해 세운 백운동서원을 말하는데 1544년(중종 39) 퇴계 이황이 풍기군수로 부임한 뒤 한양으로부터 소수서원紹修書院이란 사액을 받아 우리나라 최초의 사액서원이 되었다.

수양대군을 도와 권력을 손아귀에 넣는데 합류한 사람들의 면면도 흥미롭다. 당시에는 유교적 가치를 중시했기에 고위 엘리트 관료들로서는 명분 없는 혁명에 가담하기 어려웠다. 결국 과거에 급제하지 못하고 경덕궁 궁지기로 지내던 한명회를 비롯하여 출사는 어찌하여 겨우 할 수 있었지만 권력구조에서 밀려난 자들이 혁명에 참여했다. 한마디로 세상살이에 이런 저런 이유로 불만이 많았던 소인배들이 중심이었었다고 생각하면 된다.

수양대군이 단종을 몰아내는 과정에서 보여준 왕족들의 행태도 가관이 아니다. 당시 태종의 적자인 양녕대군과 효령대군은 수양대군의 편을 들었고 세종의 서자인 계양군 이증과 익현군 이현 등은 일등공신에 이름을 올렸다. 그러나 안평대군 등 세종의 적자들은 한 명도 수양대군 편에 서지 않아 대조를 이루었다.

진정으로 영웅을 꿈꾸는 자들은 인재를 등용함에 있어 능력 못지않게 직급에 따른 도덕적 가치를 엄격히 평가하여 인재를 등용해야 하는데 세조는 그리하지 못했다. 핵심적인 업무를 다루지 않는 중간관리자 이하의 직원들은 특정분야의 재능이 뛰어나면 도덕적 흠결이 있을지라도 고용하여 시기적절하게 난제들을 해결하는 것이 유용하지만 핵심 참모들을 선발함에 있어서는 업무수행능력 못지않게 도덕적, 인격적으로 존경받는 자들을 규합해야 한다. 과거 징기스칸이 그리했고 세종대왕이 이와 같은 원칙을 중시했다.

하지만 아쉽게도 세조는 권력욕에 눈이 멀어 많은 사람들을 죽음으로 몰아넣었고 즉위한 뒤에도 끝없이 이어지는 상왕복위사건과 그 자신을 제거하려는 음모에 대항하다 보니 어쩔 수 없이 자신을 도와 쿠데타를 성공시켰던 파렴치한 공신들과 야합하는 정치를 목숨이 다하는 그날까지 지속시킬 수밖에 없었다.

결국 세종이 이룩해 놓았던 조선의 기틀은 순식간에 무너져 내렸고 공신들에게 너무 많이 내려준 포상과 그들에 대한 특혜로 말미암아 백성들의 삶은 더욱 어려워졌다. 심지어 공신들이 백성을 죽여도 그 죄를 묻지 않아 백성들의 불만은 극에 달해 있었다. 전국 각지에서 뜻있는 사대부들의 울분은 점점 커져만 갔고 조선왕조의 정통성은 크게 훼손되었다. 지금도 계속되는, 대통령 측근 인사들이 줄줄이 검찰 조사를 받거나 구속되는 현실도 이러한 공신에 대한 모순적인 인재관리 탓일 것이다.


## 부정부패에 무너진 명종, 그리고 의적의 출현

세조 이후 조선왕실의 권위는 급격히 약해졌고 신권이 왕권을 좌지우지할 수 있는 풍토가 조성되면서 왕권과 신권의 대립은 복잡한 양상으로 전개되었다. 가장 안타까운 것은 관료들이 임금을 대신하여 국가와 백성들을 위해 헌신하는 풍토가 순식간에 사라져버리고 부정부패가 만연하면서 민심은 흉흉해지고 백성들의 삶은 도탄에 빠져버렸다는 것이다.

1544년 중종이 승하하고 인종이 조선의 12대 임금으로 등극하였으나 원인 모를 병으로 재위 9개월 만에 세상을 떠났다. 왕통을 이어줄 왕자가 없어 중종과 문정왕후 윤씨 사이에서 태어난 경원대군이 12세의 어린 나이로 조선의 13대 임금인 명종이 되었다. 명종은 나이가 어려 모후 문정왕후의 수렴청정을 받게 되었다. 그러자 문정왕후의 동생 윤원형이 '을사사화'와 '양재역벽서사건良才驛壁書事件'을 일으켜 자신의 정적들을 제거하고 조정을 완전히 장악하였다. 명종 즉위년인 1545년에 벌어진 을사사화는 왕실 외척인 윤씨들 간의 싸움인 동시에, 훈구파의 사림파에 대한 공격을 의미한다. 1547년에 벌어진 양재역벽서사건은 을사사화의 여파로 윤원형 일파가 대윤大尹* 세력을 숙청하기 위해 조작한 사건이다.

외척이 권력을 장악하게 되자 명종은 힘없는 군주가 되어버렸다. 수렴청정에서 벗어난 이후 그는 윤원형을 견제하기 위해 이량을 중용하였으나 사람 보는 눈이 없었는지 그가 발탁한 이량 역시 임금에게 충성하기보다 직권남용을 일삼아 왕권강화에는 도움이 되지 못했다. 설상가상으로 명종의 모후인 문정왕후는 수렴청정 후에도 정치에 지나치게 간섭하여 명종의 국정운영에 방해가 되었다. 임금의 권위가 땅에 떨어지고 신하들은 사리사욕만 탐하자 민심은 나빠졌고 설상가상으로 흉년이 계속되어 백성들은 굶주림에 시달려야 했다.

태종은 왕권과 신권이 대립하자 외척들을 과감하게 쳐내고 세종이 조선 최고의 성군이 될 수 있는 터전을 마련해주었다. 하지만 세종 이후 조선왕조가 망하는 날까지 절대적인 카리스마를 발휘한 임금은 몇 안 된다.

---

*인종이 외척 윤임 일파를 이르던 말이다. 이들은 을사사화를 계기로 세력을 잃었다.

특히 왕실 외척의 횡포는 명종대뿐 아니라 끊임없이 조선왕조의 기틀을 흔들어대는 암초가 되었다.

사농공상士農工商이라는 직업에 따른 계급체계 또한 부정부패의 원인이 되었다. 농업 중심의 사회였기에 세금을 확대하여 국가재정을 강화할 수 있는 것도 아니었고 관료들 또한 봉급만으로 풍족한 생활을 누리기는 어려웠다. 임기제라고는 하나 임금의 명령에 따라 관직에서 물러나야 하는 경우도 많았다. 이런 환경 때문에 봉사정신과 도덕심이 부족한 관료들 사이에서는 요직에 있을 때 백성들을 착취하여 부를 축적해야 한다는 생각들이 만연해 있었다.

오늘날에도 부정부패나 부도덕한 행위로 인해 창업자나 최고경영자의 권위가 무너지게 되면 그 기업체의 경쟁력은 순식간에 와해되기 십상이다. 기업에 대한 충성도는 급격히 낮아지고 직원은 회사의 이익보다 사사로운 이익을 챙기는데 혈안이 된다. 고객 또한 구매를 꺼려하고 외부 이해관계자들도 거래를 피하게 된다. 리더들은 측근을 관리함에 엄격해야 하고 그들로 인해 문제가 생기는 것을 철저히 차단해야 한다. 그래야만 중간관리자의 부정부패를 막을 수 있고 밑에서 노력하는 직원들의 애정을 에너지로 삼아 앞으로 나아갈 수 있다.

민심이 흉흉해지자 전국적으로 많은 도적들이 세상을 어지럽혔는데 그 가운데 백정 출신의 '임꺽정'이 관군을 괴롭히고 어려운 백성들을 도와주는 의적활동을 벌이기도 했다. 임꺽정에 관한 실록의 기록은 1559년(명종 14) 3월부터 시작하여 일당이 관군에 의해 소탕되고 임꺽정이 처형된 1562년 1월까지 나타난다. 실록은 임꺽정의 세력을 꺾지 못해 황해도 감사가 교체되었음을 기록하면서 도적이 성행하는 것은 수령이 청렴하지 못해서 발생한 것이라고 했다. 결국 임꺽정이 영웅이 된 것은 무능력한 임금과 부정부패가 만연한 사회분위기를 정확히 간파하고 대안을 모색하려 했던 그의 위기대응 능력과 백성들의 울분을 어루만져준 리더십 때문이었다.

사실 임꺽정과 그의 추종세력들은 관아와 부자들의 재산을 빼앗아 가난한 사람들을 돕기도 했지만 무고한 양민들을 학살하기도 했다. 그럼에도 임꺽정은 오늘날에도 의적으로 불리고 있다. 그가 저지른 잘못보다는 조선왕조의 실정에 대한 불만을 대리만족 시켜준 것에 대해 대중들이 환호했음을 알 수 있다. '임꺽정의 난'은 국가의 농민 수탈에 대한 불만이 함축적으로 표현된 사건이며 봉건적 지배질서와 신분제도의 차별에 따른 불만을 표현한 항거의 성격도 지니고 있다.

다른 한편으로 전문적인 군사훈련을 받은 것도 아니고 변변한 무기체계도 갖추지 못한 농민들의 봉기에 중앙정부가 직접 개입하고도 임꺽정 일당을 제압하는데 3년이란 세월이 걸린 것을 보면 당시 조선의 군대가 어느 정도로 무기력했는지를 단적으로 보여준다. 임꺽정 세력이 진압된 것도 관군과의 정면승부를 통해서가 아닌 임꺽정 휘하에 있던 서림이란 자가 배신하여 정보를 관군에 알려주었기 때문이었다.

사람들의 마음은 참으로 요상하다. 민주화되었고 경제적으로도 조선시대와는 비교가 되지 않을 만큼 풍요로워졌음에도 지금도 간간히 의적을 소제로 한 드라마가 방영되면 제법 인기몰이를 하니 말이다. 시청자들은 주인공이 비리를 일삼는 관료들을 혼내주는 장면에서 속이 시원해짐을 느낀다. 불세출의 영웅이 나타나 자신들의 고단한 삶을 풍요로운 삶으로 이끌어주길 기대하는 것 같다.

요즘 한국사회에서 큰 인기몰이를 하고 있는 안철수 신드롬이나 공지

영이 점화시킨 분노의 〈도가니〉 열풍 또한 우리사회가 지금 매우 지쳐있고 권력자들의 부정부패가 시민들이 감내할 수 있는 범위를 벗어나 있음을 상징적으로 보여주고 있다.

## 실리보다 명분에 집착한 인조, 병자호란을 자초하다

인조의 즉위과정을 명확히 이해하려면 먼저 광해군의 즉위와 몰락을 살펴볼 필요가 있다. 1608년 즉위한 광해군은 왕권에 위협이 되는 왕족들과 그들을 따르던 사람들을 숙청하였지만 대신들은 당리당략에 따라 이합집산을 일삼으며 혼란한 정국이 전개되었다. 임진왜란 등의 여파로 조선과 명나라 모두 사회 결속이 약화되고 국가의 기강이 무너진 반면 만주에서는 여진족이 세운 후금(청)이 강국으로 부상하고 있었다.

정치적 혼돈 속에서 정인홍 등의 대북파는 선조의 적자이며 광해군의 이복동생인 영창대군을 임금으로 옹립하고자 반역을 도모하였다는 구실로 소북파의 우두머리였던 영의정 유영경을 사사시키고 소북파를 몰아내는데 성공했다. 대대적인 숙청 작업으로 대북파가 득세하기는 하였으나 이는 결국 광해군을 끌어내리기 위한 반정 운동을 유발하게 되었다. 1618년 인목대비를 폐하고 서궁에 유폐시키는 사건을 계기로 반정세력들은 능양군을 중심으로 뭉쳤고 1623년 광해군을 몰아내는데 성공했다. 광해군은 폐위되어 강화도에 잠시 머물다 제주도로 이송되어 여생을 마쳤다.

광해군 시절 정권을 잡고 있던 대북파는 명나라와 후금 사이에서 중립적이며 실리적인 외교노선을 추구했던데 반해 능양군을 도와 인조반정을 주도한 서인들은 명나라의 은혜를 저버리고 후금과 우호관계를 맺을 수 없다며 명에 대한 사대주의를 중시했다. 현대의 냉혹한 국제정치 논리로는 절대 이해할 수 없는 일이며 세종대왕이 실리적인 외교정책을 추구하여 두만강과 압록강 유역의 영토를 회복했음에도 명나라와의 분쟁에 휘말리지 않았던 것과는 사뭇 대조적이다.

반정에 성공하여 1623년 조선의 제16대 임금이 된 인조는 대북파를 숙청하고 친명배금 정책을 표방하면서 정국 안정을 꾀하려 했으나 이괄의 난과 후금의 침입으로 말미암아 광해군 집권기보다 더 혹독한 시련을 감내해야 했다. 쇠락해가던 명나라를 공개적으로 지지했던 조선의 외교정책은 신흥강자로 부상한 후금의 입장에서 보면 심히 불쾌한 행동이었다.

1627년 후금이 3만의 군사를 이끌고 조선을 침입하자 인조는 강화도로 피난했으며 결국 후금과 형제관계를 맺겠다는 협약을 체결해야만 했다. 조선에게는 불운이었지만 후금의 영향력은 시간이 지날수록 강해지고 있었다. 청나라로 국호를 바꾼 후금은 1636년 형제관계에서 군신관계로 전환할 것과 군사 3만을 지원하라는 등의 무리한 요구를 해왔고 조선은 이를 거절했다. 마침내 청나라는 10만이 넘는 대군을 이끌고 조선을 재차 침입했다. 그렇게 병자호란이 시작되자 왕자들은 강화도로 피신하였고 인조는 남한산성으로 거처를 옮겼다.

청나라의 군대는 변변한 저항을 받지도 않은 채 남한산성까지 당도했다. 경기도 하남시와 광주시, 성남시에 걸쳐있는 남한산성은 본래 삼국시대부터 전략적 요충지였고 지형적인 특성상 외부의 적이 쉽게 함락시키기 어려운 천연 요새였다. 성벽의 외부는 급경사로 조성되어 적의 침입이 어려운 반면 성 내부는 경사가 완만하고 넓은 구릉성 분지였기에 사람들이 거주하기에 적합했다. 45개의 연못과 80여 개에 달하는 샘이 있어서 식수의 공급에도 원활했다. 하지만 이런 요충지라 하더라도 청나라 군의 지속적인 공격을 방어하기에는 역부족이었다. 구원병은 궤멸되고 식량이 떨어져 전쟁을 장기전으로 끌고 갈 수 없었고 설상가상으로 강화도가 함락되면서 왕자들이 적군의 포로가 되어버려 더 이상 버틸 수도 없었다. 그럼에도 남한산성은 인조가 남한산성을 빠져나가 삼전도에서 청 태종에게 항복할 때까지 청나라 군에 의한 함락은 허용하지 않았다.

어쩌면 외교적으로 후금과 우호적인 관계를 맺었다 하더라도 전쟁을 피하기 어려웠을 수도 있다. 청나라는 조선이 명나라를 도와주지 못하게 할 필요도 있었고 잦은 전쟁으로 물자의 교류가 대폭 축소되어 조선으로부터 전폭적인 지원을 이끌어내야만 했다. 그럼에도 불구하고 강대국으로 부상한 후금에 대해 인조가 보여준 외교 전략을 보면 임금으로서의 자질이 있는 것인지 의구심이 든다. 인조는 후금의 사신을 접견하는 것 자체를 거절하는 외교단절을 선언했을 뿐 아니라 심지어 전국 팔도에 선전유문宣戰諭文을 내려 청나라가 오랑캐 나라임을 명확히 밝혔고 결사적으로 항전할 것을 조선의 백성들에게 공개적으로 공표해버렸다.

무릇 국가이든 기업이든 개인이든 자신의 속내를 대내외적으로 쉽사리 드러내는 것은 매우 어리석은 행동이다. 그런 점에서 인조의 리더십은 미숙하기 그지없다 하겠다. 그는 위기에서 기회를 엿보기는커녕 공개적으로 위기를 확대시켜 조선 백성들을 사지로 내몬, 참으로 무책임하고 무능력한 임금이었다. 또 다른 측면에서 명나라에 사대하고 배금정책을 편 것과 청나라가 쳐들어왔을 때 명나라에게 원군을 요청한 행위들을 종합해보면 조선의 엘리트 관료들은 중국대륙에서 벌어지고 있던 권력 이동의 흐름을 정확히 분석하지 못했던 것으로 판단된다. 설사 정확히 판단한 관료가 있었다 하더라도 당파싸움에 함몰되어 중국대륙의 신질서의 흐름을 핵심권력층에게 전달하지 못했을 수도 있다. 한마디로 당시 조선의 위기관리시스템은 엉망이었다.

# 난공불락 천연 요새였던
# 남한산성

남한산성으로 향하는 308번 도로변의 봄꽃길은 도심 속 청정자연의 정취가 물씬 풍기는 낭만의 드라이브코스다. 도로가 좁다 못해 어느 지점에서는 도로의 상하행선이 개별적으로 뻗어있다. 어린 시절 자전거 타고 등교하던 시골길과 흡사하다. 산성으로 향하는 미로를 달리다 보니 천연요새였던 남한산성의 진면목이 저절로 이해가 된다.

남한산성 역사관에서 문화관광해설사인 김 선생님을 만났다.

"선생님, 남한산성은 성곽 길이가 10킬로미터가 넘는데 어느 곳부터 살펴보는 것이 좋을까요?"

"글쎄요, 일부코스는 험한 능선에 성곽이 뻗어있어 구석구석 살펴보는 것이 쉽지 않습니다. 제 생각에는 북문을 먼저 살펴보는 것이 좋을 것 같아요. 그 뒤 인조가 머물렀던 행궁을 둘러보고 등산로를 따라 수어장대守禦將臺와 주변을 답사하는 코스를 추천합니다. 나머지 유적지는 원하는 걸 선택해, 하나씩 관람하는 것이 바람직해 보입니다."

"남문, 서문보다 북문을 먼저 살펴봐야 할 특별한 이유가 있을까요?"

"북문 좌우로 펼쳐진 지형이 남한산성의 성곽구조를 한 눈에 이해할 수 있는 곳이기 때문이지, 남문이나 서문을 먼저 방문하는 것이 나쁘다는 뜻을 아닙니다."

나에게 남한산성에 대해 한참을 설명하던 김 선생님은 뜬금없이 독특한 미소를 지닌 불상이 있다며 자신과 함께 가보자고 했다. 우리가 향할 곳은 약사불藥師佛이라는 불상이 있는 곳으로 병자호란이 발발하기 전 남한산성 축조에 크게 기여했던 벽암대사碧巖大師의 혼이 담겨있는 소중한 유물이라고 했다. 김 선생님과 나는 자연스럽게 남한산성 역사관 뒤편의 개원사開元寺로 향했다.

차를 주차하자마자 곧장 불상이 모셔져 있는 화현전化現殿으로 향했다. 화현전에 들어서자 약사불(약사유리광여래)이 방문자를 반갑게 맞이해 주었다. 약사불은 한 손에 약함藥函을 들고 있어 한눈에 봐도 병자를 치료할 목적으로 만들어진 불상이라는 것을 쉽게 짐작할 수 있었다.

병자들을 치료하는 화현전(化現殿)의 약사불(藥師佛). 인자한 미소가 인상적이다.

약사불은 신기하게도 보는 각도에 따라 얼굴 표정을 달리했다. 정면에서 바라보는 것보다 우측 모퉁이에서 바라볼 때 약사불의 미소가 가장 아름다웠다. 충남 서산군에 위치한 백제시대 마애삼존불상으로 국보 제84호인 서산

마애삼존불瑞山磨崖三尊佛의 미소와 비교할 수 있을 만큼 얼굴표정이 구체적이지는 못하지만 나름대로 독특한 미소를 지닌 불상인 것은 분명하다.

독특한 미소의 불상이 서민들의 아픔을 치료해 준 이야기와 이런저런 이야기를 나눈 뒤에 김 선생님과 헤어져 홀로 남한산성 역사관 인근에 위치한 연무관演武館을 먼저 찾아갔다. 연무관은 남한산성을 지키던 군사들이 무술을 연마하던 곳으로 1624년(인조 2)에 지어졌다고 추청되나 지금은 아쉽게도 건물 한 채만 남아있을 뿐 조선의 장졸들이 어떤 방식으로 군사훈련을 실시했는지를 상상하기는 힘들었다. 대신 연무관 앞마당에는 그동안의 시간을 말해주듯 잡초만이 허전한 공간을 채워주고 있었다.

아쉬움을 뒤로하고 해발 367미터 지점에 위치하고 있는 북문으로 발길을 옮겼다. 남한산성의 북문은 큰 의미를 지니고 있는데 그 이유는 병자호란 때 청나라에 포위되어 남한산성에 머물던 병사들과 농민들이 마지막으로 힘을 모아 성문을 열고 나아가 기습공격을 감행했던 유일한 문이기 때문이다. 그 전투가 바로 그 유명한 '법화골전투'인데 아쉽게도 적의 유인전략에 휘말려 제대로 싸움도 하지 못한 채 조선군 300여 명이 전멸하고 말았다. 1779년(정조 3)에는 북문을 개축하고 병자호란 때의 패배를 잊지 말자는 의미에서 이 문의 이름을 전승문全勝門이라 칭하게 되었다.

북문의 폭은 3.25미터, 높이는 3.65미터이며 성 위에 낮게 쌓은 담은 총안*이나 타격수가 없는 평여장**을 설치하였고 문루***를 따로 설치하지 않았다. 문루는 단층이고 규모는 정면 4칸에 측면 2칸으로 지붕은 겹처

---

*몸을 숨긴 채로 총을 쏘기 위하여 성벽을 뚫어 놓은 구멍
**성 위에 낮게 쌓은. 위가 편평한 담
***궁문, 성문의 바깥문 위에 지은 다락집으로 오르는 계단

남한산성에 세워진 행궁
은 비상사태에 대비한 궁
궐이지만 왕궁의 품격과
아름다움이 살아있다.

마를 두른 팔작지붕이다. 남한산성의 4대문은 성곽보다 약간 안쪽으로
배치하여 적의 공격을 효과적으로 제압할 수 있도록 설계되었는데 그중
에서도 북문의 위치가 가장 이상적이다.

남한산성에 위치한 행궁行宮은 임금께서 비상사태 때 임시로 거처했던
공간이었지만 마치 거대한 궁궐의 축소판처럼 궁궐의 품격은 곳곳에서
묻어났다.

등산로를 따라 행궁 뒤편으로 오르자 약수터가 나타났다. 약수터에서
수어장대로 이동해 보니 남문과 서문을 연결하는 폭넓은 등산로가 펼쳐
졌다. 이곳은 언뜻 보기에도 전쟁시 전략적 요충지였음을 짐작할 수 있을
만큼 적의 동태를 파악하기 위한 최적의 장소였다. 그 옛날 보초병들의 눈
빛이 빛났을 등산로에는 유유자적한 발걸음의 등산객들이 거닐고 있다.
나도 그들과 같이 느릿하게 걷다보니 병자호란 때 지휘 및 관측을 담당했
던 수어장대가 내 눈앞에 그 위용을 드러냈다.

1624년(인조 2) 남한산성 축성 시에 수어장대는 단층누각이었으나

적의 동태를 파악하고 전
투준비를 했던 수어장대

1751년(영조 27) 유수 이기진이 왕명으로 이층누각으로 증축하였다고 한다. 수어장대 뒤편에는 장졸들에게 식수를 공급했던 우물이 아직도 남아 있다.

이렇게 남한산성의 겨울과 봄을 둘러보니 모든 것이 죽은 듯이 보이던 추운 들판이 지나면 언젠가는 풀이 살아나고 꽃이 피듯, 과거에는 핏빛으로 물든 들판은 언젠가는 푸른빛이 돋는 풀밭으로 다시 되살아나는 놀라운 광경을 볼 수 있었다.

과거의 임금, 그리고 지금의 리더들로 인해 미처 피어보지도 못한 젊은 이들의 절규를 삼킨 채 피로 물들어야 했던 이 들판이 또 어떤 리더들로 인해서는 평온하고 아름다운 곳으로 바뀔 수 있다는 깊은 교훈을 남한산성은 지금의 우리들에게 말없이, 또 조용히 보여주고 있는 듯 했다.

혁신이란 새롭게 개선한다는 것을 의미한다. 경영학에서는 혁신의 전제조건으로 벤치마킹의 중요성을 강조하고 있다. 좋은 것을 알아보는 눈과 그것을 받아들일 수 있는 열린 마음이 리더의 기본 덕목이라는 것이다.

다양한 이해집단들의 상호작용 속에서 능력을 발휘해야만 하는 리더는 본질적으로 변화를 두려워하는 조직원들의 저항에 부딪치기 십상이다. 그럼에도 리더는 능동적으로 환경변화를 주도해야 하고 미래를 내다보는 비전과 추진력으로 시대를 선도해나가야 한다.

조선왕조가 지속된 500여 년의 기나긴 시간동안 혁신을 실천한 영웅들은 많지만 그중에서도 한글을 창제한 세종대왕, 임진왜란으로부터 조선을 구해낸 이순신, 조선 후기의 문예부흥을 리드한 정조, 동학혁명을 주도한 전봉준 등이 대표적이다.

세종대왕은 덕치주의에 기반을 둔 인재관리와 훈민정음 창제를 통해 일류국가 건설을 위한 기틀을 마련하였다. 이순신은 전쟁준비에 만전을 기했고 변화무쌍한 창조적인 전술로 불패신화를 일궈냈다. 혁신으로 조선의 문예부흥을 주도한 정조는 창조적 실용주의를 실천하면서 수원화성 건립과 상업자본의 육성에 박차를 가했다. 세계열강들의 각축장이 되어버린 조선 말기에 홀연히 나타나 세상을 바로세우는 혁신을 실천한 전봉준의 민족주의는 일류국가의 문턱에 서있는 한국인들에게 자주적 부국강병의 중요성을 일깨워주고 있다.

# 2부

혁신으로
영웅이
되다

덕치주의는 만인에게 존경받을 수 있는 위대한 통치스타일이지만

권력의 냉혹한 현실을 들여다보면 강력한 리더십을

오래도록 지속시키기 어려운 한계를 지니고 있다.

존경 받는 덕장이 되려면 부하 직원들을 리드할 수 있는

전문가로서의 탁월한 능력과 높은 도덕성과 인품을 겸비해야만 한다.

# 혁신으로 나라를 바꾸다, 세종대왕의 인재관리와 훈민정음

1397년 태종과 원경왕후 민씨의 셋째 아들로 태어난 세종대왕은 1418년(태종 18) 왕세자에 책봉되었고 22세의 나이에 권좌에 올라 조선 최고의 성군으로 불릴 만큼 다방면에 걸쳐 위대한 업적을 남겼다. 하지만 그가 권좌에 오르는 길은 순탄치 않았다.

본래 태종의 장자인 양녕대군은 1404년에 세자에 책봉되었고 인품은 물론 문장과 필법 또한 훌륭하여 태종의 총애를 한 몸에 받았던 인물이었다. 경복궁 경회루 현판과 숭례문崇禮門 현판이 그의 필체였을 만큼 양녕대군은 비범한 인물이었다. 하지만 양녕대군은 세자의 품위에 어울리지 않는 행동을 일삼아 태종의 미움을 사게 되었고 급기야 세자에서 폐출되는 신세가 되고 말았다. 양녕대군이 세자에서 물러난 사건에 대해 스스로 왕세자를 거부하기 위해 특이한 행동을 했다고 보는 견해와 태종의 본심이 충녕대군(세종)을 총애하여 궁여지책으로 물러났다고 하는 견해가 팽팽히 맞서고 있다.

양녕대군이 폐세자 되자 궁궐에서는 태종과 신하들 간에 첨예한 신경전이 벌어졌다. 신하들은 감히 후임 세자를 정하는데 소극적으로 임할 수밖에 없었다. 『태종실록』에는 두 번째 세자 책봉과 관련하여 둘째 효령대군보다 셋째 충녕대군이 총명하고 군주로서의 자질이 우수하여 선택되었다고 기록되어 있다.

세종은 어린 시절부터 학업에 충실하며 군주로서의 자질을 연마해온 준비된 임금이었다. 충녕대군이 임금이 되고자 간계를 부려 양녕대군을 몰아냈다고 볼 수는 없지만 큰형인 양녕대군이 세자의 자리에 있었음에도 제왕학을 체계적으로 학습한 행위로 미루어 짐작해 보면 그의 야심 또한 남달랐다고 볼 수 있다.

즉위 후 큰형인 양녕대군과는 정치적으로 불편한 관계에 있었음에도 세종은 양녕대군을 세세하게 배려하는 형제애를 보여주었다. 양녕대군이 비록 폐세자 되었지만 한양에서 가까운 경기도 광주에서 유배생활을 하고 있었고 그를 따르는 이들도 많았다. 여러 조정 대신들이 역사적인 사례들을 들어가며 양녕대군을 엄하게 다스려야 한다고 주장했지만 세종은 양녕대군을 끝까지 지켜주었다. 그래서인지 양녕대군의 유배생활은 순탄했다. 그는 경기도 광주로 추방되었다가 1420년 3월에 이천으로 옮겨 생활하였고 1436년 과천을 경유하여 한양으로 되돌아올 때까지 16년간 이천의 '군들마을'에서 유배생활이라기 보다 풍류생활을 즐기며 세월을 낚을 수 있었다. 그가 기생들과 즐거운 한 때를 보냈던 기생바위의 흔적은 지금도 남아

있다. 마을 주민들은 양녕대군이 유배생활 하던 곳을 '군들마을'이라 불렀는데 '양녕대군들'이라 부르던 것이 끝말인 '군들'만 남은 것이라 한다.

세종은 1419년에 경기감사 조치에게 명하여 양녕대군의 저택을 40칸이 넘지 않는 범위 내에서 신축하라는 명을 내렸다. 이곳은 현재 이천 시내에서 떨어진 외곽지역이지만 당시에는 꽤 규모가 큰 장터가 있었을 뿐 아니라 교통의 요충지였다. 세종은 부왕인 태종의 뜻을 받들어 양녕대군에게 주변 일대를 식읍食邑으로 제공하여 생활에 불편함이 없도록 하였다.

효령대군은 스스로 권력의 소용돌이에 발을 담그지 않음으로써 충녕대군의 대권 행보에 길을 열어주었고, 세종 즉위 후에도 원만한 인간관계를 유지했다.

## 인재등용의 개방성을 뒷받침한 덕치주의

세종은 즉위 후 조선의 그 어떤 군주도 이룩하지 못한 위대한 업적들을 일궈냈다. 조선의 건국이념인 유교적 가치가 통용되는 정치제도를 정착시켰으며 훈민정음을 창제하여 일류문화민족의 우수성을 대내외에 보여주었다. 또한 실리적인 외교노선을 택해 철저하게 국익을 챙겼다. 명나라와 우호관계를 맺기 위해 명나라 사신들이 무고한 백성을 죽이는 사건이 벌어져도 덮어버릴 정도였다. 어찌 보면 나약한 군주의 모습이라 볼 수도 있겠으나 이를 바탕으로 그는 조선의 백성들을 괴롭히던 여진족을 토벌하여 압록강 유역까지 영토를 확장하는 대업을 이룰 수 있었다. 무모한 싸움을 경계하면서 후일을 기약하고 외교적으로 국익을 확장시킨 정치철학은 본받을 일이라 하겠다. 이밖에도 농업, 과학기술, 의학, 음악의 발전에도 크게 기여했다.

다방면에 걸쳐 괄목할만한 성과를 일궈낸 세종이 비전을 달성하기 위해 선택한 길은 '혁신'이었다. 미래를 내다본 듯 후에 필요로 하게 되는 것들을 미리, 그것도 완전히 새롭게 만들어낸 그의 '창조적 혁신'은 위대한 조선 건설의 기틀을 제공했다. 이러한 혁신이 가능했던 것은 무엇보다도 우수한 인재들 덕분이었다. 만약 그의 원대한 꿈들을 뒷받침할 수 있는 인재들이 없었다면 그는 세상을 혼란스럽게 만든 공상가에 불과했을 것이다. 세종은 인재등용에 개방성을 견지하며 권력구조를 탄력적으로 개편하는 지도력을 발휘했다. 엄격한 유교적 이념을 중시했던 조선 초기의 분위기를 감안할 때, 관노였던 장영실을 중용하여 과학기술을 발전시킨 조치는 많은 신하들의 반발을 불러일으켰을 것이다.

평소 세종은 귀를 열고 신하들의 의견을 수용하는 개방적인 성격의 소유자였지만 자신이 옳다고 판단되는 사안에 대해서는 신하들을 설득하고 리드하는 지도력을 발휘했다. 그가 신하들을 설득하는 과정에서 선택했던 방식은 권위주의에 의한 강압이 아니라 뛰어난 학식과 인품에 기초한 덕치주의였다. 덕치주의란 권력자가 위엄이 있고 탁월한 리더십을 발휘할 때에만 위력을 발휘한다는 점을 상기할 필요가 있다. 최고 권력자가 무능한 가운데 덕치주의를 표방하게 되면 조직의 힘이 결집되기보다는 분산되면서 조직 전체가 위기에 빠질 수도 있다.

덕치주의는 만인에게 존경받을 수 있는 위대한 통치스타일이지만 권력의 냉혹한 현실을 들여다보면 강력한 리더십을 오래도록 지속시키기 어려운 한계를 지니고 있다. 그래서 존경 받는 덕장이 되려면 부하 직원들을 리드할 수 있는 전문가로서의 탁월한 능력과 높은 도덕성과 인품을 겸비해야만 한다. 그렇지 못한 리더라면 무리하게 덕치주의를 실현하는 것을 경계해야 하며 자신의 단점들을 보완해줄 수 있는 유능한 참모들을 시기적절하게 영입하여 난제들을 헤쳐 나가는 결단력이 필요하다.

세종은 또 공적인 업무수행능력이 뛰어난 사람이면 사적인 면에서는 흠이 있다손 치더라도 중용하는 과감함을 보여주었다. 우수인재를 선발하는 과정에서 지원자의 단점 때문에 고민하기보다 장점을 보고 인재를 영입했다는 것이다. 우수인재를 영입하는 과정은 결코 쉬운 일이 아니다. 모범적인 정답이 정해져 있지도 않기 때문에 훌륭한 리더가 되기 위해서는 사람 됨됨이를 면밀하게 분석해낼 수 있는 자신만의 독창적인 해법을 찾아야 한다.

세종의 업적 중에는 조선 음악의 재정비도 들 수 있다. 그는 연주에 필요한 악기의 제작을 독려했으며 아악과 향악의 정비에도 박차를 가했다. 아악은 궁중에서 연주되던 전통음악으로 주로 의식 음악으로 연주되었는데, 세종은 중국대륙에서 도입된 아악을 조선의 실정에 맞도록 토착화시켰다. 향악이란 삼국시대부터 전래된 우리나라 고유의 전통음악으로 궁중음악으로도 사용된 바 있다.

조선 음악의 종합적인 틀을 세우는 작업은 맹사성과 함께 전문음악가였던 박연의 역할이 지대했다. 박연은 충청도 영동 출생으로 우문관 대제학을 지낸 박용의 손자이며 삼사좌사를 역임한 박천석의 아들로 태어났음에도 광대에게 피리를 배울 정도로 음악에 대한 열정이 남달랐던 인물이다. 세종의 기대에 어긋나지 않게 전통음악의 기틀을 잡은 그는 고구려의 왕산과 신라의 우륵과 함께 우리나라 3대 악성樂聖으로 인정받고 있다.

직업에 대한 차별이 거의 없는 오늘날에도 사람들이 꺼려하는 3D업종이란 말이 존재하는데 직업에 대한 편견과 차별이 극심했던 조선 초기에 뼈대 있는 양반 자제로 태어나 천인에게 음악을 배웠던 박연을 우리는 어떻게 이해해야 할까? 그리고 이런 인재를 알아본 세종의 능력은 무엇일까? 천하다 여기지 않고 장점을 부각시킬 수 있는 일을 맡긴 세종의 인재관리 능력은 효율과 성과를 중시하는 현대경영의 관점에서 보더라도 탁월하다 하겠다.

개혁에 대한 세종의 노력은 그치지 않았고 결국에는 건강까지 해치기 시작했다. 너무 많은 책을 보았음인지 눈병이 나 큰 고생을 했고 온몸에 피부병이 퍼지고 기력이 쇠해졌다. 건강 악화로 인해 국정운영의 방식 또한 변화가 나타났다. 그는 자신의 건강 악화에 따른 권력공백을 적절한 권한위임을 통해 슬기롭게 극복했다.

황희와 맹사성 등 훌륭한 신하들이 많았다는 것은 그들이 능력을 발휘할 수 있도록 지원하고 배려하고 적절하게 보상했기에 가능했다. 아무리 훌륭한 인재들도 리더의 인정과 적절한 보상 없이는 능력을 발휘할 수 없다. 1437년 세종은 육조직계제六曹直啓制*를 의정부서사제議政府署事制**로 전환하여 권력구조의 부작용을 최소화하며 왕권과 신권의 절묘한 조화를 이뤄냈다. 신권이 강화되면서 왕권이 무기력해질 수 있는 상황을 절묘하게 극복했다고 할 수 있다.

---

*육조의 판서가 나라 일을 임금에게 직접 보고했던 통치방식
**육조의 업무를 의정부를 거쳐 임금에게 보고했던 통치방식

## 조선의 국격을 높인
## 훈민정음 창제

세종의 훈민정음 창제는 백성들을 사랑하는 애민정신이 내포되어 있다. 조선 초 평민들과 하층민들은 한자로 된 글을 몰라 양반들과 분쟁이 생기면 일방적으로 당하기 십상이었다. 중국에서 도입된 한자는 조선인들의 발음구조와 달라 사대부들도 공부하는데 많은 어려움을 겪어야 했다. 양반들은 어려운 한자를 배우면서 본래 글이란 이렇듯 어려워 아무나 쉽게 터득할 수 없는 것이라는 논리를 당연한 것으로 받아들였다.

그렇기 때문에 훈민정음을 창제할 당시 핵심 권력층에 있었던 관료들은 세종의 한글 창제를 부정적인 관점에서 바라봤다. 사대주의 의식이 강했던 관료들은 우리의 독창적인 글을 만드는 것 자체가 대륙의 강자인 명나라에 도전하는 행위로 비춰질 수도 있기에 심사숙고해야 한다고 간언하기도 했다.

이런 저런 이유로 한글 창제를 위한 여건은 좋지 못했지만 세종의 생각은 신하들의 생각과 여러 면에서 달랐다. 조선 후기라면 천주교와 서학이 도입되고 상업이 발전하면서 우리 민족의 주체적인 에너지가 넘쳐났겠지만 유교이념으로 건국된 조선 초기에 이토록 창조적 혁신을 주도했다는 것은 결코 쉬운 일이 아니다.

현대인들은 일부 통제된 국가들을 제외하면 개방화와 정보화의 물결 속에서 국내는 물론이고 세계 곳곳의 다양한 정보들을 손쉽게 확보할 수 있는 시대에 살고 있다. 삶은 풍요로워졌고 신분에 상관없이 모든 이들에게 출세의 기회가 보장됨에 따라 각 분야에서 과거에는 경험할 수 없었던 무한 경쟁이 벌어지고 있다. 이에 비해 조선시대에는 일반 평민이나 하층민들이 한자를 공부한다는 것이 현실적으로 쉽지 않은 일이었다. 한자를 공부하는 것 자체도 어려웠지만 과거시험을 볼 수도 없었기에 권력의 중심부에 진입하는 것 자체가 차단된 사회였다. 배움의 기회도, 기록할 수단도 없어 구전에만 의존해야 했었던 백성들에게 한글은 새로운 세상을 보여주는 혁신이었다.

세종은 명나라와의 외교 마찰과 신하들의 불필요한 반대를 공개적으로 돌파하기보다 훈민정음 창제를 비공개적으로 진행하고자 했던 탓인지 『세종실록』에도 한글 창제 과정에 대한 상세한 기록이 남아있지 않다. 하지만 이것이 오히려 세종의 주도면밀함을 보여주는 증거 아닐까?

훈민정음을 창제함에 있어서 세종이 어느 정도의 역할을 담당했는지 명확히 밝히는 것은 쉽지 않다. 확인할 수 있는 것은 몇몇의 집현전 학자들과 함께 세종이 훈민정음을 창제했다는 것이다. 하지만 절대 왕권국가였던 당시의 권력 구조를 고려할 때 한글 창제를 주도한 세종의 공로가 가장 크다고 할 수 있다. 어려운 한자를 읽지 못하는 백성들이 쉽게 터득할 수 있는 언어를 만들어 백성들의 삶의 질을 높이고자 했던 세종은 진정으로 애민정신을 실천했던 군주였다.

마침내 〈훈민정음〉이 공표되던 날, 세종은 그 무엇과도 바꿀 수 없는 희열을 맛보았을 것이다. 그 희열 속에는 오늘날 일류국가로 도약하고 있는 대한민국의 멋진 모습이 스쳐지나갔는지도 모른다. 훈민정음이 공표된 후 지금까지 한글의 표현법은 부분적으로는 바뀐 것도 있지만 기본적인 골격은 예나 지금이나 큰 변화가 없다. 그것은 한글이 그만큼 우수하다는 반증이며 이를 만든 세종이 얼마나 많은 고민을 하였는지 알 수 있다.

하지만 조선 최고의 성군으로 불리는 세종에게도 약점은 있다. 서거 후 조선왕조의 기틀이 순식간에 와해되어 버렸다는 역사적 교훈이다. 만약 세종 사후에도 조선의 임금들이 지속적으로 그의 위대한 업적들을 계승 발전시켰다면 조선의 국운은 크게 달라졌을 것이다. 리더를 평가하기 위해서는 리더가 되기 전의 준비과정, 재임기간 중의 업적, 그리고 재임 후 조직의 지속적 발전 등으로 나누어 보아야 한다. 세종은 아쉽게도 사후에 조직의 지속적인 발전을 도모하지 못했다는 점에서 아쉬움이 남는다.

세종이 리더가 되기 전의 준비과정을 보면 그의 노력도 남달랐겠지만 부왕인 태종의 역할이 매우 컸다. 세종은 임금이 되기 위해서 공부했다기보다 왕자로서 책무를 성실히 수행하고자 열심히 공부한 인물로 봐야 한다. 태종은 그런 그에게 조선 제4대 임금의 자리를 물려주었다. 준비된 자에게 기회가 찾아온다는 평범한 진리를 보여주는 사례라 하겠다. 또한 태종은 왕권에 대항하는 많은 신하들, 심지어 왕족들과 외척들을 과감하게 처단했다. 세종의 권력구도에 걸림돌이 될 수도 있는 이런 세력들을 제거하지 않았다면 세종이 과연 그토록 위대한 업적들을 남길 수 있었을까 하는 의문이 든다. 태종의 무자비한 숙청이 세종의 덕치주의를 돋보이게 했고 인재를 중용하는 세종의 리더십을 만든 것도 사실이다. 세종 재임기간 중에는 신하들을 극형으로 다스린 예가 극히 드물었다. 덕치주의를 실천함으로써 재야의 숨어있는 우수한 인재들을 불러모으는데 큰 효과를 봤다고 할 수 있다.

하지만 셋째 아들로 왕위에 오른 것이 콤플렉스였을까? 세종은 자신의 큰아들에게 왕위를 물려주었다. 인품은 훌륭했지만 병약했던 문종은 세자로서 20여 년간 세종을 보필할 때는 큰 문제가 없었으나 아쉽게도 왕위에 오른 지 2년도 채 되지 않아 세상을 떠났다. 그 뒤를 나이 어린 단종이 계승했지만 권좌를 지켜내기에는 역부족이었다. 어쩌면 세종은 그의 후계구도 과정에서 지나치게 유교적 명분에 집착하여 우를 범했다고 볼 수도 있다.

미래를 내다보는 안목은 최고경영자가 꼭 갖추어야 할 덕목이다. 단기간에 좋은 업적을 남기고 순식간에 역사의 뒤안길로 사라지는 조직은 모범적이지 못하다. 그런 면에서 세종의 리더십은 미래의 지속적인 발전을 대비하지 못해 많은 아쉬움을 남겨놓았다.

# 세종대왕의 휴양지
# 온양행궁

충청남도 아산시에 위치한 온양관광호텔 내에는 조선의 왕실온천이었던 온양행궁과 관련된 유적이 아직도 남아있다. 이 호텔은 1970년대만 하더라도 신혼부부들이 선호하던 우리나라의 대표적 신혼관광지였다. 당시 신혼여행자들이 온양관광호텔을 신혼여행지로 선택한 이유로는 온천 자체의 매력도 있었겠지만 왕실온천에서 첫날밤을 지내면서 자신들의 거창한 미래를 설계하고픈 마음도 있었을 것이다. 지금도 이 호텔을 방문해 보면 노부부들의 향수가 묻어나는 사랑이야기를 간간히 엿들을 수 있는데 '임금들이 머물던 휴양지'라는 브랜드 가치에 이끌려 자신들도 기꺼이 온양관광호텔에서 신혼 첫날밤을 보내게 되었다는 이야기 말이다.

어찌어찌하여 나도 늦은 나이에 결혼하면서 온양관광호텔에서 결혼식을 올리고 그곳에서 신혼 첫날밤을 보내게 되었다. 지금도 생생한 기억인 여행 첫날 저녁, 호텔 창문을 열어젖히자 석양빛에 물든 온양행궁터의 흔적들이 붉을 빛을 머금어 검붉은 색채를 발산하며 신랑과 신부의 마음을 어루만져 주었던 추억이 새삼 떠올랐다.

서울 말씨를 구사하던 어느 노신사는 일 년에 한두차례씩 과거의 향수를 그리워하여 이 호텔을 방문한다며 온양행궁의 유적을 온전히 복원하여 왕실온천의 옛 영화를 회복했으면 좋겠다고 여행 동반자인 부인에게도 말을 전하며 행궁터의 흔적들을 둘러보면서 행복한 표정을 지었다.

왕실온천은 사라지고 흔적만 남아있는 터에 세워진 호텔임에도 한 때 신혼여행자들이 즐겨 찾던 장소인 이곳은 세종을 비롯하여 세조, 현종, 숙종, 영조 등이 행차하여 이용한 조선 유일의 왕실온천이다. 이곳에서 조선의 임금들은 피부병도 치료하고 심신의 피로도 풀었을 것이다. 교통이 발달한 지금이야 서울에서 온양온천을 방문하는 것이 채 2시간도 걸리지 않지만 당시에는 한양에 거처하던 세종이 가마를 타고 수많은 대신들과 호위병들을 이끌고 온양으로 행차하는 일은 결코 녹녹치 않은 여정이었을 것이다. 그만큼 온양온천물의 효능은 오래전부터 검증된 셈이다.

온양행궁에 대한 역사적 근거는 정조 때에 작성된『온궁사실』과『온양행궁도』에 상세히 기록되어 있다. 행궁行宮이란 임금이 머물면서 국사를 주관하는 본궁과 달리 전란, 휴양, 참배 등의 목적으로 지방에 행차하여 임시로 거처하는 곳을 말한다. 임금의 자리에 오르면 잠을 자는 극히 개인적인 공간도 제약을 받았음을 의미한다(임금의 권위를 세우는 차원에서도 그리했겠지만 시시때때로 임금의 목숨을 노리는 이들이 참으로 많았기에……). 게다가 이곳은 남한산성행궁이나 화성행궁처럼 전략적 요충지에 자리 잡은 것과는 달리 임금의 피부병 치료와 휴양을 위한 행궁이라는 점에서 조선 왕실의 여가문화를 이해할 수 있는 귀중한 유산이기도 하다. 날마다 목욕을 즐기는 것이 보편화된 지금과는 달리 예전에는 특별한 날에, 특별한 방식으로 행해진 임금들만의 목욕문화를 가지고 있었다.

　세종은 피부병과 눈병으로 고생하다 온양온천을 세 차례 방문하면서 온천의 효능이 입증되어 온양행궁이 건축되었는데 아쉽게도 지금 온양행궁터에는 세종과 관련된 유적은 모두 사라져버렸다. 하지만 온양행궁터에서 가까운 곳에 세종이 안질을 치료했다고 전해지고 있는 온양어의정溫陽御醫井이 자리 잡고 있는데 세종이 온양어의정의 물로 눈을 씻자 안질이 감쪽같이 치료되었다는 이야기도 같이 전해지고 있다. 온양어의정은 오늘날로 치면 온양의 흔하디흔한 여러 샘물 중 하나의 샘물로 이해하면 된다. 온천물이 아닌 샘물로 안질을 치료한 것을 보면 이곳 온양지역은 물이 참으로 보배로운 곳이라는 생각이 든다.

　성군 세종의 안질을 치료했던 이곳에는 지금도 존귀한 샘물임을 입증하는 직사각형 형태의 석축들이 누각 안에서 방문객들을 굽어보고 있다. 샘물이야 전국 어디를 가든지 예전에는 흔하게 볼 수 있었던 생명수였다. 그중에서도 세종의 은총을 입은 조금 더 특별한 이 샘물은 수백 년의 세

세종의 안질을 치료했다고 전해지는 온양어의정(溫陽御醫井). 우물에 어의(御醫)란 이름을 붙인 것이 재미있다.

월을 묵묵히 지켜온 고풍스런 대리석들이 그 품격을 대신 전해주고 있는 듯 했다. 존귀한 기와지붕으로 장식된 누각 속에서 여유롭고 한가롭게 말이다.

그래서인지 아산지역에는 이곳 온양온천 외에도 아산온천과 도고온천이 있어 우리나라 온천의 메카임을 증명하고 있는 듯하다. 이충무공 묘소 인근에 자리 잡고 있는 아산온천은 한적한 산속에 온천테마파크로 성업 중이고 도고온천은 여러 호텔과 콘도미니엄들이 온천손님을 맞이하고 있는데 도고파라다이스스파는 대규모의 온천테마파크로 단장되어 아산온천과 경쟁하고 있다.

세종의 뒤를 이어 온양행궁을 방문한 임금은 세조였다. 세조는 온양행궁을 방문하기 위해 행궁의 시설을 확충하였는데 당시 온양행궁의 주요 시설은 임금께서 머무시던 내전內殿 16간, 임금께서 집무를 보시던 외정전外正殿 12간, 임금께서 목욕하시던 탕실湯室 12간, 행궁의 부속건물이었던 혜파정惠波停 10간과 함락당涵樂畓 12간 등이었다.

뜨거운 온천 옆에서 찬 물이 솟아나와 신정(神井)이라 이름 지은 샘물과 그것을 기념하기 위해 세운 신정비

세조가 온양행궁에 행차하여 머문 지 4일째 되는 1464년(세조 11) 3월 4일에 신기한 일이 벌어졌다. 온궁의 탕실 바로 옆에서 맑은 물이 마치 분수처럼 뿜어나왔던 것이다. 세조가 신하들을 시켜 물이 나오는 곳을 파게 했더니 맑고 시원한 물이 콸콸 솟아나와 그 물이 온 궁 뜰을 메웠다고 한다. 뜨거운 물이 나오는 온정溫井 옆에 시원한 물이 나오는 것이 신기하여 그곳을 신정神井이라 이름 짓고 이를 기념하기 위한 신정비는 1476년(성종 7)에 세워졌다. 아쉽게도 그 비문은 알아볼 수 없을 정도로 훼손되었지만 현재 온양관광호텔 내에 비석이 보존되어 있다.

신정비를 보고 고풍스런 담장을 따라 걸으며 화려했던 온양행궁의 면면을 더 음미해보고자 했다. 영조도 이 온천을 방문하였는데 1750년 9월 12일, 창덕궁을 떠나 온양행궁에 이르러 휴가를 보내고 9월 28일에 환궁하였다는 기록이 남아있다. 당시 한양에서 평택까지의 여정을 살펴보면 경기 감사의 지휘 아래 임금의 행차를 보필하였다고 나오며 직산으로부터 온양행궁까지의 경비는 충청감사가 담당했다고 나온다. 당시 여느 임금의 행차 때 보다 많은 일행들이 동행했는데 이는 온양에서 과거시험도 치러졌기 때문이었다.

영조는 1760년(영조 36)에도 사도세자(장헌세자)와 함께 온양행궁을 방문했다. 당시 사도세자가 온양행궁에서 활을 쏘았던 장소는 정조의 명에 의해 영괴대靈塊臺라 이름 짓고 그 자리에는 느티나무 세 그루를 심었다. 이 영괴대는 현재 온양관광호텔 내의 커피숍 옆에 그 흔적이 아직도 남아있는데 이 이야기를 들어보면 영조와 사도세자가 함께 온양을 찾아온 이때만 하더라도 두 영웅들의 관계가 그리 나쁘지 않았던 모양이지만 머지않아 영조와 사도세자의 사이가 나빠졌고 결국 뒤주에서 굶어죽어야 하

정조는 사도세자가 활을 쏘았다고 알려진 자리에 영괴대를 세웠다. 이 비석의 글씨는 정조의 친필이라고 하는데 아버지에 대한 그리움과 효심을 엿볼 수 있다.

는 운명에 처해졌다.

　오늘날에도 그 위용을 드러내고 있는 이 영괴대는 사도세자의 아들인 정조의 특별한 관심과 배려 덕분으로 보아야 할 것이다. 정조는 왕위에 오른 지 19년만인 1795년, 온양군수 변위진과 충청도 관찰사 이형원에게 명하여 이곳에 자신의 아버지가 이곳을 방문하여 활을 쏘던 것을 기념하는 '대臺'를 만들도록 하였다. 쉽게 말해 정조는 온양행궁에 마련되었던 사도세자의 임시활터를 성역화한 셈이다. 공사가 끝난 뒤 비의 앞면에 새긴 '영괴대靈槐臺'라는 비의 명칭은 정조의 친필로 알려져 있는데 효심이 지극했던 정조의 정성이 이곳 영괴대에도 고스란히 전해져오고 있는 셈이다.

　하지만 온양행궁은 일제강점기에 접어들어 본래의 모습을 상실하였다. 조선 말기에 흥선대원군은 온양행궁을 수리하고 별장으로 지정하였으나 흥선대원군이 별세한 후 소유권이 일본인 손에 넘어갔고 1904년에는 일본인 불량배들이 서울에서 내려와 온양행궁의 건물을 부수고 주변의 전답까지 빼앗는 등 횡포를 부렸다. 심지어 일본인들이 독점적으로 '온천장'을 경영하면서 온양행궁 본래의 모습은 대부분 파괴되어 오늘에 이르고 있다. 어쩌면 일본인들이 조선 왕실의 권위를 무너뜨리기 위해 고의적으로 그리했을 것이라는 주장은 사실일 것이다.

현재 아산 시민들과 조선왕실의 혼이 깃든 유적을 사랑하는 사람들은 온양행궁을 복원하기 위해 다각적인 노력을 기울이고 있지만 아직도 실현되지 못하고 있다. 온양온천역 앞 광장의 대리석 위에 온양별궁의 구조만을 짐작케 하는 조감도만이 쓸쓸히 여행자들의 발길에 짓밟히고 있을 뿐이다. 관계당국의 적극적인 노력과 도움이 절실한 때인 것 같다.


이렇듯 온양온천은 예전에는 조선의 임금들이, 최근에는 신혼부부들이 즐겨 찾는 영험한 치유의 땅이었다. 조선의 임금들이 고된 업무, 과도한 스트레스로 인해 요양이 필요할 때마다 방문했던 온양온천은 후대의 신혼부부들이 새로운 마음과 좋은 기를 받아 그들의 새로운 인생을 시작하고자 하는 바람으로 여전히 사랑받아오고 있다.

세종의 덕치와 실용주의적 사고가 온양온천의 영험처럼 예나 지금이나 메마르지 않고 꾸준히 사랑받으며 이어져 내려왔더라면 지금의 우리는 어떤 모습으로 살아가고 있을까?

멀어져가는 노부부에게 그 답을 마저 묻고 싶어졌다.

리더십의 관점에서도 정보전쟁에 승리하려면

경영정보시스템을 구축해야 하고 정보 네트워크의

나비효과와 통계에 숨어있는 성공법칙을

효과적으로 활용하는 지혜가 필요하다

# 전란을 대비하는 혁신,
# 이순신의
# 창조적 완벽주의

이순신李舜臣은 1545년 서울 인현동에서 태어났다. 1572년에 치러진 훈련원별과에 응시했으나 달리던 말에서 떨어져 큰 부상을 당해 실격했다. 32세 때 무과에 급제하여 관직에 올랐으나 출세를 위해 아첨하거나 청탁하지 않는 성격 탓에 진급은 더딘 편이었다.

불의와 타협하지 않았던 이순신의 성품은 문관보다 무관을 많이 배출했던 그의 가계를 통해 자연스럽게 형성되었다. 그의 12대조 이돈수는 고려 때 중랑장(무관의 정오품 벼슬)을 지냈고 증조부는 조선 성종 때 연산군에게 글을 깨우쳐 주었으며 장령 벼슬을 지낸 이거였다. 장령은 사헌부에 소속된 정4품 벼슬로, 정치의 잘잘못을 비판하고 관리들을 감독하는 자리인 만큼 엄격하고 바른 생활을 해야만 무탈하게 근무할 수 있는 벼슬이었다. 조부인 이백록은 정의를 중시한 선비로 중종 때 조광조를 탄핵한 기묘사화에 연루되어 관직을 박탈당했다. 그의 부친 이정은 평생 동안 벼슬에 뜻을 두지 않고 초야에 묻혀 살면서 어머니를 극진히 모신 효자였다.

이순신은 조상대대로 이어져온 정의롭고 강직한 성품을 물려받았고 효행을 중시하는 가풍과 함께 인자한 어머니로부터 사람들을 포용하는 인격을 물려받았다. 타인에게 아첨하거나 권모술수를 부리지 않았고 합리적인 경쟁과 실력으로 승부했다. 또 무관으로 생활하면서 자신에게 주어진 임무는 아무리 하찮은 일이라도 최선을 다했다. 이처럼 이순신은 강직하며 원칙을 중시하는 성격의 소유자였다.

그는 자신의 도약을 위해 권력자에게 줄서는 것 또한 꺼려했다. 오히려 권력자의 도움으로 성공할 수 있는 기회가 찾아와도 의연하게 물리쳤다. 한번은 덕수 이씨로 그에게는 종친이 되는 율곡 이이가 말직에 있는 이순신을 만나고자 했다. 그러나 이순신은 이이의 청에 대해 단호히 거절했다. 종친끼리 서로 만나는 것은 기쁜 일이지만 대감(이이)이 벼슬을 주는 자리에 있는 동안에는 만나보지 않겠다는 것이 그 이유였다.

이순신을 끝까지 신뢰하고 배려했던 류성룡은 『징비록』에서 이순신의 외로운 처지를 언급하며 조정에 그를 밀어 주고 끌어 주는 이가 없어 급제한 지 십여 년이 지나도록 높은 자리에 오르지 못했다고 했다. 그런 그가 전라좌도 수군절도사로 좌수영에 부임한 것은 임진왜란 1년 전인 1591년(선조 24)의 일이었다.

## 이순신의 미래예측과
## 전력 증강

이순신은 전라좌수사로 부임하자마자 묵묵히 왜의 침략에 대비한 군비 증강에 박차를 가했다. 당시 조정에서는 일본이 조선을 침략할 것이라는 견해보다는 침략하지 않을 것이라는 견해가 지배적이었기에 미래의 전쟁을 대비하는 전력 증강에는 적극적으로 대처하지 않고 있었다. 그러나 이순신은 일본이 조선을 침략할 것이라는 견해에 귀를 기울였다. 그는 전라좌수사로 부임하자마자 판옥선을 새로 건조하고 부서진 전함들을 수리했을 뿐 아니라 거북선을 개발하는 등 철저하게 미래의 전쟁에 대비했다. 체계적인 전술훈련에도 박차를 가했는데 처음에는 혹독한 훈련 때문에 병졸들의 반발이 거셌지만 명을 어기는 군인들은 이유여하를 막론하고 원칙대로 처리하여 군율을 바로 세웠다. 결국 그는 전라좌수군의 전투력을 이전과는 비교할 수 없을 만큼 획기적으로 개선시켰다.

이순신은 일본이 침략할 것을 대비한 전력 증강을 도모하면서도 중앙정부의 적극적인 지원을 받지 못했다. 당시 조정에서는 일본의 침략 가능성을 낮게 보고 있었기에 중앙정부를 상대로 전쟁준비에 필요한 추가적인 지원을 이끌어낸다는 것은 현실적으로 어려운 상황이었다. 전국적으로 보아도 전라좌수군을 제외하면 전력 강화에 매진한 부대는 없었다고 해도 과언이 아니다. 또한 높은 직책에 오른 장수는 임금의 권위에 도전하거나 쿠데타를 일으킬 수도 있었기에 중앙정부의 감시가 심했던 때였다. 이런 상황에서 이순신의 군비 증강은 괜한 오해를 살 수도 있는 행동이었다. 어찌 보면 그는 미래를 내다보는 안목과 자신의 정보 분석을 토대로 중앙정부의 소극적인 대응태세에도 불구하고 전쟁 준비에 만전을 기했다고 볼 수 있다.

이순신이 어떤 정보에 근거하여 일본의 조선 침략을 확신했는지에 대해서는 확인하기 어렵다. 하지만 임진왜란 중에도 전투에 임하기 전 반드시 정보원들을 급파하여 적의 장단점을 파악하고 전투에 임한 것을 보면 그가 보여준 백전백승의 신화는 정보전쟁의 승리에서부터 시작되었다고 볼 수 있다.

그는 예측 불가능한 전투에는 어떠한 경우에도 휘말려 들지 않았다. 부산에 본거지를 마련한 일본 수군의 본영을 공격하라는 선조의 명을 거부한 것도 승산이 적고 아군의 피해가 클 것이라는 확신 때문이었다. 그는 완벽한 준비태세를 바탕으로 적군의 동향을 면밀히 분석하여 선제공격을 할 것인지 아니면 적을 유인하여 괴멸시킬 것인지를 결정한 후에 전투에 임했다. 즉흥적으로 전투에 임하는 것은 결코 용납하지 않았고 어떠한 경우에도 감정에 치우쳐 전세를 그르치지 않는 냉정함을 유지했다.

리더십의 관점에서도 정보전쟁에 승리하려면 경영정보시스템을 구축해야 하고 정보 네트워크의 나비효과와 통계에 숨어있는 성공법칙을 효과적으로 활용하는 지혜가 필요하다. 이를 위해 직급에 따른 정보의 공유와 통제에 대한 가이드라인을 설정해야 하며 보안체계를 명확히 하여 조직의 주요한 정보가 유출되지 않도록 만전을 기해야 한다. 또한 정보네트워크의 구축비용과 경영성과와의 관련성을 면밀히 분석하면서 정보관리비용에 대한 가이드라인을 설정해야 한다.

정보네트워크의 나비효과butterfly effect를 이해하려면 우선 나비효과의 유래에 대해 살펴볼 필요가 있다. 나비효과란 용어는 미국의 기상학자였던 에드워드 로렌츠E. Lorentz가 1961년에 처음 사용하였는데 특정지역에서 발생한 날씨의 변화가 또 다른 지역의 날씨에 큰 영향을 미치는 원리를 발견한데서 유래되었다. 오늘날에는 자연계 및 경영계의 다양한 정보들이 특정기업이나 산업의 트렌드를 예측하는데 크게 기여할 수 있다는 논리로 발전하게 되었다. 통계적인 경영정보도 면밀히 분석해 보면 미래를 예측하는데 큰 도움을 받을 수 있다. 유용한 정보들을 통계적으로 처리해 보면 시계열적 또는 이슈별로 추세를 살펴볼 수 있기 때문에 미래를 예측하는데 유용하다.

이러한 준비 끝에 이순신의 예감은 적중했다. 1592년 4월 13일 임진왜란이 발발하자 일본의 침략 의도를 사전에 간파하지 못한 조선은 파죽지세로 밀려오는 왜군에게 힘없이 수도 한양을 내주고 말았다. 하지만 바다에서는 다른 양상이 펼쳐졌다. 이순신은 조선의 반도가 왜군에 의해 철저하게 유린당한 상황에서도 흔들림 없이 전투에 임했고 옥포해전에서의 첫 승리를 시작으로 연전연승을 거듭했다. 그중에서도 여덟 번째 전투인 한산대첩은 살라미스해전(기원전 480년), 칼레해전(1588년), 트라팔가르해전(1805년)과 함께 세계 4대 해전으로 평가받고 있다.

이순신이 이끄는 연합함대는 왜군에 대한 상세한 정보를 입수하고 동년 7월 8일 아침에 당포를 떠나 견내량으로 향했다. 마침내 조선 수군의 눈앞에 일본의 거대한 함대가 그 모습을 드러냈다. 조선 수군은 슬그머니 되돌아서 후퇴하기 시작했다. 대여섯 척의 판옥선만이 형식적인 공격을 감행할 뿐이었다. 장군의 지략에 말려든 왜의 수군 함대는 조선 수군의 뒤를 쫓아 한산도 앞바다까지 추격해왔다. 조선의 연합함대는 추격해 오던 왜군을 향해 순식간에 뱃머리를 돌려 전열을 정비했다. 눈 깜짝할 사이에 왜의 함대는 조선 수군에 포위되고 말았다. 이순신의 그 유명한 학익진 전법이 구사된 것이었다. 순식간에 공수가 뒤바뀌며 왜군은 혼란과 공포에 휩싸였다. 말이 쉽지 이 전법을 위해서는 뛰어난 기동성과 팀워크가 필요하며 철저한 훈련이 뒷받침 되어야만 성과를 거둘 수 있는 전법이었다.

왜군의 함대 위로 포탄들이 떨어지기 시작했다. 지자총통과 현자총통이 중심적인 역할을 담당했고 간간히 천자총통도 포탄을 토해냈다. 왜군은 뜻밖의 공격에 대열이 흩어지고 지휘체계는 순식간에 와해되고 말았다. 왜의 함선들은 서로 뒤엉켜 이러지도 저러지도 못한 채 산발적으로 포를 쏘아가며 조총으로 응사했지만 무용지물이었다. 결국 왜의 수군은 대형전선 25척과 중형전선 17척, 소형전선 5척 등 47척이 괴멸 당했고 12척의 전선은 조선군에 빼앗기고 말았다.

## 백전백승을 일궈낸 창조적 완벽주의

조선의 연합함대가 크게 승리할 수 있었던 것은 이순신의 완벽을 기하는 리더십에서 그 실마리를 풀어볼 수 있다. 그는 치밀하고 냉정했으며 아군의 전력에 적합한 맞춤형 전략을 구사했다. 적군의 대응태세를 정확히 파악했고 아군에 유리한 해역으로 적을 유인해 전투에 임했으며 적이 예측할 수 없는 변화무쌍한 전략과 전술을 구사했다. 남해안의 지형적 특성과 조류의 흐름을 정확히 파악하고 전술에 활용하는 것은 기본이었다.

조선 수군의 전투선이 왜군의 전투선보다 견고했고 화력이 강했던 점도 빼놓을 수 없다. 조선의 판옥선은 소나무로 제작되어 충격에 강했지만 왜의 전투선은 삼나무로 제작되어 충격에 약했기에, 돌진하는 판옥선에 부딪치면 쉽게 부서지는 약점을 지니고 있었다. 거북선 또한 선체가 단단하여 충돌파괴력이 강했고 그 외관만으로도 적의 사기를 꺾어놓기에 충분했다. 판옥선과 거북선에는 유효사거리가 900미터 이상인 포를 장착했는데 왜의 전투선은 포의 탑재가 쉽지 않았고 탑재된 포의 수도 조선의 판옥선에 비해 열세여서 왜의 전투선 사정거리 밖에서 불을 뿜어대는 조선 함대는 강력한 파괴력을 지니고 있었다. 판옥선은 또 밑바닥이 평평한 배의 특성상 제자리에서 회전이 가능했는데 이는 좌현과 우현의 포를 번갈아 가며 쏘고 재장전하는 운용을 가능하게 해주었다.

개전 초기 왜군은 게릴라전술로 치고 빠지는 조선 수군을 보며 겁쟁이라 여겼다. 하지만 연전연승 하는 이순신을 보면서 그의 치밀함과 다양한 전술 구사능력에 전의를 상실해 갈 수밖에 없었다. 하지만 그런 이순신에게도 위기는 있었다. 왜의 간계에 말려든 선조가 부산의 일본 수군 본영을 공격하라는 명을 내렸고 이순신은 이를 거부하면서 역적으로 몰린 것이다. 그가 한양으로 압송되어 호된 고문을 받는 동안 새롭게 삼도수군통제가 된 원균은 거제의 칠천량해전에서 대패하였고 경상우수사 배설만이 한산도로 후퇴하여 12척의 전함을 보존할 수 있었다.

백의종군 후 전의를 상실해 버린 조선 수군의 장수로 재부임한 이순신은 13척으로 열 배가 넘는 왜의 함대를 맞이해야만 했다. 무엇보다 시급한 것은 아군의 사기를 높이는 것이었다. 기존의 전투에서는 왜군의 전력보다 아군의 전력이 떨어지긴 했어도 아주 심각한 수준은 아니어서 병사들을 정신적으로 무장시키는 것이 그리 어렵지 않았으나 명량대첩의 경우는 달랐다. 이순신은 장졸들에게 살기 위해 전쟁에 임하는 것이 아니라 죽을 각오로 전쟁에 임해야 함을 각인시키는데 주력했다. 우리가 무너지면 조선이 무너지기에 우리의 패배는 조선의 패배를 의미한다는 것을 강조했다. 비록 우리의 목숨을 바쳐서라도 위기에 처한 조국을 구할 수 있다면 조선의 백성으로서 뜻있는 죽음이 될 것이라고 역설했다. '필생즉사 필사즉생必生卽死 必死卽生'의 정신 즉, 살려고 하면 죽고 죽기를 각오하고 싸우면 살 수 있다는 신념을 불어넣은 것이다.

점차 장졸들의 마음도 움직이기 시작했다. 한 번도 전쟁터에서 패한 적이 없는 이순신이 이번 전쟁에서도 반드시 승리할 것이라는 확신을 가지게 되었다. 이순신은 장졸들의 충성에 화답하듯 명량해협의 지형조건과 조수의 흐름을 시기적절하게 활용하여 소수의 병력으로도 다수의 적을 물리칠 수 있는 전략을 수립했다. 마을사람들까지도 전쟁에 참여했다. 아낙네들은 강강술래 춤을 추며 조선 수군의 세를 과시했고 남정네들은 어선을 타고 나와 군선처럼 위장했다.

결국 1597년 9월에 치러진 명량대첩에서 울돌목의 지형적 특성과 물살의 흐름을 적절히 활용하여 왜의 함대를 괴멸시켰다. 명량해협이라 불리는 울돌목은 해남과 진도를 잇는 진도대교 아래쪽으로 수심은 25미터 미만이지만 격류가 부딪쳐 물살이 매우 거칠고 기이한 소리를 질러대는 독특한 지형이다. 당시 왜군은 미리 직산에 머물고 있던 육군과 합세해 한양을 침범하려는 계획을 세우고 있었다. 그들이 서해안으로 황급히 이동하기 위한 지름길은 울돌목을 통과하는 것이었다. 정보전에 능했던 이순신은 왜의 함대가 울돌목을 통과할 것이라는 첩보를 사전에 입수하고 적극적으로 적의 함대를 유인했다. 울돌목의 물살은 폭이 좁은 해협을 통과하면서 빨라지는데 당시 인력으로 배를 움직여야 했던 왜의 전선들은 균형을 유지하는 것도 힘들었을 것이다.

이순신은 명량대첩을 치르면서 일자진 전법을 구사했다. 사실 이 전법은 특별한 전략을 수립할 수 없는 상황에서 일직선으로 전투선을 배치하여 목숨을 걸고 싸우는 전략이다. 13척의 전함밖에 남아 있지 않아 다른 전법을 구사하는 것 자체가 쉽지 않은 상황이었고 울돌목의 지형이 다양한 전법을 구사할 수 있을 만큼 여유로운 공간구조도 아니었다.

명량해협에서 조선 수군과 마주친 왜의 전함들은 약화된 조선 함대를 얕잡아 보고 울돌목으로 밀려들어왔다. 이순신 함대는 한동안 밀려드는 왜의 전선들을 그냥 바라보기만 했다. 울돌목의 용트림이 점점 시작되자 왜의 전함들은 서서히 자세를 잃기 시작했다. 매복하고 있던 조선 육군은 허겁지겁 도피하는 왜군들에게 화살 세례를 퍼부었다. 조선의 함대에서도 적선을 향해 포탄을 쏟아내기 시작했다. 거센 물살에 뒤틀리며 저항하던 왜군들의 비명소리는 점점 격노한 울돌목의 물살 속으로 빨려 들었고 마침내 명량대첩은 조선 수군의 대승으로 끝이 났다.

이순신은 고문을 당하고 풀려나 백의종군하면서도 선조와 대신들을 원망하기보다 왜란으로부터 조선을 구해야 한다는 신념을 잃지 않았다. 『난중일기』를 봐도 임금에 대한 원망이나 부패한 관료들을 질타하는 내용은 찾아볼 수 없다. 국가를 위해 목숨을 바쳐 봉사했음에도 모함을 받아 고문당하고 옥살이하게 되면 자신에게 피해를 준 사람들을 원망하면서 속세를 떠나 초야에 묻혀 살거나 보복하기 위해 기회를 엿보기 십상이다. 그러나 이순신은 옥살이에서 풀려나자마자 동료 군사들이 고생하고 있는 전쟁터로 곧바로 이동하는 것을 마다하지 않았다.

무엇보다 그가 영웅이 될 수 있었던 승리의 원동력은 기존의 전술을 답습했던 것이 아니라 적이 예측하기 어려운 창조적 전법을 구사했기 때문이다. 특히 남해안의 지형적 특성과 변화무쌍한 조류의 흐름을 전술에 활용하는 환경 대응적 전투에 탁월한 능력을 보여주었다. 순간적인 감정에 치우쳐 즉흥적으로 수군을 움직이는 일은 일절 없었다.

그는 전쟁 중에도 사람의 생명을 중시하여 적군을 무찌르는 것 못지않게 백성을 보호하는 일에도 신경을 썼다. 왜군이 패배하여 육지로 숨어들면 적선을 불질러버리거나 노획하여 전과를 올리기보다는 도망친 적들이 마을 주민들을 괴롭히고 살인하는 것을 방지하는데 주력하였다. 때로는 몇 척의 적선을 남겨두어 적군이 도망치도록 조치하기도 했다.

여러 고난과 역경에도 나라에 대한 충성을 다한 이순신의 예를 보면 훌륭한 리더가 되기 위해서는 무엇보다 먼저 자신의 마음을 다스리는 심학에 통달해야 한다는 선현들의 가르침을 되새겨보게 된다. 이순신은 무인이기 이전에 자신의 마음을 냉철하게 통제할 수 있는 심학의 달인이었다. 또한 자신이 원하는 정보가 무엇인지 정확히 알고 어디서 얻어야 하는지를 파악하는 정보의 달인이고 완벽한 승리를 위한 창조적인 전략을 만들어 내는 달인이었다.

매우 창조적인 완벽주의자. 어쩌면 선진국의 문턱에 접어든 한국사회가 가장 원하는 상이 아닌가 싶다.

# 옥포해전이 벌어졌던
# 옥포만

경상남도 통영에서 신거제대교를 넘어서면 비로소 거제도 여행이 시작된다. 14번 국도를 따라 펼쳐지는 비경은 남해안의 절경을 함축시켜 놓은 듯하다. 해안선이 다채롭고 바다 위에 떠있는 크고 작은 섬들과 거제도의 고즈넉한 풍경이 어우러져 독특한 멋을 자아낸다.

옥포해전에 대한 역사적 의미를 심층적으로 살펴보기 위해 향토사연구소의 방병희 소장님과 함께 옥포만을 방문했다. 소장님은 옥포대첩기념공원 건립에 주도적인 역할을 했던 사람인지라 옥포해전에 대한 생생한 설명을 들으니 나도 모르게 내 몸은 뜨겁게 달아올랐다.

현재 옥포만에는 거대한 조선소가 자리잡고 있는데 이곳은 임진왜란 때 이순신이 이끄는 삼도수군연합군이 왜군과의 해전에서 첫 승을 거둔 유서 깊은 곳이다. 지금은 한국조선의 우수성을 전 세계에 알리려는 듯 선박건조 과정에서 들려오는 쇳소리가 나의 귀를 자극했다.

임진왜란 당시 부산을 중심으로 남해안에는 도오도오 다카도라, 가토 오 요시아키 등이 이끄는 5개 선단의 왜 수군 9천 명이 전라도 지방으로 세력을 확장하기 위해 거제도를 점령하고 있었다. 거제도는 부산에서 전라도 지역으로 이동하기 위한 해상교통의 요충지였기에 왜군은 거제도를 통과해야만 했고 반대로 조선수군의 입장에서는 왜군의 진로를 거제도를 중심으로 봉쇄해야만 했다.

하지만 거제도를 관할하고 있던 경상우수사 원균은 왜적과 몇 차례 전투를 벌였지만 고전을 면치 못하고 있었다. 이에 원균은 1592년 4월 18일 율포 만호萬戶* 이영남을 전라좌수영으로 보내 이순신에게 원병을 요청했다. 이순신은 처음에는 원병 요청을 유보하였으나 마침내 4월 29일 전라우수사 이억기와 협의하여 경상도로 연합출전을 결심하고 5월 4일 새벽 1시에 전라좌수영의 전선 24척과 전라우수영의 전선 61척으로 선단을 편성하였다. 이 때 거북선은 준비부족으로 아직 참전하지 못했으며 경상우수영의 전선은 6척에 불과해 조선은 단 91척의 전선으로 전쟁에 임해야만 했다.

조선 수군 연합군은 5월 7일 새벽에 출항하여 91척의 전선을 이끌고 정오경에 거제도의 옥포 앞바다에 이르렀다. 왜 수군이 정박해 있었던 옥포만은 지형상 좌우로 막혀있는 위치였기에 적군은 조선 함대의 대포와 불화살 세례를 받고 처참하게 패하고 말았다.

옥포조선소가 내려다보이는 옥포만 좌측의 해안도로를 따라 나지막한 산길을 따라 올라가자 팔각 누각인 옥포루가 시야에 들어왔다. 때마침 무더위를 식히기 위해 옥포루에 올라서니 거짓말처럼 시원한 바람이 불어왔

---

*각 도(道)의 여러 진(鎭)에 배치한 종사품의 무관 벼슬

이순신에게 첫 번째 승리를 안겨준 옥포해전을 기념하는 옥포대첩기념탑

다. 옥포루에서 잠시 주변 풍광을 살펴보고 박소장님과 함께 옥포대첩기념탑으로 이동했다. 기념탑은 학익진 전법과 전선 그리고 태산 모양을 형상화하고 있는데 높이 30미터의 기념탑 앞으로 가까이 다가갈수록 옥포대첩기념탑의 웅장한 자태가 점점 더 실감이 났다. 박소장님은 기념탑의 건립과정을 설명하던 중 이야기를 듣고 감탄하고 있는 나에게 뜬금없이 질문을 던졌다.

"교수님, 이순신장군은 옥포해전에서 전투에 임하는 병사들에게 무엇을 강조했을까요?"

"글쎄요. '필사즉생필생즉사必生卽死 必死卽生'라는 정신을 강조했을 것이라 생각합니다만."

박소장님은 대답대신 나를 기념탑 뒤편으로 안내했다. 그곳에는 옥포해전 당시의 상황과 이순신이 하달한 '물령망동정중여산勿令妄動 靜重如山'이란 군령을 새겨놓은 글귀가 보였다.

임진년 五월 七일 정오경 왜적을 발견

전란 중 최초의 옥포해전이 전개되는 순간

장군은 준엄한 목소리로 다음과 같이 군령을 내리고

적을 분격奮擊하여 사상 유명한 옥포대첩을 거두었다

勿令妄動靜重如山

가볍게 움직이지 말라

침착하게 태산같이 무거운 행동을 취하라


20여 만의 왜군이 조선의 국토를 유린하자 백성들은 삶의 희망을 잃어버리고 조선의 군인들도 왜군에 압도당해 승리할 수 있다는 신념이 부족했던 상황 속에서, 이순신이 이끄는 91척의 연합함대의 승리는 단순한 승전보 그 이상의 의미를 담고 있었다. 조선군은 옥포해전을 승리로 장식함으로써 왜군을 제압할 수 있다는 자신감을 회복할 수 있었고 파죽지세로 밀리고 있던 조선 육군과 의병들의 사기도 덩달아 크게 고조되었다.

기념탑 근처에는 임진왜란에 관련된 종합적인 정보를 제공하고 있는 기념관이 위치하고 있기에 당시 남해안에서 벌어졌던 주요 전투의 위치와 결과를 표시한 지도를 자세히 살펴보았는데 새삼 이순신의 활약상에 감탄사가 절로 나왔다. 조선 수군의 유일한 패전지인 거제의 칠천량해협에도 가보기로 했다. 실패의 교훈도 시사하는 메시지가 크기에……

옥포만에서 14번 국도를 따라 통영방향으로 이동하다 연초 파출소에서 1018번 지방도로를 따라 10여 분 달리다 보면 칠천연육교가 나타났는데 바로 이 일대가 칠천량해전이 벌어졌던 칠천량해협이다.

연전연승을 거듭하던 이순신은 왜의 간계와 조정에서 그를 음해하는 간신배들의 모함으로 전쟁이 한창인 급박한 상황에서 어처구니없게도 투옥되고 말았다. 이순신을 대신하여 삼도수군통제사가 된 원균은 칠천량 해협에서 300여 척의 함선으로 왜군의 1,000여 척의 함선과 전면전을 감행하였으나 허무하게도 자신도 전사하고 대부분의 조선 전함이 격침당하는 우를 범하고 말았다.

칠천연육교를 넘어 칠천도 일대를 샅샅이 살펴보았지만 칠천량 패전에 관련된 정보를 얻지 못했다. 역사란 승리자의 관점에서 기록된다고는 하지만 실패의 교훈도 후세에게 전해줄 가치가 크다는 점에서는 아쉬움이 남았다. 그렇게 패전의 교훈을 되새겨볼 수 있는 생생한 흔적을 제대로 확인하지 못하고 되돌리는 나의 발길은 편치 못했다.

거제도에는 한국전쟁의 상처가 남아있는 포로수용소유적공원이 거제시청 근처에 있다고 해서 그곳도 찾아가보기로 했다. 1950년 6월 25일 발발한 한국전쟁 때 생겨난 포로들을 수용하기 위해 같은 해 11월부터 건립된 이 포로수용소유적공원은 1951년 6월까지 인민군 포로 15만 명, 중공군 포로 2만 명 등 17만 3천 여 명의 포로들을 수용했으며 그 중에는 300여 명의 여자포로도 포함되어 있었다고 한다.

300년 이상의 시대적 차이는 있지만 임진왜란과 관련된 유적지와 포로수용소를 연달아 보고나니 전쟁의 참상과 포로들의 비참한 생활상을 살펴보는 그 자체만으로도 전쟁이 얼마나 비인간적이고 공포와 파괴의 참상을 노골적으로 보여주는지 잘 알 수 있었다.

잠시 마음을 추스르고 해안가의 산책로를 따라 거제 앞바다에 펼쳐진 비경을 음미해보았다. 임진왜란과 한국전쟁에 관한 상념들로 가득 찼던 나의 머릿속은 순간 과거에서 현재로 시간이동을 한 듯 환상적인 볼거리들을 생생하게 포착해냈다. 어촌민속전시관에서 그리 멀지 않은 곳에 있는 구조라해수욕장에도 가보았고 환상의 해안 드라이브코스로 거제의 해안선을 따라 굽이굽이 숨어있는 비경들을 감상하다 보니 어느덧 학동몽돌해수욕장이 나타났다. 해안의 지형이 한 마리의 학이 비상하는 모습과 같다 하여 이름 붙여진 이 해수욕장은 그 이름만큼이나 해안도로에서 바라보아도 이채로운 해수욕장임을 단박에 확인할 수 있다.

하지만 거제 해금강으로 차를 몰아가자 지금까지 보았던 거제의 풍광들은 단지 서막에 불과했음을 알 수 있었다. 거제의 해안 절경을 질투하듯 해안가에서 일정한 거리를 두고 멋스런 기암괴석들이 옹기종기 모여 만든 또 다른 절경이 자동차의 느림보 이동에도 파노라마 영상처럼 생생하게 포착되었다. 때마침 거제 해금강의 생동감을 좀 더 가까이에서 체험하고자하는 관광객들을 실은 유람선이 해금강 근처에서 기웃거리고 있었다. 이 절경들은 명사십리해수욕장에 다다를 때까지 계속되었다.

한산대첩을 조금 더 느껴보기 위해 아침 동이 터오기 전 통영의 부둣가에서 한산도로 향하는 여객선에 올랐다. 여느 때와 마찬가지로 갈매기들은 낯선 여행자를 반갑게 맞이해 주고 있고 여행객들은 갈매기들의 생동감 넘치는 표정들을 포착하기 위해 카메라셔터를 연신 눌러댔다.

그러던 중 동쪽 바다의 수평선 너머에서 서서히 붉은빛으로 이글거리는 거대한 태양이 그 위용을 드러냈다. 여객선에서 맞이하는 해오름은 육지에서 감상하는 해돋이와는 차원을 달리했다. 여명에 속도감이 더해지면서 붉게 물든 아침 햇살의 생동적인, 자연이 주는 생생한 공연은 보고 있기만 해도 가슴을 설레게 한다. 여객선이 이동하면서 작은 섬들 사이사이로 얼굴을 내미는 붉은 태양은 마치 통영의 수호신처럼 보였다.

여객선은 50여 분이 지나 한산도의 선착장에 도착했다. 고즈넉한 해안 도로를 따라 제승당으로 향했다. 이순신은 이곳에서 참모들과 작전회의를 하기도 했고 기거하기도 했다고 한다. 이곳 주변 풍경은 바다와 섬들의 조화가 유난히 더 돋보이는데 수루 앞으로 펼쳐진 바다 풍경은 섬들과 바다가 겹겹이 둘러싸인 신비한 풍경을 연출했다. 많은 섬들은 바다 위에서 숨바꼭질하듯 미로를 만들어 놓은 듯 보였고 바닷가를 거닌다기보다 거대한 호숫가를 거니는 듯한 기분에 사로잡혔다.

올망졸망한 섬들에 둘러싸인 한산도의 풍경을 바라보며 나는 단박에 이곳이 천연 요새였음을 짐작할 수 있었다. 제승당을 지나니 망루가 보여 그곳에 올라서니 수루에 걸려있는 친숙한 시구가 눈에 들어왔다.

한산섬 달 밝은 밤에 수루에 혼자 앉아
큰 칼 옆에 차고 깊은 시름 하는 차에
어디서 일성 호가一聲胡笳는 남의 애를 끊나니

이순신의 그 유명한 시구가 적혀있는 망루. 그는 이곳에서 적들을 살피며 시를 읊조렸을 것이다.

이 시구를 읊조리며 초상영정 속 이순신의 얼굴을 보니 그의 강인함, 집념 그리고 조선의 국토와 백성들을 지키고야 말겠다는 굳는 신념이 절로 느껴졌다. 전란 중 무고하게 모함을 받아 한양으로 압송되어 온갖 고초를 받았음에도 불구하고 풀려나자마자 남해안의 전쟁터로 향해 그의 마지막 전투인 노량해전을 승리로 이끌고 그 자신도 전쟁터에서 삶을 마감한 그의 인생철학을 평범한 사람인 내가 어찌 이해할 수 있을까? 무릇 영웅이란 만들어지는 것이 아니라 스스로 위대한 업적을 이루거나 어떤 초자연적인 힘에 이끌리어 탄생한다는 논리가 이순신에게도 해당될지 모르지만······.

제승당의 활터인 한산정에도 가 보았다. 바다를 사이에 두고 위치한 과녁을 보고 나는 거대한 과녁의 중심을 주시하며 백전백승을 일궈낸 이순신의 투혼을 되새겨보았다. 공익公益보다 사익私益을 우선시하는 현대인들의 시각에서 이순신이 보여준 조국에 대한 이타주의를 어떻게 이해할 수 있을까? 그 해답을 이끌어내려는 나의 생각은 아득하기만 하다.

조용한 어촌 마을의 해안산책로를 따라 신나게 달려보았다. 제승당 일대의 지형구조로 인해 호수 같은 바다가 아닌 거대한 바다의 위용이 그 속살을 드러냈다. 따스한 햇볕도 더불어 내 가슴에 전해져왔다. 듬성듬성한 해변가에 아낙네들이 옹기종기 모여앉아 해초들을 정리하느라 여념이 없다. 동의도 없이 카메라를 들어보이자 그녀들은 예쁘게 찍어달라는 듯한 해맑은 표정으로 포즈를 취해 주었다. 도심에서는 쉽게 상상하기 힘든 장면이다. 생면부지의 낯선 사람이 카메라를 들이대는 행위는, 그 자체만으로도 범죄행위로 오해를 살 수도 있는데 말이다.

제승당의 과거와 현재를 느끼고 한산도를 출발한 여객선은 통영으로

하늘의 은하수를 가져다 피 묻은 병장기를 닦아 낸다는 뜻의 세병관. 이곳은 한산도에 있던 삼도수군통제영이 옮겨오면서 지은 객사건물이다.

가까이 갈수록 물결치는 파도에 이끌려 거대한 용의 목구멍 속으로 빨려 들어갈 것만 같았다. 나는 여객선이 통영에 도착하자마자 세병관洗兵館을 찾아갔다. 세병관이란 '하늘의 은하수를 가져다 피 묻은 병장기를 닦아낸 다'는 뜻을 가진 객사客舍 건물이다. 제6대 통제사인 이경준이 통제영*을 두룡포로 옮겨온 1604년에 창건했는데 정면 9칸, 측면 5칸의 단층 팔작 지붕으로 된 웅장한 건물로서 우리나라에 남아있는 객사 중에서 가장 큰 규모를 자랑하고 있다. 모든 칸에는 창호나 벽체를 만들지 않고 통 칸으로 개방하였고 우물마루로 된 평면바닥의 중앙일부는 한 단 올려놓았다.

웅장하면서도 개방된 건물을 바라보니 이순신의 호방하면서 변화무쌍 했던 전략과 전술이 응결되어 있는 듯한 분위기가 전해져왔다. 세병관은 이순신이 건립한 건물은 아니지만 그를 존경했던 후임 장군들이 그를 기리며 만들 때 조선 수군의 사명과 대응태세를 함축적으로 표현한 듯싶다.

---

* 1593년(선조 26) 삼도수군통제사였던 이순신이 한산도에 설치한 군영

선조의 명으로 이순신의 위훈을 기리고 추모하기 위해 지어 진 통영의 충렬사. 지금도 이순신을 느끼고자 하는 많은 사람들이 방문하고 있다.

　이순신의 위훈을 기리고 추모하기 위해 마지막으로 충렬사에 가보았다. 이곳은 1606년(선조 39) 제7대 통제사인 이운룡이 왕명을 받들어 건립한 곳이다. 매년 8월 중순에는 세병관과 충렬사, 제승당 등지에서 '통영한산대첩축제'가 성화대의 점화와 예포 발사로 시작되는데 임진왜란을 승리로 이끄는데 결정적 계기가 된 한산대첩을 되새겨보고 이순신의 숭고한 뜻을 기리며 지역민의 화합을 도모하기 위한 행사로써 임진왜란 때 조선 수군들의 다채로운 의식과 복장 등 풍성한 볼거리를 제공한다. 이 밖에도 가장행렬과 돛달고 달리기, 노젓고 달리기와 같은 대회가 열리고 군신호軍信號로 사용됐던 풍등風燈 띄우기 등의 행사들이 방문객들의 큰 호응을 얻고 있다.

　이순신이 사라져간 이곳에서 매년 8월마다 개최되는 이 축제를 이순신이 본다면 그는 우리에게 무엇을 말하고 싶을까? 자신의 개인적 욕심과

안위보다 국가와 백성들을 위한 그의 이타주의는 우리에게 무엇을 말하고 있을까? 그는 사사로운 감정과 욕망을 멀리하고 자신의 선견지명과 자신의 자리에서 최선을 다하는 우직함으로 후대에까지 이름을 날리는 위인이 되었다.

우리가 그를 기리며 조용히 묵념하는 것이 아닌 축제로써 그를 기억하는 것은 그의 그런 점을 존경하고 이런 인물이 다시 나타나기를 기원하고자 함일 것이다. 혹여 우리는 이 축제의 즐거움에 지나치게 빠져들어 그가 겪어야 했던 고뇌와 환란을 잊어서는 안 될 것이다.

우리의 리더들이 지금 우리들을 축제에 빠져 현실을 잊도록 현혹하지 말고 그들이 자신의 자리에서 국가를 위해, 국민들을 위해 이타적으로 최선을 다해 국민들 스스로 축제에 빠지게 만들어야 한다.

必死卽生 必生卽死
죽고자 하면 살고 살고자 하면 죽는다.

살아서는 죽고자 산 이순신은 지금의 우리들에게 묻는다. 당신들은 지금 어떻게 살고 있느냐고.

혁신이란 기존의 방식을 뛰어넘는 새로운 방식으로

난제들을 슬기롭게 극복하면서 조직이 추구하는

비전을 달성하는 것이기에 리더는

창조적인 문제해결 능력을 키우기 위해 노력해야 한다.

# 혁신으로 문예부흥을 이끌다,
## 정조의 창조적 실용주의

    정조는 영조의 손자로 1752년 장헌세자(사도세자)와 혜경궁 홍씨의 맏아들로 태어났다. 부친인 사도세자가 뒤주에 갇혀 죽는 권력의 비정함을 목격했던 그는 1776년 왕위에 오를 때까지 권력투쟁 속에서 여러 번 죽을 고비를 넘겼다. 하지만 즉위 후 그가 보여준 창조적 실용주의는 조선 후기의 문예부흥을 이끌었다.

    정조의 리더십을 알기 위해서는 사도세자를 먼저 이해해야 할 필요가 있다. 영조와 후궁 영빈 이씨 사이에서 태어난 사도세자는 어린 시절부터 북벌을 계획했던 효종과 닮았다는 말을 들었으며 15세 때부터는 군사와 인사권을 제외하고 영조를 대신해 대리청정을 할 만큼 영조의 신임이 두터웠다. 하지만 정국의 주도권을 장악하고 있던 노론세력을 정면으로 비판하는 행보를 보여 그들로부터 견제를 받는 우를 범하고 말았다.

노론과 소론의 대립은 제19대 임금이었던 숙종대로 거슬러 올라간다. 남인과 서인이 대립하는 상황 하에 서인을 제거하려는 음모들이 발각되면서 남인에게 위기가 찾아왔다. 서인 주도의 조정에서는 남인을 엄하게 처벌해야 한다는 노론과 원만하게 처리해야 한다는 소론으로 나뉘게 되었다. 숙종의 뒤를 이은 경종대에는 소론이 권력의 중심세력이 되었지만 영조대에는 노론이 그 세를 넓히기 시작했다.

1755년, 조정에 간신들이 가득해 백성들의 삶이 도탄에 빠졌다는 괴문서가 나주 객사에서 발견되었다. 이것이 바로 '나주 벽서 사건'이다. 영조는 자신의 정치적 리더십을 정면으로 반박하는 장계의 내용에 흥분했고 즉각 범인 체포를 명령했다. 범인은 사건 1주일 만에 체포되었는데 경종 때 훈련대장을 역임한 소론 강경파 윤취상의 아들 윤지였다. 이 사건을 계기로 영조는 당쟁을 없애기 위해 인재를 골고루 등용해오던 탕평책을 포기했고 소론세력은 피를 말리는 수난을 당해야만 했다. 사도세자와 불편한 관계를 견지해 왔던 노론 일당이 정국을 주도하게 되면서 영조와 사도세자의 관계도 급격히 냉각되었다. 급기야 영조는 사도세자를 불신하기 시작했고 마침내 뒤주 속에 갇혀 생을 마감하는 어처구니없는 사건이 벌어졌다.

설상가상으로 사도세자는 처복도 없었다. 세자의 부인인 혜경궁 홍씨는 친정아버지이자 노론의 핵심인물인 홍봉한에게 세자의 비행을 밀고하는 역할을 담당하고 있었다. 남편이 임금이 될 수 없도록 일조했던 것이다. 다른 한편으로 생각해 보면 사도세자는 자신의 부인조차 자기편으로 만들지 못한 인물이라는 추측도 가능해진다.

간신들의 음해 때문에 사도세자가 죽게 되었다는 주장이 정설이긴 하지만 리더십의 관점에서 보면 사도세자는 임금의 자리에 오를 자격을 갖추지 못했다고도 볼 수 있다. 예나 지금이나 리더가 높은 자리에 올라갈수록 반대하는 세력들도 리더의 역량에 비례하여 커지게 됨은 불완전한 인간들이 세상을 살아가는 보편적인 이치이다. 사도세자의 죽음에 연루된 자들이 많을지라도 사도세자가 죽게 된 근원적인 이유는 리더로서 위기관리에 미숙했던 그 자신에게 일차적인 책임이 있다고 봐야 한다. 임금의 후계자인 세자라면 자신에게 불리한 사건들이 전개되더라도 위기를 모면할 수 있는 능력을 갖추고 있어야 했다. 자신을 음해하는 세력의 저주까지도 사전에 감지하고 대처할 수 있는 지도력을 지녀야만 한다는 것이다.

무릇 높은 자리에 오를수록 아군과 적군을 명확하게 구분 짓는 인간관계는 매우 위험한 행위로 봐야 한다. 사도세자가 노론세력과 대립적인 노선을 취한 행위는 임금이 아닌 2인자에게는 더더욱 위험한 처신이었다. 정조의 즉위가 주는 의미는 그래서 더 커졌다 하겠다.

영조는 사도세자를 죽인 것을 후회했고 노론의 반대가 극심했지만 세손에게 왕위를 물려주었다. 사도세자의 아들 이산이 임금이 되는 날에는 노론세력들이 화를 당할 것은 자명한 일이었기에 그들은 노골적으로 세손의 왕위 계승을 반대할 수밖에 없었다. 이 과정에서도 영조가 손쉽게 세손(정조)에게 왕위를 물려주었다고는 볼 수 없다. 조선왕조가 지속되는 동안 임금의 후계자라 할지라도 부왕이나 부친이 불명예스럽게 승하하게 되면 신하들은 후한이 두려워 죽은 자의 아들이 세자가 되는 것을 극도로 반대했었다.

정조는 보위에 오르기는 했지만 불명예스럽게 승하하게 된 사도세자의 아들이라는 꼬리표 때문에 대소신료들은 물론이고 백성들로부터 신임을 이끌어내기 힘든 상황이었다. 그가 장고 끝에 선택한 길은 사도세자의 실추된 명예를 회복시키는 것이었다. 이는 또한 왕위 계승의 정통성을 만백성에게 보여주기 위해서도 필요한 조치였다. 위기관리를 뛰어넘어 창조적 혁신으로 대응한 셈이다.

역사적으로 위대한 업적을 남긴 리더들은 파당을 주도하거나 반대세력을 자극하는 행위는 최대한 자제하였고 음해하는 세력들이 노골적으로 공격해오더라도 유연하면서도 포용하는 리더십으로 상황을 악화시키는 행위를 철저하게 경계했다. 사도세자는 반대세력을 포용하지 못하는 우를 범해 그 스스로 왕위에 오를 수 없었을 뿐만 아니라 아들인 정조에게도 정치적으로 큰 부담을 안겨주고 말았다. 그래서 사람들은 높은 자리에 오를수록 대인관계에 있어서 가급적 '예스'나 '노'를 남발해서는 안 된다. 자기 마음속으로는 사안에 따른 찬성과 반대 의견이 있겠지만 표면적으로는 신중한 태도를 취하는 것이 적절하다. 의사결정의 최종결정권은 최고경영자가 하는 것이지만 독단으로 의사결정을 내렸다는 분위기를 조성하기보다 임원진이나 부하직원들이 자율적으로 최고경영자가 마음속으로 원하는 의사결정을 선택하도록 기다리는 인내력과 인품을 보여줘야 한다.

예를 들어 불가피한 구조조정으로 명예퇴직을 해야 하는 부하직원들조차 최고경영자에 대해 적대적인 감정을 보이기보다는 남아있는 사람들의 고뇌를 이해해줄 수 있는 기업문화를 정착시켜야 한다. 이를 뒷받침하기 위해서는 민주적인 기업문화와 함께 조직 구성원들의 다양한 의견들이 CEO의 의사결정과정에 반영될 수 있는 제도적 장치가 뒷받침되어야만 실효를 거둘 수 있다.

혁신이란 기존의 방식을 뛰어넘는 새로운 방식으로 난제들을 슬기롭게 극복하면서 조직이 추구하는 비전을 달성하는 것이기에 리더는 창조적인 문제해결 능력을 키우기 위해 노력해야 한다.


## 왕권강화와 상업자본의 도가니, 화성華城

정조는 슬기롭고 총명한 군주였다. 그는 주도면밀하게 실타래처럼 엉켜 있는 권력구조의 약점들을 파고들었다. 우선은 왕권강화와 사도세자의 명예회복에 박차를 가했다. 그렇다고 무턱대고 개혁을 주도하면서 신하들에 의해 보위에서 쫓겨난 광해군처럼 어리석지도 않았다. 그의 개혁은 빠르지도 느리지도 않게, 하지만 빈틈없이 진행되었다. 점차 백성들은 정조를 신뢰했고 그의 정적들은 서서히 물러날 수밖에 없었다.

당시 조정에는 정조의 개혁정책을 뒷받침해줄 수 있는 관료들이 그리 많지 않았다. 그래서 정조는 보위에 오르자마자 자신을 지켜줄 친위부대의 육성에 많은 공을 들였다. 그중의 한 명이 세손 시절부터 자신을 지켜주었던 홍국영이다. 그는 왕의 비서실격인 승정원의 수장 도승지가 되어 임금을 보필했다.

하지만 아쉽게도 홍국영은 욕심이 지나친 인물이었다. 그는 자신의 권력을 지속시키기 위해 누이동생을 정조의 후궁인 원빈元嬪이 되게 했다. 본래 '元(원)'이라는 글자는 근본을 상징하는 의미를 담고 있어서 빈의 이름에는 금하던 글자였다. 홍국영의 영향력이 어느 정도였는지를 짐작해

볼 수 있는 상징적인 일이다. 그러나 원빈은 1779년(정조 3) 5월에 갑자기 세상을 떠나고 말았다. 홍국영은 원빈이 독살되었다고 주장하며 격분했다. 심지어 그는 범인을 색출해야 한다며 궁인들을 참혹하게 다스려 정조의 심기를 불편하게 만들기도 했다. 급기야 정조는 같은 해 9월, 홍국영 스스로 물러나겠다는 상소를 올리게 하고 이를 받아들이는 형식으로 홍국영을 은퇴시켰으나 봉조하奉朝賀*라는 관직을 주어 생활하도록 했다. '궁지에 몰린 자는 공격하지 않는다'는 격언처럼 정조는 그동안 자신의 생명을 지켜내기 위해 목숨 바쳐 충성했던 홍국영이 결국에는 권력을 탐하다 정국을 혼란스럽게 하는 사태가 벌어졌음에도 그의 명예를 끝까지 지켜주었다.

점차 정국이 안정되자 정조는 부친인 사도세자의 명예회복과 왕권강화를 위한 혁신적인 조치를 단행했다. 그는 1789년 3월 양주 배봉산에 있던 사도세자의 묘소 영우원永祐園을 수원 용복면의 화산으로 이장할 것을 결심했다. 화산은 경기도 이천에 위치한, 세종의 영묘와 함께 풍수지리상 빼어난 길지로 꼽혔던 곳이다. 사도세자의 묘를 수원의 화산으로 이장하면서 정조는 뜻밖의 프로젝트를 전개했다. 오늘날 세계문화유산 대접을 받고 있는 화성華城신도시 건설에 박차를 가했던 것이다.

화성신도시는 조선의 핵심세력으로 등장한 노론을 견제하고 왕권강화를 위한 정치적 의도와 함께 빠르게 성장하고 있는 상업자본을 체계적으로 육성하고자 하는 정조의 원대한 비전이 담겨 있었다. 여기에는 정약

---

*종이품으로 사임한 관리에게 특별히 하사한 벼슬이다. 실무는 보지 않고 국가의 의식(儀式)이 있는 경우에만 관복을 입고 참여하며 종신토록 녹봉(祿俸)을 받았다.

용을 비롯한 실학자들의 공로가 매우 컸다. 결과적으로 화성 건설은 조선 후기의 정치적 갈등을 해결하는 돌파구 역할을 톡톡히 해냈고 정조의 창조적 실용주의를 대내외에 보여준 상징적인 사업이었다.

사도세자 묘의 이장을 위해서는 화산에 살던 기존 주민들을 이주시켜야만 했는데 이때에도 주민들의 분노를 사지 않도록 최선을 다했다. 내탕금內帑金*을 내려 땅값을 후하게 보상해 주었고 새 집을 지을 자금도 충분히 지급했다. 그렇다고 해서 정조가 사도세자의 명예회복에 집착해 국고를 탕진하면서까지 백성들의 삶을 힘들게 만드는 우를 범하지도 않았다. 그의 이런 노력에 백성들 또한 감동받기 시작했다.

만약 화성이 사도세자의 명예회복을 위해 새롭게 이장된 현륭원을 참배할 때 임금이 머무는 행궁의 안전만을 위해 건설되었다면 백성들은 정조에게 크게 실망했을 것이다. 하지만 그는 백성들의 염원을 저버리지 않았고 상업자본의 체계적 육성이라는 원대한 비전을 설정했다. 당시 수원은 한양으로 전국의 물자를 조달하는 전진기지 역할을 담당했을 만큼 지정학적으로도 매우 중요한 위치였기 때문이다.

민주화가 되었다는 오늘날에도 국회의원과 대통령 선거철이 되면 우리나라 경제계를 이끌고 있는 리더들이 경영상 위기가 도래했다고 주장할 만큼 경제계에 대한 정치인들의 영향력은 막강하다. 조선 후기 상인들의 위상은 당연히 이보다 못했다. 한양의 고위 관료들이 마음만 먹으면 상인의 목숨도 앗아갈 수 있는 시대였다. 정조는 상업자본의 중요성을 인식하고 체계적으로 육성하려 했던 위대한 선각자였다. 사회적으로는 사농공

---

*임금이 개인적으로 쓰던 돈

상의 문화가 강력한 영향력을 발휘하고 있었지만 부강한 조선 건설을 위해서는 불가피하게 상인들의 권익을 보호하고 육성하는데 앞장서야 함을 간파했던 것이다. 그래서 화성은 정치군사적인 목적 외에도 문화적, 상업적 차원에서 기존의 성곽들과는 격을 달리했다. 단순히 방어적 기능만을 수행하는 성곽이 아니라 정조의 문화적, 예술적 역량을 대내외에 보여주는 상징적 토목공사였고 산성과 읍성의 기능을 동시에 충족시키는 성곽이었다.

과거의 전쟁은 성곽을 중심으로 이루어졌다. 평상시에는 읍성을 중심으로 생활하다 전쟁이 발발하면 산성으로 대피하여 목숨을 보존했다. 하지만 적군들이 읍성의 주택에 불을 지르고 곡식과 재물을 약탈하게 되면 전쟁이 끝나고 나서도 그 후유증이 만만치 않았다. 그나마 농민들은 농사를 지을 수 있기에 1년쯤 지나면 생활의 안정을 도모할 수 있었지만 상인들은 모든 재산을 약탈당해 재기불능 상태에 빠져버리곤 했다. 그렇기 때문에 산성과 읍성의 장점을 결합해 건설된 화성 내에서는 전쟁이 발발해도 다른 곳으로 대피하지 않고 자신의 터전을 지킬 수 있어서 상인들은 상업을 육성하겠다는 정부정책의 확고한 의지에 찬사를 보냈다.

한 가지 더 눈여겨볼 점은 정조가 화성을 건설하면서 상업 육성에 대한 의지를 노골적으로 표출하지 않았다는 사실이다. 대신들과 또 다른 정치적 갈등을 불러일으킬 수 있기에 대외적으로 상업 육성에 대한 이야기는 자제했다고 보는 것이 타당하다.

지금도 수원 시내를 여행하다 보면 화성의 뛰어난 건축물에 매료된다. 한양의 도성보다는 규모가 작지만 각각의 건축물이 지니고 있는 예술적 가치와 성곽의 짜임새는 한양의 성곽에 견줄만하다. 예술적 가치만을 따

전쟁시 적의 공격을 효과적으로 막아내는 기능과 미학적인 멋을 살린 수원화성의 장안문

진다면 조선의 수도 한양을 둘러싸고 있던 성곽보다 우수하다고 평가할 수 있다. 조선 초기 신왕조의 위엄과 방어적 기능을 중심으로 설계된 성곽과 조선 후기 문화적 예술혼이 담긴 성곽의 차이는 각각의 설립 목적대로 대조적인 차이를 보일 수밖에 없다.

화성의 정문인 장안문은 무지개문 위에 중층으로 문루가 세워져 있다. 중층 문루의 골격은 서울의 남대문과 동일하지만 규모면에서는 더 크게 건립되었다고 한다. 벽돌로 쌓은 반월형 옹성이 문을 둘러싸고 있고 문루의 지붕형식은 우진각지붕*으로 왕조의 위엄을 나타내고 있는데 이는 조선왕조를 상징하는 주요 건축물에만 사용했던 양식이라는 점에서 수원화성의 중요성을 읽을 수 있다.

정조는 화성을 건립하면서 동시에 사도세자가 잠들어 있는 현륭원 전배展拜**시에 안전하게 머물 수 있도록 화성행궁을 건립했다. 서장대에서

---

＊정면에서 보면 사다리꼴 모양이고 측면에서 보면 삼각형 모양의 지붕을 말한다.
＊＊궁궐, 종묘, 문묘, 능침 등에 참배하는 일

바라보는 화성행궁은 팔달산과 성곽의 호위를 받고 있는 형국이다. 행궁 앞쪽에는 수원천이 흐르고 좌우로 북문과 남문이 대칭으로 배치되어 있다. 화성행궁의 정문인 신풍루는 행궁의 위엄을 대변하듯 위풍당당하다.

## 문예부흥을 이끌어낸 창조적 실용주의

점차 정국이 안정되자 정조는 개혁정책을 뒷받침하기 위한 인재육성 프로젝트를 진행했다. 창덕궁 후원에 규장각이 세워졌고 1781년(정조 6)에 초계문신제抄啓文臣制를 시행하여 과거에 급제한 37세 이하의 총명한 관리들을 의정부에서 선발하고 규장각 주도의 특별 위탁교육을 통해 조선 후기 문예부흥을 주도할 인재들을 육성했다.

규장각을 중심으로 많은 서적들이 출판되었고 조선사회의 문예발전은 가속도가 붙게 되었다. 특히 가문과 당파 위주의 인재 등용방식에서 벗어나 능력 위주로 인재를 선발하는 풍토를 싹 틔웠다. 정조에게는 문예부흥이 비전이었고, 이를 수행할 인재를 찾는 것이 목적이었으며, 당파와 상관없이 능력을 키울 수 있는 교육기관을 지원하는 것이 전략이었다. 이는 세종의 전략과도 흡사한 면이 있다. 정조의 혁신적인 개혁정책들은 '창조적 실용주의'라는 용어로 집약될 수 있다. 이를 뒷받침하기 위해 그는 기존의 정치세력을 무자비하게 탄압하기보다는 유능한 집현전 학자들을 대거 발탁하여 국정개혁을 주도해나갔다.

그동안 차별대우 속에서 살아왔던 서얼들에게도 관료로 진출할 수 있는 길을 터 주었다. 그는 서얼이라 하더라도 우수한 인재들을 과감하게 영입하여 다양한 개혁정책을 추진해나갔다. 점차 실추되었던 조선왕실의 권위는 바로 세워졌고 백성들의 삶도 안정을 되찾기 시작했다. 하지만 엄격한 신분질서 속에서, 사회적 변화가 미미했던 풍토 하에서, 급진적인 정조의 개혁정책은 평민들과 하층민들은 좋아했겠지만 보수적인 양반계층들과는 갈등을 야기할 수밖에 없었다.

어느 시대를 막론하고 개혁은 필요하다. 그러나 개혁의 속도가 사회적으로 수용할 수 있는 범위 밖에서 오랫동안 진행되면 또 다른 부작용을 낳게 된다는 교훈은 정조의 리더십에서도 발견된다. 권력이란 고무풍선과 같아서 한쪽을 누르게 되면 다른 한쪽이 부풀어 오를 수밖에 없다는 이치를 경영자들은 주의해야 한다. 결과적으로 정조가 추구했던 창조적 실용주의는 그의 서거와 함께 역사의 뒤안길로 사라지는 운명을 맞이했다.

개혁 지향적인 지도력은 지도자의 능력이 탁월할 때는 불만세력을 제압하거나 잠재우면서 자신의 목표를 달성해나갈 수 있지만 유능했던 지도자가 권좌에서 물러나게 되면 그가 몸담았던 조직체가 순식간에 와해될 수 있음을 말해주고 있다. 그래서 지도자의 능력 발휘는 무엇보다도 권력구조의 개선으로 이루어지는 것이 바람직하다. 아쉽게도 조선의 임금들은 절대 권력자였기에 그들의 능력 차이에 따라 흥망성쇠가 불규칙적으로 반복되는 부작용을 초래하는 제도적인 한계가 있었다. 조선 후기의 경제와 학문, 문화예술 등의 영역에서 탁월한 능력을 발휘했던 정조 또한 조선의 지속적인 성장과 발전을 위한 제도화에는 성공했다고 평가하기 어렵다.

당시는 중국대륙 중심의 세계관과 사대주의는 점차 시들해지고 민족주의가 태동하면서 실학사상이 발전하던 시기였다. 정조 또한 실학사상을 중시했고 서양의 학문과 종교, 과학기술에 대해서도 개방적인 태도를 취하고 있었기에 절대 권력자 일인에게 지나치게 집중될 수밖에 없는 권력구조의 한계를 그도 잘 알고 있었을 것이다. 그럼에도 정조는 그가 염원했던 부강한 조선을 위한 제도적 장치를 마련하지 못한 채 생을 마감하고 말았다.

조선사회가 표면적으로는 전통적인 성리학 이념에서 탈피하고 실학을 중시하면서 서양의 과학기술까지 부분적으로는 수용하고 있었을지라도 조선의 백성들, 특히 조선의 지식인들은 성리학 중심의 정치 이데올로기에서 쉽게 빠져나오지 못했던 것이다.

진정한 혁신이란 물질적인 혁신보다 정신적인 혁신이 선행되어야 한다. 그동안 서구의 물질만능주의에 함몰되어 살아왔던 굴레에서 벗어나 한국적이면서도 세계적인 리더십을 발휘하기 위해서는 우리의 유구한 역사 속에서 한국적 리더십의 정신적 가치를 탐구하고 대안을 모색하는 발상의 전환이 필요하다.

# 사도세자가 잠들어 있는
# 융릉

경기도 화성에 위치한 융릉隆陵의 호젓한 산책로에서 나는 봄 햇살의 따스한 기운을 만끽했다. 소나무와 참나무로 우거진 숲속은 속세와 단절된 공간처럼 여유로운 분위기를 자아냈고 숲속으로 들어갈수록 신비스러

홍살문을 배경으로 왼쪽에 왕릉을 관리하던 사람들이 지내던 수복방, 정면에 보이는 건물은 제의식이 이루어지는 정자각, 그 뒤로는 사도세자가 잠들어 있는 융릉이 있다.

운 분위기는 깊이를 더해갔다.

이번 여행을 위해 동행을 요청한 문화관광해설사 김 선생님과 사도세자에 관련된 이야기를 나누다 보니 어느덧 융릉이 눈앞에 나타났다. 김 선생님은 융릉의 입구에 홍살문을 가리키며 "맑은 물이 흐르는 금천을 통과하면 신神의 영역이 시작되는 홍살문이 자리 잡고 있습니다. 정조 임금은 홍살문 오른쪽에 위치한 판위板位에서 네 번 절하고 신도神道 오른쪽의 어도御道를 따라 정자각으로 이동하여 왕실의 법도에 따라 현륭원을 참배했던 것입니다"라고 했다.*

일반인들은 성묘할 때 무덤 앞에 음식을 차려놓고 절을 하지만 왕릉 참배는 능 앞에서 행해지는 것이 아니라 정자각에서 행해지고, 죽은 자의 영역은 혼령이 출입하는 홍살문에서부터 시작된다는 점이 이채로웠다. 때마침 단체로 방문한 유치원생들과 일행들은 정자각의 의미를 아는지 모르는지 앞쪽에 돗자리를 깔아놓고 음식을 먹고 있어 나의 미간이 일그러졌다.

사도세자가 잠들어 있는 융릉은 추존 왕릉임에도 봉분 앞에 상석, 망주석, 무인석 등을 배치하고 정자각을 세워 왕릉의 품격을 갖추었다. 정조의 능인 건릉과 비교해도 손색이 없다(사도세자의 시신은 영우원永祐園에서 임금이 된 정조와 함께 수원 화산으로 옮겨졌다).

정조는 새롭게 이장된 사도세자의 묘를 현륭원顯隆園이라 이름 짓고 그곳을 성역화하였다. 그리고 이듬해인 1790년(정조 14) 현륭원 동쪽으로 1킬

---

*판위란 임금이 제사를 올리기 위해 능을 바라보고 절을 하는 곳이며, 신도란 혼령이 다니는 길을 의미한다. 홍살문은 붉은 칠을 한 두 개의 기둥을 세우고 지붕없이 붉은 살로 연결되는데 왕릉의 경우에는 혼령이 출입하는 문을 상징한다. 왕릉에는 일반인의 묘와 달리 임금이 법도에 따라 제사를 지내기 위한 정자각을 두어 왕릉의 권위를 상징적으로 보여주고 있다.

로미터 떨어진 곳에 용주사龍珠寺를 세워 아버지의 능을 관리토록 했다.

용주사 정문에 들어서면 아담한 다리인 연풍교가 나타나고 그 좌우로 '이 문에 이르러서는 마음을 허공과 같이 비우라'는 뜻의 '到此門來莫存知解도차문래막존지해'라는 글귀가 돌판에 새겨져 있다. 정조는 아버지인 사도세자의 묘를 이장한 뒤에도 용주사를 방문하곤 하였는데 아직도 사찰 구석구석에는 정조의 효심을 엿볼 수 있는 흔적들이 남아있다. 대웅보전 앞에는 정조가 용주사를 현륭원의 능사陵寺로 중창할 때 손수 심었던 회양목이 아직도 남아 있는데 앙상한 가지만이 세월의 흐름 속에서 묵묵히 그 자리를 지키고 서 있다.

수원화성을 한눈에 내려다보기 위해 나는 수원화성에 도착하자마자 서장대로 향했는데, 정조 임금 복장을 한 젊은이가 서장대 일대를 순찰하고 있는 것을 목격했다. 아이들도 임금님 복장의 멋진 총각과 함께 사진을 촬영하면서 즐거워했다. 정조를 뒤로하고 팔달산의 성곽을 따라 올라가니 전망 좋은 곳에 서장대西將臺가 그 위용을 드러냈다. 서장대는 장수가 군사

용주사 연풍교 좌우에 배치된 돌판에는 욕심을 내려놓으라는 의미로 '이 문에 이르러서는 마음을 허공과 같이 비우라'고 적혀 있다. 연풍교를 지나치면 왕릉이나 서원에서 발견되는 홍살문이 나타난다.

를 지휘하던 곳을 말하는데 이곳에서 주변의 성곽을 보면 화성은 산성처럼 보이고 수원 시내의 성곽과 건축물을 보면 읍성처럼 보인다. 이처럼 화성은 산성과 읍성의 특성을 모두 지니고 있음을 한눈에 보여주고 있다.

조선은 성곽국가城郭國家라 할 정도로 전국적으로 많은 산성과 읍성을 건립했다. 평상시에는 관료와 군인, 주민이 읍성 안에서 생활하고 전쟁이 발발하면 산성으로 대피하여 전쟁준비를 했다. 따라서 적군은 손쉽게 산성으로 도망간 군인들과 주민들이 떠난 읍성을 빼앗아 초토화시킬 수 있었다. 이런 이유로 정작 전쟁을 승리로 이끈다 해도 읍성 내의 생활공간이 파괴되어 복구하는 데 많은 어려움을 겪어야 했다.

이런 읍성의 단점을 보완하여 산성과 읍성의 기능을 동시에 충족시킬 목적으로 건립한 상징적인 성곽이 바로 화성이다. 당시 화성은 한양에 물자를 공급하는 물류공급 거점도시였기에 많은 상인들이 모여드는 상업도시로 발전하고 있었다. 화성 내에 거주했던 상인들은 전쟁 중에도 자신들의 재물을 안전하게 보호할 수 있는 성곽을 필요로 했고 정조도 실학사상의 발전과 함께 새롭게 부상한 상업자본을 중시했다.

이러한 이유 이외에도 정조는 왕권강화의 일환으로 화성의 성역화를 추진해 나갔다. 그는 훗날 순조가 되는 세자가 15세가 되는 1804년에 왕위를 물려주고 어머니인 혜경궁 홍씨를 모시고 왕실가족과 함께 화성에서 여생을 보낼 계획이었다. 아쉽게도 정조는 자신이 구상했던 계획을 실천해 옮기지 못한 채 그의 나이 49세 때인 1800년에 갑자기 서거하여 화성신도시의 청사진은 중단되어 그의 계획은 좌절되었다. 하지만 그가 남긴 수원화성은 조선 근대화의 상징이 되었고, 오늘날 세계문화유산으로 승화되어 우리들의 가슴속에 한민족의 자긍심을 심어주고 있다.

나는 팔달산 정상인 143미터 높이에 자리잡고 있는 서장대에서 화성의 전체적인 규모를 살펴보다 정조가 추진했던 혁신적 조치들을 되새겨보았다. 서장대는 참으로 화성의 지휘본부로 손색이 없고 화성행궁을 지키는 거점이라는 것 또한 쉽게 이해할 수 있었다.

수원성의 북문인 장안문長安門 인근에 위치한 방화수류정에서 바라본 풍광도 매혹적인 전통정원처럼 고풍스런 미학이 전해져왔다. 각루란 돌출된 성곽의 전략적인 요충지로, 이곳에 누각을 세워 성곽 주변을 감시하

용연이라고 불리는 연못과 어우러진 방화수류정은 수원화성에서 경치가 가장 아름다운 곳으로 꼽힌다.

화홍문은 돌로 만든 수문다리위에 설치된 누각으로, 방화수류정 못지않은 풍광이 매혹적이다.

거나 휴식을 취할 수 있도록 설치한 시설물인데 화성에는 동북각루(방화수류정), 동남각루, 서남각루(화양루), 서북각루 등 4개의 각루가 있다. 방화수류정의 본래 명칭은 동북각루였으나 후에 개명된 것이라고 한다.

4개의 각루 중 특히 방화수류정은 화성의 아름다움을 상징하는 건축물로서 주변경관과의 조화가 뛰어나고 마주보는 곳에 위치한 용연龍淵이라 불리는 연못도 매력적이다. 이 용연 주변으로 봄철에는 꽃들이 만발하는데 그중 방화수류정과의 조화가 돋보이며 겨울철에는 눈꽃으로 장식되는 풍경이 매력적이다.

이곳 일대만을 놓고 보면 화성은 진정 성곽으로 건립한 것인지 아니면 정원으로 꾸며놓은 것인지 착각이 들 정도다. 이것만 보아도 화성은 기술적인 면과 미적인 면이 잘 조화되었음을 증명하는 증거가 될 수 있다.

방화수류정 근처 화성의 북쪽 수문인 화홍문華虹門도 수원천 위를 가로질러 화려한 자태를 뽐내고 있다. 화홍문은 돌로 만든 다리위에 설치된 누각인데 다리는 7개의 문으로 뚫려있어 그곳으로 물이 흐르게 되는 구조의 수문이다. 성 바깥쪽의 수문은 물의 저항을 줄이기 위해 기반석을 상류 쪽으로 45°로 마름모지게 설치하였다. 다리의 총 길이는 30미터에 폭은 9.6미터이며 성벽에는 포를 쏠 수 있는 구멍들이 있다. 하천을 통해 성안으로 침입하는 적을 막기 위해 7개의 수문에 보호 장치도 설치하였고 누각은 팔작지붕으로 아담한 멋을 자아낸다.

수원천의 흐름을 통제하고 있는 화홍문은 7개의 수문을 통해 흘러내리는 물살이 그 규모와 모양만으로도 인상적이다. 운이 좋으면 수문을 통해 쏟아져 내리는 물거품 위에서 멋진 자태를 드러내는 신비한 무지개도 볼 수 있다. 흰 눈으로 뒤덮이는 겨울철에는 눈과 얼음을 지치는 사람들로 북적거리는 곳이기도 하다.


이처럼 수원화성은 성城이라는 보호의 의미와 삶의 터전이라는 의미를 모두 함축하고 있는 곳이다. 또한 화성의 성곽축조는 그 이전에는 보지 못한 뛰어난 기술력이 돋보임과 동시에 아름다운 풍광 역시 포기하지 않았다. 화성이 정조의 실학사상에 의거해 단지 기술적으로만 지어진 성곽이었다면 지금처럼 모든 이들의 사랑을 받지는 못했을 것이다.

정조의 실학은 이처럼 상업만이, 기술만이 우선시되는 것은 아니었던 것 같다. 우리가 아직까지도 화성을 보며 그를 생각할 수 있었던 것처럼 정조는 우리에게 살기 편하고 안전하며 아름다운 터전을 물려주고 싶었던 것 같다. 그것이 그가 생각하는 실학일 것 같다는 생각을 이 봄의 화성을 보면 느낄 수 있었다. 그가 설계하고 보듬었을 이 수원화성을 거닐며 그가 바란 조선의 모습은 어떤 모습일까를 생각해봤다.

현대경영 차원에서 보면 전봉준은 부하직원들의 사기를

진작시키는 인터널마케팅의 귀재였다고 볼 수 있다.

또한 사기를 진작시키는데 물리적 포상이 아닌

정신적 포상의 중요성을 일깨워 준 인물이기도 하다.

# 세상을 바로 세우는 혁신,
# 백성들을 리드한 전봉준

왜곡되고 삐뚤어진 권력구조가 지속되면 폭정에 항거하는 다양한 형태의 봉기들이 일어나기 십상이다. 조선왕조가 지속되는 동안에도 백성들의 삶이 도탄에 빠지면 다양한 형태의 민란들이 전국 각지에서 일어나 조정에서는 이를 해결하기 위해 진땀을 흘려야만 했다.

홍길동과 임꺽정, 장길산 등이 주도한 민란들도 한양에 머물고 있는 임금의 심기를 불편하게 할 만큼 쉽사리 진압되지 않았다. 이들의 의적활동은 백성들의 착취에 항의하는 성격을 지니고 있었지만 결국 진압되고 나면 역사의 기록 속에 묻혀버리고 또다시 관료들의 부정부패와 지주들의 횡포는 반복되었다. 그러나 1894년에 전봉준이 주도한 농민봉기는 반정부 활동이었음에도 '동학혁명'으로 승화되어 진한 감동을 주고 있다.

홍길동과 임꺽정 등의 의적들은 부패한 정부에 대해, 힘으로 사회 변화를 주도하다 실패했지만 전봉준은 기존의 의적들과는 격이 달랐다. 그는 농민봉기에 대한 당위성을 문서화하여 뜻을 같이하는 동지들에게 체계적으로 전달했고 정부정책의 무능력을 집요하게 파고들었을 뿐만 아니라 관군을 제압한 이후에 닥쳐올 수 있는 보복에도 철저하게 대비하는 주도면밀함을 보여주었다. 그는 외세에 의해 진압된 뒤에도 조국애를 불사르며 개인적인 부귀영화에 대한 유혹에도 굴하지 않는 투혼을 불살랐다.

인간의 역사가 가진 자와 가지지 못한 자의 투쟁이라는 관점에서 접근해 보면 동학혁명은 근대사회로 넘어가는 시대의 전환점에서 봉건사회에 함몰되어 있었던 조선왕조의 비이성적 통치방식에 저항했던 민중들의 강렬한 불만을 함축하고 있다. 동학혁명을 이해하기 위해서는 조선말기로 접어들면서 극심해진 세도정치와 관료들의 부정부패에 의해 야기된 부작용을 살펴볼 필요가 있다. 역사학자인 한우근이 쓴『동학 농민 봉기』에서는 양반 관료 정치의 파탄과 탐관오리, 수취 체제의 문란, 외국 세력의 침투와 새롭게 부상한 상인의 역할, 잔반殘班과 노비의 불완전한 사회적 지위 등을 지적하면서 동학사상의 발전과 함께 민란이 만연하게 되는 연결고리를 파헤쳤다.

불행하게도 조선말기의 왕실은 세도정치를 도려낼 수 있는 여건이 되지 못했다. 고종 즉위 후 흥선대원군이 왕실 외척의 세도정치를 척결하기 위해 몸부림쳤지만 그도 임금의 부친으로서 세도정치를 자행하는 모순을 낳았기에 그의 권력은 10여 년을 지탱하다 또다시 명성왕후와 그녀의 외척들에게 권력을 넘겨주는 악순환을 반복하게 되었다.

민씨 일가의 세도정치가 고개를 들면서 조선사회는 부정부패가 극심해져 전에 없었던 국정문란이 도를 넘어서게 되었다. 항아리에 물이 차면 넘치듯, 정상적인 생활을 영위할 수 없게 된 전국 각지의 백성들은 스스로 운명을 개척하기 위해 몸부림쳐야만 했다. 반면 관료들은 중앙과 지방을 가릴 것 없이 백성들을 착취하여 개인적인 부를 축적하는데 혈안이 되어 있었고 세금 또한 제대로 걷지 못해 조선왕조의 근간 자체가 흔들리기 시작했다. 백성들은 기댈 곳이 없었고 유교적 통치이념은 더 이상 백성들을 다스릴만한 명분을 잃고 말았다. 새롭게 부상한 실학사상도 사회 개혁을 부르짖는 백성들의 욕구불만을 치유하지 못하는 한계를 드러내면서 조선왕조는 진퇴양난에 빠져버렸다.

관료들의 부당한 착취를 견디다 못해 생활하던 터전을 버리고 유리걸식하는 농민들이 증가하고 굶어 죽는 자들 또한 점점 늘어나는 비참한 형국이 전개되었다. 설상가상으로 생계를 위해 최소한의 예의마저도 포기한 몰락한 양반들이 늘어났고 상업으로 부를 축적한 양인들이 돈으로 양반 자리를 사는 경우도 늘어났으며 자유의 몸이 되는 노예들이 증가하는 등 조선사회를 지탱해온 신분제도의 근간이 뿌리 채 흔들렸다.

도탄에 빠진 백성들은 자신들을 구원해줄 새로운 사상과 개혁을 간절히 바랄 수밖에 없는 상황이었다.

## 동학혁명의 도화선, 고부봉기

1855년 전북 고창에서 태어난 전봉준은 1893년 11월 고부군수 조병갑의 비리에 맞서 거사계획을 수립했으며 이후 동학혁명에서 총대장으로 활약했다. 1894년 1월 고부봉기를 계기로 시작된 동학혁명은 정부에 대해서는 부정부패를 청산할 것을 요구했고 조선의 백성들에게는 외세에 맞서 우리민족 스스로의 자주적인 역량을 결집해야 한다고 강변했다.

1860년 최제우가 창시한 동학은 동학혁명에 사상적 기반을 제공했다. 외세를 배격하기 위한 흥선대원군의 쇄국정책과 유교의 병폐를 개선하기 위해 단행한 서원 철폐령 등이 그 확산에 큰 보탬이 되었으며 곪아터진 사회를 개혁해줄 새로운 사상에 대한 열망과 세계열강들의 치열한 싸움판이 되어버린 조선 말기의 시대적 상황도 동학 탄생에 한몫을 했다. 만일 전봉준이 동학과 손을 잡지 않았다면 농민봉기는 혁명으로 승화되기 쉽지 않았을 것이다. 무릇 혁명이란 무력만으로 쟁취되기 어렵고 정신적 혁명을 뒷받침해 줄 수 있는 종교적 또는 사상적 당위성이 뒷받침되어야 함을 동학혁명은 증명해보였다.

동학은 도道와 덕德을 중시하며 예언적인 주술신앙이 결합된 것이라 할 수 있다. 유불선儒佛仙과 기독교적인 교리가 부분적으로 결합되어 시천주侍天主와 인내천人乃天 사상을 중시했다. 또한 지상천국과 후천개벽後天開闢을 예언하여 현실의 고통에서 벗어나고픈 농민과 천민을 비롯해 몰락한 양반들에게서도 큰 호응을 얻을 수 있었다. 사실 동학은 기존의 종교나 사상에서 탈피하여 독자적으로 형성된 종교라기보다 유교, 불교, 도교의 교리적 장점과 인간의 평등사상을 강조하는 기독교적 사상이 결합된 것으로 세계적인 종교로 발돋움하기에는 교리 차원의 독자성이 취약했다. 그럼에도 불구하고 외세를 배격하는 노선과 우리 민족의 주체성과 우수성을 일깨워주는 계몽운동을 전개하여 끝없이 밀려드는 세계열강과 당당하게 대결하는 저항의식과 독립운동을 전개할 수 있는 사상적 토대를 제공했다는 점에서 쉽게 폄하할 수 없는 역사적 가치를 지니고 있다. 위기 속에서 우리민족의 자주적 역량과 번영된 미래를 내다보는 동학의 예언적 사상은 독립운동을 촉발시키는 추진력이 되었을 뿐 아니라 자주국가의 소중함을 일깨워주었다.

고부 군수였던 조병갑은 세도가였던 영의정의 자식으로 가혹한 세금 징수와 착취로 악명이 높았다. 농민들은 부당한 조병갑의 횡포를 상부에 고발도 해보았지만 도리어 신고한 자들만 붙잡혀 혼이 나는 등, 어처구니 없는 일이 반복되었다. 결국 수백 명의 고부군민들은 전라도 정읍의 만석보 남쪽에 위치한 말목장터에서 전봉준의 지휘 하에 조병갑을 몰아내기로 결의했다. 머리에 흰 수건을 두르고 죽창이나 몽둥이, 농기구 등 변변치 못한 무기로 봉기한 농민군의 수는 악덕 군수를 끌어내기 위해 고부 관아로 몰려가는 동안 천여 명이 넘는 숫자로 불어났다. 사전에 이를 눈치를 챈 조병갑은 몰래 빠져나가 화를 면했다. 관아를 샅샅이 뒤지고도 군수를 찾아내지 못한 농민군은 대신 무기고를 접수하여 상당한 무기를 확보할 수 있었다.

고부민란 상황을 보고받은 조정에서는 군수 조병갑을 국문하여 파면하고 감사 김문현도 함께 문책하였다. 신임군수로 부임한 전라도 출신의 박원명은 민심을 잘 다독여 군민들의 분노를 가라앉혔다. 하지만 안핵사 按覈使 이용태가 고부민란의 책임자를 체포한다면서 죄 없는 농민들을 괴롭히자 군민들의 분노가 또다시 폭발하였다. 전봉준은 뜻을 같이하던 손화중, 김기범, 최경선 등과 협의하여 대대적인 반정부 운동을 전개했다. 새롭게 거사에 임하면서 '보국안민輔國安民'을 내세워 봉기하자 순식간에 인근의 주민들이 합세하여 수만 명의 농민군이 결성되었다.

농민군은 몇 가지 금기사항과 최종목표를 명확히 하였다. 사람을 함부로 죽이지 말 것, 농민들의 가축을 임의로 잡아먹지 말 것, 충효를 다하여 세상을 구함과 동시에 백성을 편안하게 할 것, 왜놈을 몰아내 잘못된 정치를 바로잡고 군사를 한양으로 진군시켜 악한 관료들을 처단할 것 등이 그것이다. 왕권 자체를 전복시키겠다는 의도는 없었고 부패한 중앙의 관료들을 제거하는 것이 최종 목표임을 분명히 하였다.

전봉준 주도하의 농민군은 황토재 전투에서 승기를 잡은 후 승승장구하면서 호남의 심장부라 할 수 있는 전주성을 점령했지만 관군과 전주화약을 맺으며 타협책을 모색했다. 농민군 입장에서는 임시로 결성된 농민군으로 관군을 상대로 지속적인 전투를 수행하는 것이 어려웠고 관군 측에서도 농민군의 공격을 물리칠 수 있는 힘이 부족했다. 결국 타협하는 것이 당시 상황에서는 가장 적절한 조치였다.

전주화약全州和約을 체결하면서 전봉준이 제시한 27개의 폐정개혁안에는 전운행소轉運行所를 혁파할 것, 보부상의 폐단을 금할 것, 대동미를 바치기 전에는 각 포구 잡상들의 쌀 매매를 금지시킬 것, 탐관오리를 파면시킬 것, 위로 임금의 총명을 가리고 매관매직을 일삼으며 국권을 농락하는 자들은 모두 쫓아낼 것, 집집에 부과하는 잡역을 줄일 것, 포구의 어염세漁鹽稅를 혁파할 것 등의 내용이 담겼다.

전주화약이 체결된 후 관군은 일부의 군사만을 남기고 한양으로 돌아갔다. 전봉준 또한 일부 농민군을 남겨 해당 지역의 행정을 장악하는 치밀함을 보여주었다. 하지만 시간이 지나며 농민군의 통치기반이 강화되자 이를 빌미로 청나라와 일본의 군대가 한반도에 주둔해 세력다툼을 벌이는 형국이 전개되었다. 마침내 관군과 일본군이 합세하자 사태는 농민군에게 매우 불리하게 전개될 수밖에 없었다. 전봉준은 직속부대를 한양으로 향하게 하고 전라도 일원을 지휘하던 순창에 도착하여 부하인 김경천의 집에 잠시 머물렀다. 하지만 안타깝게도 포상금에 유혹된 김경천이 밀고하여 결국 전봉준은 피로리에서 붙잡히고 말았다. 전봉준은 혹독한 고문에도 아랑곳하지 않고 의연한 태도를 취해 사람들을 놀라게 했다고 한다.

## 외세를 배격했던 전봉준의 민족주의

개인적인 부귀영화를 포기하고 목숨이 다하는 순간까지 우리 민족의 장래를 위해 투쟁했던 전봉준은 쓰러져가는 조선왕조 말기에 우리민족의 자주적 역량을 일깨워준 위대한 영웅이다. 영웅과 역적은 종이 한 장 차이라고 했던가? 하지만 그 어느 누구도 그를 감히 역도라 부를 수 없을 만큼 그가 보여준 리더십은 눈부셨다.

전봉준은 대역 죄인이 될 수도 있는 상황 속에서 민족자존을 부르짖으며 영웅의 반열에 이름을 올려놓았다. 표면적으로만 보면 그는 정부에 대항해 반란을 일으킨 인물이다. 그가 만약 고부봉기에서 관군에게 제압당했다면 역사는 그를 민심을 교란시킨 교활하고 사악한 역도로 기록했을 것이다. 그러나 그는 농민군의 역량을 시험해볼 수 있는 고부봉기에서 승리를 거둠으로 농민군 수장으로서의 위상을 높일 수 있었다.

그 승리의 원동력은 비전이었다. 민족자존을 내세웠던 그의 비전에 농민군은 전적으로 동감했다. 또한 백성들에게 큰 호응을 얻고 있던 동학을 주도적으로 수용하여 대내외적으로 농민혁명의 이념적인 명분을 축적할 수 있었고 자신들의 투쟁이 지니는 역사적인 의미와 가치를 극대화시킬 수 있었다. 군사력이 아니라 전투에 임하는 명분과 집중력의 차이가 농민군의 승리를 가져왔다는 것이다. 꿈과 희망을 제시하는 차별화된 비전이 지도자에게 얼마나 중요한 것인지를 보여준 생생한 예라 하겠다. 비전은 현재의 결과가 아니라 보이지 않는 미래의 성공을 계획하는 것이기 때문에 성공에 대한 강한 신념과 세상을 긍정적으로 바라보는 가치관이 매우 중요하며, 미래예측에 관한 남다른 노하우도 축적해야만 한다. 여유롭게 명상하며 산책하는 삶의 여유 또한 리더의 미래예측에 큰 보탬이 될 수 있다. 일상적으로 반복되는 과중한 업무 속에서는 창의적인 상상력의 발현과 해법을 찾아내는 것이 어렵다는 것이다.

전봉준은 또 가는 곳마다 전폭적인 지지를 이끌어냈는데 이는 자신들과 같은 처지에 있는 농민들에게 피해가 가지 않도록 세심한 주의를 기울였기 때문이다. 가난과 굶주림이라는 어려운 환경에 처한 농민들임에도 물질적인 대가없이 전봉준에게 전폭적인 신뢰를 보였다. 현대경영 차원에서 보면 전봉준은 부하직원들의 사기를 진작시키는 인터널마케팅Internal marketing의 귀재였다고 볼 수 있다. 또한 사기를 진작시키는데 물리적 포상이 아닌 정신적 포상의 중요성을 일깨워 준 인물이기도 하다.

또 다른 관점에서 볼 때 동학혁명은 청나라와 일본 및 러시아가 조선에 개입할 수 있는 명분을 제공한 사건이었다. 열강들은 자국민을 보호하겠다는 핑계로 군대를 주둔시켰다. 만약 동학혁명이 청나라와 일본의 개입 없이 전봉준과 조선 당국 차원에서만 협상이 이루어졌다면 우리의 역사는 또 달라졌을 것이다.

당시 국제정세는 산업혁명 이후 급속히 발전하는 과학문명 덕에 군사

무기들이 비약적으로 발전하던 시기였다. 하지만 중국대륙 중심의 세계관에 함몰되어 있던 조선의 관료들과 백성들은 세계적인 변혁의 바람을 제대로 분석할 능력은 물론 그에 따른 전략 수립과 위기관리 능력을 갖추지 못하고 있었다. 이 과정에서 외세를 적극적으로 끌어들인 고종과 명성황후의 무기력했던 지도력은 참으로 아쉽기만 하다. 그들은 조선이라는 나라의 존립 이전에 자신들이 누려왔던 권력을 유지하는데 너무도 집착한 나머지 국익을 냉정하게 평가하고 대응하는 리더십을 발휘하지 못했다. 결국 전봉준은 본의 아니게 한반도를 둘러싼 국제정치무대의 중심인물로 부상하게 되었다.

그는 외세의 개입 속에서도 흥선대원군과 제휴하기도 하고 지속적으로 투쟁하며 눈부신 활약을 보여주었지만 막강한 화력으로 무장한 외세의 개입으로 말미암아 결국 붙잡혀 한양으로 압송되고 말았다. 일본은 백성들로부터 존경 받는 그를 살려두어 한국 통치에 이용하려 했으나 전봉준은 의연하게 죽음의 길을 선택했다. 죽음 앞에서도 자신의 과업에 대한 당위성을 포기하지 않고 죽어야만 하는 운명까지도 의연하게 받아들일 수 있는 정신력을 전봉준은 몸소 보여주었다. 고대 로마제국 시절 노예반란을 주도했던 스파르타쿠스가 그랬고 이토 히로부미를 사살한 안중근의사가 그랬다.

하지만 현대의 리더들에게 의연한 죽음의 당위성이야말로 진정한 영웅이 되는 지름길임을 강조하는 것은 무리가 있어 보인다. 죽을힘을 다해 자신이 이끌고 있는 조직을 살려야 한다는 의무감이야 좋지만 실패를 핑계 삼아 무책임하게 자살하는 행위 또한 물질만능주의가 확산시켜 놓은 생명경시 풍조이기에 경계해야 한다.

# 황토현黃土峴 전적지에서 만난 전봉준

뜨거운 태양 볕이 내리쬐는 이른 아침, 나는 그 옛날 부패한 관료들을 처단하기 위해 모인 농민군과 관군이 치열하게 전투를 벌였던 황토현 전적지에 도착했다. 피비린내가 진동했던 격전지에는 무성한 들풀들을 어루만지듯 소박한 원두막이 한적한 들판을 굽어보고 있다.

수년 전 겨울에 방문했을 때는 황량한 들판에 쓸쓸한 적막만이 감돌았었다. 초가로 지붕을 장식한 원두막이 동학농민군의 지휘본부라고 해도 어울릴 것 같은 분위기였다. 세상을 구제하고자 했던 염원을 담고 있는 제세문濟世門에 들어서자 동학혁명을 상징하는 건물과 조형물들이 시야에 들어왔다. 주먹을 불끈 쥔 채 오른 팔을 하늘을 향해 뻗어 올린 '전봉준선생상'이 그중에서도 가장 인상적이었다.

전봉준은 무엇을 위해 동학혁명을 주도했을까? 지금이야 전봉준이 민족의 지도자로서 역사적 재평가가 이루어져 귀한 대접을 받고 있지만 당시에 그가 겪어야했던 고초는 이루 형용할 수 없을 정도였다.

이런 생각들을 하다 맞은편에 위치한 동학농민혁명기념관에 들어섰다. 때마침 나를 발견한 문화관광해설사 문 선생님이 나에게 인사를 건넸다(이제는 전국 어디를 여행하든지 주요 관광지에는 문화관광해설사가 있어 나처럼 혼자 온 외지인들에게는 큰 도움이 된다). 문 선생님이 나를 처음 안내한 곳은 기념관 현관 모퉁이에서 옮겨와 전시되어 있

5척 단신의 작은 키 때문에 녹두장군이라 불리기도 한 그를 기리며 '녹두가'를 지어 불렀을 만큼 민중들의 사랑과 후원은 뜨거웠다.

는 '말목장터 감나무'였다. 말목장터란 고부, 정읍, 태인을 잇는 교통의 요충지로서 조선시대 이래로 배들평야의(전북 정읍시의 평야) 농산물과 부안 줄포의 수산물이 거래되던 곳이었다.

1894년 음력 1월 10일에 벌어졌던 고부봉기 당시 전봉준은 말목장터 감나무 밑에서 농민군 수천 명을 무장시키고 탐관오리였던 고부군수 조병갑의 탐학과 비행을 일일이 열거하고 봉기의 당위성을 연설한 뒤 농민군들을 이끌고 고부관아로 진격했다고 한다.

한지 위에 쓰인 사발통문沙鉢通文도 인상적이다. 사발통문이란 주모자가 드러나지 않도록 원을 중심으로 참가자들의 명단을 적어놓은 고지문인데 이것으로 보아 동학혁명이 즉흥적인 감정싸움으로 인해 벌어진 투쟁이 아닌 사전에 치밀하게 계획되었음을 암시하는 중요한 자료라고 문 선생님은 힘주어 강조했다.

주모자가 드러나지 않도록 동학혁명의 참가자들을 원을 중심으로 적은 사발통문.

사뭇 경건한 기념관의 분위기 속에서 전봉준이 붙잡혀 압송되는 빛바랜 사진과 그가 남긴 절명시絶命詩를 바라보면서 내 마음은 타들어 갔다. 그는 압송되는 마지막 순간까지 '자신의 거사는 정당했고 나의 행동에는 한 치의 후회도 없다'는 비장함이 깃들어 있었다. 나는 또박또박 그가 남긴 짤막한 절명시를 읽어보며 그의 민족주의를 되새겨보았다.

때를 만나서는 하늘과 땅도 힘을 합하더니
운이 다하니 영웅도 어쩔 수가 없구나
백성을 사랑하고 정의를 위한 길이 무슨 허물이랴
나라를 위한 일편단심 그 뉘가 알리

문 선생님과 이런저런 이야기를 나누며 전봉준이 마지막까지 생활했던 고택으로 이동하다 전봉준의 가묘인 '전봉준장군단소'를 방문했다. 문 선생님은 그가 지금이야 영웅 대접을 받고 있지만 당시에는 역적이었기에 그의 시신을 아무도 거두지 못했을 뿐만 아니라 지금도 그의 시신이 어디

전봉준은 한동안 이곳에서 훈장선생과 평범한 가장의 삶을 살아갔다.

에 있는지 아는 이가 없다면서 아쉬워했다.

그래도 역사의 진실은 위대한가 보다. 살아서 부귀영화를 누리고 죽어서 민족의 역적으로 낙인찍힌 이들이 많은 것을 보니 말이다. 살아서는 역적으로 몰려 갖은 고초를 겪었지만 죽어서 영웅이 된 전봉준을 생각해보니 현세에서의 부귀영화에 집착하는 우리들의 자화상을 어찌 한단 말인가!

전봉준이 혁명을 일으킬 때까지 마지막으로 머물렀던 고택은 소박하기 그지없다. 단출한 일자형 건물인 초가는 오늘도 옛 모습 그대로의 궁핍했던 백성들의 삶을 대변하고 있다. 이곳에서 전봉준은 한때 훈장선생도, 평범한 가장으로서의 삶을 영위했었다. 하지만 그의 후손들은 현재 생사여부가 확인되지 않을 만큼 비참한 최후를 맞이하고 말았다. 전봉준은 지금에서라도 영웅 대접을 받고 있으니 어느 정도는 위로가 될 수도 있지만 그의 후손들은 죽었는지 살았는지조차 확인할 수 없으니 참으로 안타깝다.

고부봉기의 시발점이 되었던 '만석보 사적비萬石洑 事蹟碑'에도 가보았다. 만석보는 동진천과 정읍천의 물길을 막아 만든 보洑였다. 현재에도 동진

축조과정과 수세(水稅)를 징수하는 과정에서 관리의 비리가 도를 넘어, 동학혁명의 단초를 제공했던 만석보를 기념하기 위한 만석보 유지비

천과 정읍천은 예전과 같이 흐르고 있지만 물길의 방향과 폭은 세월의 흐름 속에 바뀌었고 만석보의 흔적은 모두 사라졌으나 그 자리에 '만석보유지비'만이 역사적 상징성을 간직한 채 나그네에게 공간적 사실성을 전해주었다. 만석보란 농사에 필요한 물을 공급하기 위해 인공적으로 조성한 저수지로 축조 과정과 물세를 징수하는 과정에서 관리의 비리가 도를 넘어서게 되면서 동학혁명을 촉발시키는 단초를 제공했다.

물을 다스리는 과학기술이 고도로 발달된 현재의 관점에서 접근해 보면 그리 크지도 않은 보를 하나 막는 것과 관련해서 군수와 백성들 간에 그리 큰 갈등을 야기할 거리가 되냐고 반문할 수도 있지만 당시 조선은 농경사회였을 뿐만 아니라 쌀농사가 부와 권력의 중심적 역할을 담당했던 시대로서는 백성들의 생존을 위협하는 큰 사건이었을 게다.

당시의 처절했던 투쟁을 아는지 모르는지 만석보유지비 너머의 물길과 너른 평야와 짙푸른 하늘, 하얀 뭉게구름은 멋스럽고 평화로운 풍경으로 더위에 지쳐버린 나그네를 위로해주었다.

인근의 '만석보혁파선정비'도 백성들의 열망과 환희를 간직한 채 묵묵히 그 자리를 지키고 있었다. 1898년(고종 광무 2) 고부군수 안길수가 만석보를 철거하자 농민들의 원성이 사라졌고 그 해 9월 마을 주민들이 이 선정비를 세우게 되었고 1994년 동학혁명 100주년을 기하여 비각을 세워 놓았단다.

동학혁명의 격전지와 백성들의 울분과 함성들이 스며있는 유적지들을 살펴보며 나는 문득 이런 생각을 해 보았다. 당시의 시대적인 상황이 조선 말기로 관료들의 부정부패가 극심해 이곳 정읍지역뿐 아니라 전국적으로 관료들의 착취가 극에 달해 있었는데 하필이면 왜 이곳에서 동학혁명이 시작되었는지에 대한 궁금증이 생겼다.

동행한 문 선생님은 뜬금없는 내 질문에 동학혁명과는 관련성이 없어 보이지만 그곳을 살펴보면 당시의 상황을 음미해 볼 수 있어 어렴풋하게나마 정읍지역에서 동학혁명이 발발한 실마리를 찾을 수 있을지도 모르겠다면서 99칸 저택이었던 오곡리의 김동수가옥으로 안내했다.

"문 선생님, 농민들의 굶주림과 군수의 착취에서 비롯된 동학혁명과 당시 정읍의 대표적인 부자였던 김동수의 고택과의 관련성을 이끌어내는 것은……"

"지금은 사회구조가 변모했고 부를 생산해 내는 방식이 첨단기술에 많이 의존하고 있지만 당시에는 농경사회였고 쌀농사가 부의 척도가 되었기 때문에 우리나라의 중심적인 쌀 생산지였던 이곳 정읍지역은 김제지역과 함께 권력자들이 눈독을 들이는 중심지였다고 볼 수 있습니다."

문 선생님의 이야기를 듣고도 처음에는 그것이 동학혁명과 무슨 연관성이 있는지 금세 감이 오지 않았지만 곰곰이 생각해 보니 일리가 있다는 생각이 들었다. 본래 김동수가옥은 99칸이었는데 현재는 그 규모가 약간

김동수가옥의 안채. 안주인이 머물던 안채 좌우로 나뉜 각각의 방에는 부엌이 달려 있어 독립적인 구조로 지어졌음을 알 수 있다.

축소되기는 했지만 그래도 대저택의 품격만큼은 그대로 간직하고 있었다. 쉽게 말해 관료들의 입장에서 쌀이 풍부했던 이곳은 다른 지역들보다 관료들이 치부致富할 수 있는 여건이 좋았던 지역으로 이해하면 될 듯싶다. 물론 김동수가옥은 동학혁명과 직접적인 관련이 있다고 보기는 어렵다.

김동수가옥의 사랑채와 안채를 구석구석을 살펴보고 당시의 생활상을 상상해 보니 조금은 낭만적이면서도 도둑으로부터의 방비에 대비했던 건물구조가 이색적이었다. 사랑채에서는 아버지와 아들이 기거했고 안채에서는 안주인과 며느리가 생활했다고 한다. 흥미로운 것은 사랑채에 있던 아들이 어머니의 눈치를 보지 않고 안채의 며느리와 사랑을 나눌 수 있도록 사랑의 실크로드를 배치한 점과 은밀하게 부인의 방을 찾아갈 수 있도록 비밀스런 문도 만들어놓았다는 점이다(하지만 'ㄷ' 건물로 배치된 안채에서 시어머니가 머물렀던 방에는 비밀스런 문을 만들어놓지 않았다고 한다).

특이한 점은 대부호였던 이 집 식구들은 필연적으로 도둑과 강도들의 표적이 될 수밖에 없었을 것이고 강도가 들이닥쳤을 때 긴급하게 대피할 수 있는 특별한 공간도 만들어놓았다. 안채의 예를 들자면 구조상 밖에서는 쉽게 내부를 파악할 수 없었기에 방안에 또 다른 작은 공간을 만들어놓아 유사시에는 그곳으로 집안 식구들이 대피할 수 있도록 했다.

무릇 가진 것이 많으면 자신의 재산과 생명을 지켜내는 일이 결코 녹록 치 않았음을 이 고택은 생생히 전해주고 있는 것이다. 그래서 역사적으로 많은 현자들은 무리하면서까지 돈을 벌기 위해 시간을 탕진하지 말고 중용적 가치를 실천하며 유유자적한 삶을 살아갈 것을 설파했던 모양이다.

전봉준이 농민을 대변해 홀로 먼저 앞으로 나아갈 수 있었던 이유는 그 자신이 가진 것이 별로 없어서 세상을 더 절실하게 볼 수 있었던 것은 아닐까? 가진 자들이 스스로를 숨기고 감추고 그들의 편리대로 세상을 바라보고 만들어나갈 때 세상을 절실히, 바르게 보는 그런 눈을 가진 사람들이 반드시 존재한다는 것을 권력자들은 항상 잊지 말아야 할 것이다.

감추면 스스로밖에 볼 수 없지만 드러내면 앞을 볼 수 있기 때문이다.

심학(心學)의 사전적 의미는 인간의 마음을 우주 만물의 근본으로 삼고 마음을 수양하고 실천하여 성인의 경지에 이르려는 사상을 의미한다. 조선의 임금들과 관료들은 정치철학과 함께 리더가 되기 위한 필수불가결한 지식으로서 심학의 실천에 혼신을 힘을 다했다.

현대의 리더들도 지나치거나 모자람이 없고 한쪽으로 치우치지도 않는, 떳떳하며 변함이 없는 리더십을 발휘하기 위해서는 심학에 대한 본질적 의미를 되새겨보며 균형 잡힌 삶을 추구해야 한다. 조선을 빛낸 영웅들은 심학을 실천하여 생전에는 물론 사후에도 명예를 드높인 인물들이 많다.

그중에서도 원칙 중심의 리더십을 실천한 황희, 정치를 경지하면서 대학자의 반열에 오른 이황, 이황과 학문적으로 쌍벽을 이룬 이이, 임진왜란 때 위기에 처한 조선을 구하는데 혼신의 힘을 다한 류성룡 등이 대표적이다. 특히 심학의 중요성은 전통적으로 중시해온 정신적 행복을 등한시한 채 물질만능주의에 휘청거리고 있는 현대인들에게 전해주는 교훈이 크다.

황희는 충령대군(세종)의 세자 책봉에 반대하다 태종의 미움을 받으면서까지 대의명분을 중시했을 뿐만 아니라 인품도 후덕하여 신분여하를 막론하고 존경을 받았다. 이황은 관료들이 정치적 소용돌이와 과욕으로 몰락하는 상황 하에서, 묵묵히 정치적 탐욕을 경계하면서 학문 연구에 몰두하여 조선 최고의 대학자가 되었다. 안동하회마을에서 호연지기를 키운 류성룡 또한 '충'과 '효'를 중시하며 치우치지 않는 중용의 삶을 실천하며 임진왜란을 극복하는데 크게 기여했다.

반면 독불장군적인 인간관계를 보여준 이이가 심학의 대가 반열에 올랐다고 보기에는 무리가 따른다는 견해도 있지만, 그가 이룩한 학문적 업적과 그 자신감에 기인한 학문적 원칙주의 때문에 생긴 오해라는 주장에 공감하여 심학의 대가 반열에 포함시켰다.

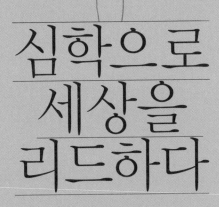

# 3부

# 심학으로
# 세상을
# 리드하다

원칙을 중시하는 리더십은 단기적으로는

칼보다도 약하고 재물보다 약한 것처럼 보이지만 긴 역사의

흐름 속에서는 존경과 찬사를 불러일으킨다.

원칙 중심의 리더십은 지도력을 발휘해야하는 리더가

능력과 덕을 겸비하고 있을 때에만 실효를 거둘 수 있다.

# 정통성을 지켜내는 중용,
# 원칙을 중시했던 황희의
# 덕치주의

황희는 개성 사람으로 1363년 판강릉대도호부사判江陵大都護府使인 황군
서의 아들로 태어났다. 27세에 문과에 급제하여 관직에 입문했으나 고려
가 망하자 세상사를 등지고 은거하였기에 조선 건국에 공을 세운 인물은
아니다. 고려 말기의 관료로 조선 건국에 직접 가담하지 않았음에도 불구
하고 조선이 건국된 뒤 관직에 진출한 과정은 비슷한 시기를 살았던 맹사
성과 흡사하다. 정치적 격변기에서 살아남기 위해, 아니면 고려왕조의 멸
망을 슬퍼해 은거했는지는 확실치 않지만 황희가 과격한 성격의 소유자가
아님은 자명하다.

조선조에 출사한 것으로만 보면 그는 시대의 흐름에 순응한 인물처럼 보
인다. 그러나 태종 집권기에 양녕대군의 세자 폐출과 충녕대군(세종)의 세

자 책봉을 반대하다 남원에서 3년간 유배생활을 한 흔적들을 살펴보면 그가 대의명분과 정의를 중시한 인물임을 확인할 수 있다.

그는 자신이 받게 될 불이익을 감수하면서까지 태종의 면전에서 임금의 견해를 반박할 정도로 원칙을 중시했다. 당시 유교적 규범에 따르면 장자가 세자가 되어야 하고 부득이하게 장자가 승계할 수 없을 경우에는 차자次子가 왕위를 계승해야 했다. 유교를 건국이념으로 채택한지 얼마 되지 않은 상황에서 셋째 아들인 충녕대군의 세자 책봉은 그 이념에 어긋났던 것이다.

조정에서는 충녕대군의 세자책봉을 반대하는 측과 찬성하는 측의 주장이 대립했다. 일설에 의하면 양녕대군이 품행에 문제가 많아 세자의 자리에서 폐출되었다기보다 충녕대군의 총명함에 태종이 감탄하여 주도면밀하게 양녕대군의 세자 폐출을 주도했다는 견해도 있다. 둘째 아들인 효령대군은 평소에도 불심이 깊었고 대군으로서의 자질에 문제가 있었다고 보기는 어렵다. 과정이야 어찌됐건 태종은 충녕대군을 선택했다.

그런데 황희의 생각은 태종의 생각과는 달랐다. 아직은 신왕조를 건국한 초기이고 대의명분과 도덕적 가치를 중시하는 유교적 건국이념에 따라 장자인 양녕대군을 세자로 세우는 것이 옳다고 여겼다. 반면 태종은 세자를 새로 책봉하는 과정에서 유교적 명분을 무시했다기보다 탁월한 지도력을 겸비한 충녕대군이야말로 자신이 꿈꾸었던 조선왕조의 원대한 이상을 펼칠 수 있는 적임자로 판단했기에 대소신료들의 반대에도 불구하고 충녕대군을 세자로 책봉했다고 볼 수 있다. 태종의 견해도 나름대로 타당성이 있었고 황희의 견해도 그 나름대로의 명분을 지니고 있었다.

결국 충녕대군의 세자 책봉과정에서 태종의 확고한 의지와 황희를 중심으로 하는 반대세력의 대립은 태종의 판정승으로 막을 내렸다. 태종은 이 사태를 불러일으킨 장본인인 황희를 순순히 용서할 수는 없었다. 이유 여하를 막론하여 왕권에 직접적으로 도전장을 내밀었던 신하에게 선처를 베풀 수는 없었기 때문이다. 결국 황희는 이 일로 인해 유배 길에 오르게 된다.

표면적으로는 태종의 분노가 표출된 사건처럼 보이지만 황희도 자신의 출세가도를 위해 조선 건국 후에 무임승차한 기회주의자라는 오명을 벗게 되는 승리자로 남게 되었다. 요즘 말로 치자면 태종도 승리했고 황희도 승리한 윈윈Win-Win 게임이었다고 볼 수 있다.

## 조선왕조의 정통성에 목숨을 걸다

죄인이 어느 고장에서 유배생활을 했는지를 살펴보면 임금이 죄인을 어떻게 인식했는지를 짐작할 수 있다. 죄질이 나쁘거나 정치적인 목적에 의해 오래도록 고립시켜야 한다고 판단한 죄인은 한양에서 멀고도 고립된 오지를 택했을 것이고 유배는 보내야겠는데 죄가 가볍거나 아끼는 인물이라면 가까운 내륙이나 생활하기 편한 곳으로 보내졌다.

황희는 세자 책봉에 연루되어 남원으로 유배를 떠나게 되었지만 그의 유배지 선정과 유배지에서의 생활상을 들여다보면 태종의 특별한 배려를 받았음을 짐작할 수 있다. 그가 유배생활 했던 남원은 장수 황씨의 본거지인 장수군과 맞닿아 있다. 황희는 많은 일가친척과 지인들이 모여 사는 남원으로 유배를 떠나온 것인데 임금의 체면을 고려하여 어쩔 수 없이 죄인 신세가 된 경우에 해당된다.

이것으로 보아 태종은 황희를 유배 보낼 수밖에 없었지만 속으로는 그의 됨됨이를 높게 평가했다고 볼 수 있다. 황희는 남원에서의 유배생활을 통해 대의명분을 중시했던 조선 선비들로부터 존경하고 싶은 인물의 표상이 되었다. 임금으로부터 신뢰를 얻게 되었고 백성들로부터 존경을 한 몸에 받게 된 셈이다. 임금의 면전에서 자신의 굳은 신념과 충정을 진솔하게 표현한 황희에 대한 존경심 때문인지 그가 유배생활 했던 광한루터의 초가는 남원 고을에 부임했던 관료들에 의해 점차 아름답게 꾸며지면서 광한루원이 되었다.

원칙을 중시하는 리더십은 단기적으로는 칼보다도 약하고 재물보다 약한 것처럼 보이지만 긴 역사의 흐름 속에서는 존경과 찬사를 불러일으킨다. 하지만 원칙 중심의 리더십은 지도력을 발휘해야하는 리더가 능력과 덕을 겸비하고 있을 때에만 실효를 거둘 수 있다. 능력이 부족한 리더가 무리하게 원칙을 고수하다 보면 부하들로부터 존경과 찬사를 이끌어 내기는커녕 조직운영상의 비효율과 갈등을 증폭시키는 부작용을 초래하기 십상이다. 덕으로 조직원들을 다스리는 방식도 마찬가지이다. 능력이 부족한 리더가 덕치주의를 표방하는 것은 자신의 무능함을 여과 없이 표출하는 부작용을 초래할 수도 있다.

관료로서는 탁월한 능력을 보여준 그였지만 태조 이성계와 정종 대에는 크게 주목 받지 못했다. 조선 건국에 혁혁한 공을 세운 공신들이 황희의 비범함을 그대로 방임하지 않았을 것이며 임금들도 공신세력이 아니었던 황희를 처음부터 중용하기는 쉽지 않았을 것이다. 되레 태조와 황희는 주군과 신하로서의 궁합이 맞지도 않았다. 1397년(태조 6) 태조는 상중이었던 선공감繕工監 정난에게 다시 관직에 복귀하라는 기복을 명하였다. 하지만 당시 중서문하성의 종6품 자리에 있던 황희가 그 명령이 부당함을 고하여 나섰다. 태조의 미움을 살 수밖에 없는 일이었다. 이밖에도 황희는 이런저런 일들로 태조의 눈 밖에 난 인물이 되어 순탄치 못한 관직생활을 시작하게 되었다. 대의명분에 맞지 않으면 태종의 명령에도 굴하지 않는 태도를 견지했다.

그러나 황희의 인품과 관료로서의 탁월한 능력을 간파한 태종은 점차 황희를 중용했다. 태종은 즉위하자마자 황희를 종4품인 도평의사都評議司 경력經歷으로 발탁했고 1405년에는 승정원 지신사知申事로 발탁다. 지신사는 임금이 처리해야 하는 중요한 사안별로 임금에게 조언해야 하는 중책으로, 부정부패에 연루되거나 탄핵 받기 쉬운 녹녹치 않은 자리였다. 황희는 4년간 지신사로 활동하며 태종의 총애를 얻게 되어 1409년에는 형조판서에 제수되었고 뒤이어 지의정부사와 대사헌을 거쳐 1411년에는 병조판서에, 1415년에는 이조판서가 되었다.

황희의 지위가 올라갈수록 하륜을 비롯한 공신세력들의 견제는 심해질 수밖에 없었다. 게다가 그의 성격 또한 자신이 옳다고 판단한 사안에 대해서는 쉽게 타협하지 않는 성품의 소유자였기에 여러 사안에서 태종과 대립하는 형국이 전개되었다. 태종과 황희의 갈등은 양녕대군의 폐세자 사건을 계기로 심화되었는데 그렇다고 황희가 무작정 반발만 한 것은 아니다. 태종의 처남이자 양녕대군과 친분이 두터웠던 민무구 형제를 숙청할 때는 주도적인 역할을 수행했다.

이처럼 황희는 임금의 명령이라 할지라도 부당하다고 판단되면 목숨을 걸고 자신의 주장을 굽히지 않았고 임금의 명령이 옳다고 판단되면 목숨을 걸고 자신의 소임에 최선을 다했다. 점차 왕족뿐 아니라 관료들도 황희가 추구했던 명분과 원칙주의에 찬사를 보내기 시작했다.

## 부정부패를 멀리하며 후덕했던 황희

황희가 세종대에 이르는 24년 동안 정승의 자리를 지킬 수 있었던 것은 그 자신을 위해 세력을 만들지 않았고 부정부패 사건에 전혀 연루되지 않았다고 볼 수는 없지만 청백리로서의 삶의 자세를 잃지 않았기 때문이다. 높은 자리에 오를수록 부정부패의 유혹이 많아짐은 당시에도 비슷했을 것이다. 황희는 공과 사를 엄격히 구분하는 편이었지만 그도 정에 약했던 인간이었다. 1426년 6월에는 자신의 사위였던 서달이 종들을 시켜 아전인 표운평을 구타하여 숨지게 하는 사건을 무마하려다가 곤욕을 치르기도 했다. 이밖에도 지인들의 불법적인 처지를 도와주려다 여러 차례 곤경에 처했지만 세종은 그의 능력을 귀히 여겨 알게 모르게 황희를 도와주었다. 세종은 황희의 단점보다 장점의 가치를 중시했던 것 같다.

여기서 잠깐 인사관리에 대해 알아보자. 만약 신뢰하던 부하 직원이 비리사건에 연루되었다면 경영자는 그 사건을 어떻게 처리해야 할까? 어차피 인간은 신이 아니기에 매사에 완벽할 수는 없다. 부하직원의 단점보다 장점이 크다면 단점 때문에 괴로워하기보다 장점을 귀히 여기는 지도력을 발휘해야만 리더의 주변에 우수한 인재들이 모이게 된다. 리더는 혼자 일하는 것이 아니기 때문에 인재를 귀하게 대접해야 하며 때로는 부하직원의 잘못을 알고도 눈감아주는 아량을 베풀 수 있어야 한다.

단, 가까이 두어야 할 인재와 절대로 가까이 해서는 안 될 사람을 분별하는 능력 또한 가져야 한다. 우수 인재라 하더라도 부하직원의 단점이 너무 커서 조직 전체를 뒤흔들 만큼의 위험인물이라면 과감하게 퇴출시키는 결단력도 함께 지녀야 한다. 만약 스스로의 힘으로 심성이 악한 인재들을 분별하기 어렵다면 전문가에게 도움을 청하는 열린 마음가짐을 지녀야 한다.

황희가 태종과 정면으로 충돌하면서까지 자신의 정치철학을 굽히지 않으면서도 세종대에 이르러 정승의 반열에 오를 수 있었던 데는 어려운 이들에게 덕을 많이 베풀었던 그의 후덕함이 큰 영향을 미쳤을 것이라고 보는 견해가 지배적이다. 그는 성품이 관대하여 신분 여하를 막론하고 사람을 함부로 대하지 않는 인격의 소유자였다. 그를 보필하는 종들에게도 언사를 함부로 하지 않았을 만큼 따뜻한 마음씨를 보여주었다. 하인들의 자녀들이 황희에게 짓궂은 장난을 쳐도 오히려 아이들과 어울려 놀아줄 정도로 인정이 많았던 사람이다. 지위가 높아지는 것과 상관없이 언제나 사람을 덕으로 대하는 황희를 보며 그의 정적들조차 그를 존경하고 따르는 자들이 증가하게 되었다.

죄지은 자를 일벌백계一罰百戒로 다스리기보다 덕으로 다스리는 것이 보다 효과적인 치유법이라는 것을 잘 알고 있었다. 그래서인지 그는 선악을 분별해야 하는 곤란한 상황에서도 양자의 입장을 최대한 고려하여 악을 행한 자가 스스로 잘못을 인정하고 반성할 수 있도록 선처해주었다.

그의 후덕함이 가문의 영향이었다는 견해도 있다. 고려시대, 나옹대사가 생명의 위협을 느끼고 있을 때 황희의 부친이 그의 생명을 구해주었다. 그러자 나옹대사는 그 보답으로 전라도 남원 땅의 홍곡단풍혈鴻谷丹楓穴 명

황희의 조부 묘자리인 홍곡 단풍혈 명당. 나옹대사가 황희의 부친에게 알려준 명당자리라고 한다.

당을 일러주었고 후일 이곳은 황희의 조부 묘가 되었다. 나옹대사는 그때 명당자리를 소개해 주면서 이곳에 조상의 묘를 쓰면 2대에 걸쳐 정승이 나고 후손들의 벼슬이 이어질 것이라고 하였다. 이렇듯 황희의 아버지 또한 타인을 보살필 줄 아는 덕망이 높았던 인물이었다.

손석우는 그의 저서 『터』에 남원의 풍수를 소개하면서 홍곡단풍혈 명당을 다음과 같이 적어놓았다.

"남원을 풍수적으로 바라볼 때 또 다른 일면은 음택에 있다. 남원에는 네 군데의 대명당 터가 있다. 자손 대대로 부귀영화를 누릴 수 있는 묘자리이다. 국도와 도읍의 풍수를 손바닥 안의 금을 보듯 환하게 아는 육관으로서 이 네 곳의 대명당을 그냥 지나칠 수 없다. 동복호東伏虎, 서선령西仙嶺, 북장군北將軍, 남선녀南仙女 등은 음택묘혈의 대승지요, 이중에서 서선령 자리만 쓰였다. 남원 서쪽에 신선이 내리는 형상을 한 명당의 주인공은 황희 정승의 할아버지이다."

남원 시내에서 순창방향으로 이동하다 비홍치 고개를 넘어가면 산촌마을인 풍산리가 보인다. 풍산리의 마을회관에서 오른쪽으로 산길을 오르다 보면 숨이 찰 즈음에 풍악산 능선에 자리 잡고 있는 묘들을 만나게 되는데 황희의 조부 묘는 이곳에서 가장 높은 곳에 위치해 있다. 묘지 옆에 세워져 있는 비문을 읽어보면 황희의 조부 묘임을 확인할 수 있고 산신에게 제사를 지내는 제단도 볼 수 있다. 운이 좋으면 풍악산에 걸린 옅은 구름의 조화 속에서 홍곡단풍혈 명당 주변 능선으로 기러기가 무리 지어 날아가는 형상도 볼 수도 있다.

과학적 사고에 익숙해진 현대인들이 풍수지리가들이 주장하는 명당자리의 효과에 대해 어느 정도 인정할지 모르겠지만 명당자리에 조상 묘를 쓰고 후손들이 번창한 사례들이 제법 많은 것을 보면 과학으로도 풀 수 없는 신비한 자연계의 법칙도 무시할 수는 없을 것 같다.

# 황희정승의 유배지
# 광한루

황희정승이 양녕대군의 세자폐위와 충녕대군(세종)의 세자 책봉에 반대해 유배생활을 했던 광한루는 세월의 흐름 속에서 문학의 소재가 되기도 하고 러브스토리의 배경이 되기도 하여 문화도시 남원의 상징물이 되었다.

황희는 1418년 광한루 터에 자그마한 서실書室을 짓고 유배생활을 시작했다. 황희의 서실이 있던 자리에는 광한루라는 거대한 누각이 정승의 품격을 간직한 채, 오늘도 나의 발길을 사로잡고 있다. 서실이 있던 자리에는 광통루廣通樓라는 누각이 세워졌다. 1444년(세종 26) 하동 부원군 정인지가 '항아'라는 절세미녀가 사는 달나라 궁전 속의 '광한청허부廣寒淸虛府'의 이름을 본 따 광한루廣寒樓로 개명하였다.

후에 송강 정철은 전라도 관찰사로 재직하면서 광한루 앞, 남원시를 흐르는 하천인 요천蓼川의 물을 끌어 들여 은하수를 뜻하는 연못을 만들

광한루는 달나라 궁전, '광한청허부(廣寒淸虛府)'에서 이름을 따왔다고 한다.

고 반월형 교각 네 개를 이어 견우와 직녀의 사랑이야기를 간직한 오작교를 놓았다. 연못 안에는 신선의 공간을 상징하는 세 개의 섬을 만들었는데 봉래, 방장, 영주, 세 섬이 바로 그것이다. 봉래, 방장 두 섬에는 각각 백일홍과 대나무를 심었고 영주 섬에는 작은 정자를 세웠다.

오작교에 관련된 이야기들을 설명하자면 견우직녀 설화를 빼놓을 수 없다. 견우는 소몰이꾼이었고 직녀는 베를 짜는 옥황상제의 딸이었다. 그들은 사랑에 빠져 자신의 본분을 망각하게 되는데 그 사실을 안 옥황상제는 크게 노하여 이 둘을 만나지 못하게 한다. 하지만 일 년에 단 하루, 칠월칠석에만 만날 수 있게 해주었는데 이들의 만남이 너무도 애달파서 그날에는 하늘에서도 비가 내린다는 이야기가 전해져 온다.

이곳이 견우와 직녀의 이야기와 관련되었다는 또 하나의 증거가 있다. 광한청허부廣寒淸虛府*는 하늘나라의 옥황상제가 사는 옥경玉京의 '광한청허지부'에서 따온 이름이다. 즉 광한루원이 '견우와 직녀'의 사랑이야기를

---

*옥경의 출입문.

견우와 직녀 이야기에 나
오는 오작교가 광한루에
서 재현되었다.

중심으로 새롭게 조성되었음을 암시하고 있다. 이처럼 조선의 선비들은
무릉도원과 같은 월궁을 만들고 '견우와 직녀'의 사랑이야기를 창조하였
으며 이들의 사랑을 현실세계에서 구현하기 위해 광한루와 오작교와 완
월정 등을 만들어 놓았다.

해마다 단 하루 칠월칠석날에만 사랑을 나누어야 하는 견우와 직녀의
애절한 사랑이야기는 문학속의 성춘향과 이몽룡의 해피엔딩으로 승화되
었다. 견우와 직녀가 거닐던 오작교가 춘향전의 주 무대로 탈바꿈하게 된
것이다. 춘향전은 남원 사람들의 뜨거운 호응을 받으며 자연스럽게 동편
제 판소리로 계승되었다.

장소가 장소인지라 신화와 문학속의 사랑이야기들을 떠올리며 이곳
을 천천히 걸었다. 황희의 목소리도 느껴볼 수 있을까 하고 광한루원에 들
어서니 완월정이란 누각이 물속에 비친 대칭의 모습으로 이방인인 내게
먼저 인사를 건넨다. 완월정은 현세인들이 천상의 세계를 꿈꾸며 지은 누
각으로, 이곳에서 달이 뜨는 것을 감상할 수 있도록 누각이 동쪽을 향하
고 있다. 보름달 밤에 완월정을 방문해 보면 월궁이라고 불리는 의미를 조

금이나마 이해할 수 있게 된다.

연못과 오작교, 그리고 능수버들 뒤편에 위풍당당하게 서 있는 광한루는 한 폭의 풍경화처럼 아름답고 오작교 좌우로 펼쳐진 연못은 마치 광한루를 호위하듯 배치되어 있다. 연못에 먹이를 던져주면 금붕어들이 화답하듯 화려한 자태로 물속공연을 시작한다. 해질 무렵이 되면 광한루는 붉은 빛이 강해지며 현실의 공간에서 신선의 공간으로 탈바꿈한다.

전통정원의 특징들을 종합적으로 표현하고 있는 광한루원은 그래서 우리나라 전통정원을 대표하는 모범적인 공간으로 인정받고 있다. 본래 전통정원의 이론적 토대는 풍수사상에 기초하여 유교사상과 도가사상, 신선사상 등이 복합적으로 결합되어 있다. 풍수사상은 바람과 물을 이용하여 기를 얻는 방법으로 임산배수臨山背水의 기본원칙을 중시하며 산, 물, 방위, 사람 등의 상호작용에 의해 형성된다. 풍수적으로 좋은 곳이란 살고 있는 사람의 기질에 따라 바뀔 수 있기에 임산배수의 기본적인 원칙 이외에도 사람의 기질에 따른 상대적인 이치를 고려해야 한다.

인공적인 시설물을 가급적 배제하고 있는 그대로의 자연지형에 계곡

천상의 세계를 상상하며 만든 완월정. 달을 감상하기 위해 달이 뜨는 동쪽을 향해 누각을 지었다.

물을 끌어들여 연못을 조성하는 것은 별서정원別墅庭園과 향원鄕園 등 우리나라 전통정원의 보편적인 원칙이다. 분수처럼 물을 인공적으로 뿜어내는 것을 배격하고 계곡에서 끌어들인 물을 잠시 감상한 후에 자연으로 돌려보내는 방식을 취하고 있는 것이다.

우리나라의 전통정원은 특히 신선사상과 도가사상을 함축적으로 표현하고 있는 곳이 많다. 조선의 선비들이 현실 세계의 한계를 뛰어넘고자 하는 염원을 정원 속에 표현했기 때문이다. 당시에는 아무리 능력이 뛰어난 선비라 하더라도 절대 권력자인 임금의 권위에 도전할 수 없는 현실적인 욕구불만을 대리만족하기 위해 그들만의 공간을 꾸며놓았을 것이다. 물이 거꾸로 솟구치는 분수를 설치하지 않았던 것은 자연의 섭리를 존중하려는 도가사상에 바탕을 두고 있다.

이와는 반대로 서양의 정원은 자연의 물줄기를 있는 그대로 활용하기보다 분수를 통해 하늘로 솟구치게 한다. 대표적인 예로서 이탈리아 사람들이 자신의 문화적 우수성을 뽐내기라도 하듯 세계인들에게 자랑하고 있는 로마의 '트레비분수'를 보면 서양인들이 물을 다스리는 방식을 짐작해볼 수 있다.

황희는 남원의 광한루터에서 유배생활을 하다 무료해지면 인근 장수군의 덕산계곡을 방문하여 마음을 달래기도 하고 함께 할 지인들이 있으면 윗용소의 평평한 바위에서 바둑을 두며 세월을 낚기도 했다.

88올림픽고속도로의 남장수나들목을 빠져나와 죽산마을에서 방화동자연휴양림으로 이동하며 앞쪽에 펼쳐진 산 능선을 바라보니 봉우리 세 개가 뫼산山 자 형상을 하고 있다. 그래서 저 산들은 삼봉산이라 불리고 있단다. 삼봉산과 방화동계곡과 방화동휴가촌을 지나쳐 산책로를 따

폭포수가 떨어지는 깊은 웅덩이를 용소라고 하는데 덕산계곡의 아랫용소에는 용이 살았다는 전설이 전해져 온다.

라 30여 분간 걷다보니 어느덧 덕산계곡이 나타났다. 사람들이 붐비지 않아서 조심조심 덕산계곡 초입까지 차로 이동했지만 주차장이 협소하여 하마터면 낭패를 당할 뻔했다.

자동차도로가 끝나는 지점에서 덕산계곡은 시작되는데 경사가 완만한 산책로를 따라 고즈넉한 경치를 감상하며 여유로움이 전해주는 마음의 평화를 선물로 받았다. 어느새 비범해 보이는 계곡의 큰 웅덩이가 나의 시선을 끌어당겼다. 폭포수가 떨어지는 바로 밑에 있는 깊은 웅덩이를 용소라고 하는데 덕산계곡은 큰용소와 작은 용소로 이루어져 있다. 내가 지금 있는 바로 이곳은 용이 살았다고 전해지고 있는 아랫용소이다.

아랫용소에서 또다시 계곡의 매력에 이끌리어 산길을 걸어 올라가는데 윗용소의 독특한 바위 하나가 나의 발걸음을 멈추게 했다. 바위에는 바둑판 모양이 새겨져 있었는데 독특해 보이는 그 바위를 다시 한번 자세히 살펴보니 바둑판 모양과 계곡위에 걸쳐진 너른 바위가 바둑 두기에는 안성맞춤인 장소라는 것을 단박에 알아챌 수 있었다.

황희가 바둑을 두었다는 덕산계곡의 윗용소 바위. 바위 위에 바둑판 모양이 새겨져 있다.

황희는 유배의 쓸쓸함과 무료함을 잊기 위해 이곳에서 바둑을 두었다고 한다. 아쉽게도 그가 바둑을 두었다는 바위 위에 정교한 바둑판이 새로 덧그려져 있다. 너무 정교하게 그려놓아 바위의 고풍스런 멋은 다소 훼손되었다. 그냥 두었더라면 더 좋았을 것을……

그래도 덕산계곡은 세인들에게 널리 알려지지 않아 오염되지 않은 순수함이 배어나오는 곳이다. 사람들은 여행을 많이 하면 할수록 인간의 손때가 적게 묻어 있으면서 문화적 고유성이 보존된 곳을 선호하는 경향이 강해진다. 이곳의 산책로는 경사가 급하지 않고 계곡의 규모도 크지 않아서 아늑한 분위기 속에서 사색하기에는 최적의 장소인 듯싶다.

과거에 황희가 유배를 당한 조용하고 인적 드문 이곳은 지금도 자연의 순수함과 황희와 같이 세상의 정치 속에서 잠시 벗어나 자신의 의지를 다지고 휴식을 취하고 싶은 지금의 선비들이 이곳에서 깊은 여유를 배워갈 수 있을 것이다.

광한루를 거쳐 황희의 유배지를 거닐어보니 의문점이 생겼다. 왜 사람들은 황희가 유배를 온 광한루에 아름다운 건물과 정원을 꾸몄을까? 그 이유는 남원고을에 부임했던 관리들이 황희가 유배생활 했던 바로 그곳을 전통정원의 형식을 빌려 성역화 함으로, 황희가 추구했던 성리학적 정치철학을 되새겨보는 사색의 공간으로 꾸며놓은 것이 아닐까 생각된다.

광한루는 황희의 업적을 기리고 배우고 되새기려는 사람들의 공간이라면 이곳 덕산계곡은 과거의 그와 같은 심경을 가진 지금의 우리들이 이곳에서 위안을 삼고 마음을 다스리고자 하는 공간이 아닐까?

이름 모를 새가 지저귀고 잔잔한 계곡이 흐르는 이곳에서 황희가 두었을 바둑판 위를 손으로 쓸어보고 나니 그의 유배생활이 쓰리고 아픈 것만이 아니었을 것 같다. 이름 모를 사람 중의 한 명인 나도 이곳의 정취를 느끼고 위안을 받고 있으니 말이다.

이황은 세상의 이치를 탐구하는 것도 생활 속에서 얼마든지

터득할 수 있다고 강조했다. 일상에서 벌어지는 일들을 현명하게

처리하는 과정 속에서도 진리를 깨칠 수 있음을, 하루하루의 생활

자체가 마음공부의 중요한 과정임을 냉철하게 지적하고 있다.

# 자기 자신을 다스리는
# 심학의 대가,
# 권력욕을 경계했던 이황

조선 성리학의 거두巨頭이자 동인東人의 수장이었던 퇴계 이황은 1501년 안동에서 태어나 22세 때까지 집에서 공부했다. 태어난 지 7개월 만에 아버지를 여읜 그는 어머니로부터 품행과 예절교육을 받았고 6세 때 이웃노인에게 『천자문』을 배웠으며 12세 때에는 숙부인 이우에게 『논어』를 배웠다. 17세가 되어서야 비로소 학문에 대한 뜻을 세우고 공부에 박차를 가했을 정도로, 이황은 여느 귀족 자제들처럼 공부할 수 있는 여건이 좋은 편은 아니었다. 그는 23세 때와 33세 때 성균관에서 공부했지만 매번 두 달 남짓 머물고 고향으로 돌아왔다. 오늘날로 치자면 고등고시를 준비하는 정규과정을 체계적으로 밟지 않고 고시에 합격한 셈이다. 당시 성균관은 과거시험을 준비하는 엘리트 교육기관이었다.

그가 관직에 나아가 봉사하거나 고향에서 후학들을 가르칠 때나, 그의 일생은 지극히 평범하여 대가의 삶이 이토록 단순할 수 있을까? 하는 의구심이 들 정도이다. 그가 조선을 대표하는 대학자가 될 수 있었던 데는 정치권력의 부작용을 늘 경계하며 학문 연구에 매진하는 삶의 자세를 견지했기 때문이다.

이황은 27세에 진사시에 합격했고 34세 때에는 문과에 급제하여 관료 생활을 시작했다. 단양군수, 풍기군수, 공조판서, 예조판서, 우찬성, 대제학을 지냈으며 사후에 영의정에 추증되었다. 1545년(명종 원년) 윤원형 일파가 윤임 일파를 몰아내면서 발생한 을사사화 이후에는 관직생활에 염증을 느끼고 주로 고향인 안동에서 생활하였다.

관직생활에 몸을 담기는 했지만 보다 높은 자리에 오르기 위해 아부하거나 아첨하는 행위를 지극히 경계했고 권력투쟁의 소용돌이가 거세지자 조용히 관직에서 물러났다. 그는 가급적 정치로부터 멀리 떨어져 있으려 했으며 정치보다는 학문을 더 좋아했다. 그 결과인지 그의 학문세계는 섭사리 그 끝을 확인하기 어려울 만큼 높고 깊었다.

그는 신동이라는 칭호를 들으며 자랄 만큼 천재도 아니었고 과거시험에 급제한 것도 여느 선비들의 출세가도와 크게 다르지 않았을 만큼 평범했다. 학문적으로 어깨를 나란히 했던 율곡 이이가 10세 즈음부터 신동이라 불렸던 것과는 사뭇 대조적이다. 이솝우화에 등장하는 '토끼와 거북이'의 이야기에 비유해 보면 이황은 거북이처럼 성실하게 노력한 끝에 대학자가 된 인물로 봐야 한다.

공직 생활에 몸담고 있지 않을 때의 이황은, 학문 연구에 몰두하면서 후학 양성에도 전념하였다. 그가 후학을 양성하면서 제자들에게 가장 중요하게 가르친 덕목은 전인적 인격의 함양이었으며, '충' 못지않게 '효'를 중요시했다.

관직에 있을 때 그는 네 분의 임금(중종, 인종, 명종, 선조)을 섬겼는데 특히 명종과 선조의 총애를 받았다. 명종은 병중에도 이황을 불러 자문을 구할 정도로 그의 학식을 존중했다. 명종의 뒤를 이은 선조 또한 이황의 인품과 학식을 높이 평가하고 흠모하였다.

말년에는 어진 임금이 되기 위해 갖추어야 할 정치철학의 기본원리를 담은 『무진육조소戊辰六條疏』를 만들어 선조에게 올리기도 했다. 임금은 계통을 중히 여겨 인효仁孝를 충실히 수행해야 하고 제왕학帝王學인 성학聖學을 바르게 실천하여 정치의 근본을 세워야 함을 강조했다. 또 신뢰할 수 있는 사람을 중용하여 눈과 귀가 널리 통하도록 해야 하며 수양과 반성을 충실히 하여 하늘로부터 사랑받는 임금이 되도록 최선을 다해야 한다는 내용을 담고 있다.

## 자기 자신을 다스리는 심학의 대가

이황은 물욕을 멀리하고 인격의 내면적 수양을 중시했다. 그가 많은 시간을 보낸 안동의 도산서당을 방문해 보면 남에게 보여주기 위한 오만함이나 대학자의 교만함은 찾아보기 어렵다. 정승의 반열에 오르지 못한 것도 최고의 벼슬에 오르는 것을 경계했다고 보는 것이 보다 적절한 표현일 것이다.

그가 추구했던 학문의 목적은 높은 벼슬에 오르고 명성을 얻어 출세하는 것보다 우주의 원리와 인간의 도리를 탐구하고 덕행을 실천하여 인격적으로 온전한 성현의 단계에 도달하는 것이었다. 그래서인지 이황은 관직생활을 오래 했음에도 정치적 풍파로부터 자유로울 수 있었다. 이황은 초연하게 자신의 소임을 다하며 가급적 권력으로부터 멀리 벗어나 있으려 했다. 높이 올라서려 하면 화를 당하기 십상이고 권력으로부터 벗어나려 하면 붙잡는 것이 세상의 이치임을 일찍이 깨우친 그는 전 생애를 통해 유학자로서의 모범적인 삶을 살았다.

올바른 삶을 실천하는 방법으로 선한 마음과 공경하는 마음을 중히 여겼으며 글을 쓸 때에도 활을 쏠 때처럼 마음을 한곳으로 집중하여 흩어지지 않게 하였고 평상시의 편안한 마음을 잘 관리하면서 한 가지 잡념이라도 끼어들지 못하도록 자신의 마음을 슬기롭게 다스렸다. 또 아무리 긴급을 다투는 일이 생기더라도 업무 처리에 있어서 평상심을 유지하려고 부단히 노력했다. 마음이 다급해지면 오판하거나 무리수를 두게 되어 좋지 못한 결과를 얻을 수 있기 때문이었다.

보편적으로 인간은 전에 없던 재물이나 명예를 얻게 되면 교만해지기 십상이다. 자기 절제와 수양 없이 권력을 탐하다 보면 자신도 모르는 사이 약한 자를 업신여기고 직권을 남용하며 보다 많이 가지기 위해 부도덕한 행위도 서슴지 않는 위험한 인물로 발전하기 십상이다. 물질만능주의에 물든 현대에는 더욱 유혹이 많고 자기가 뜻을 세운 일에 정진하기 힘든 상황이다.

조선의 정치사를 보더라도 중앙 정치무대에서 출세가도를 달리기 위해 파당을 조장하고 권력욕에 눈이 멀게 되면서 천수를 누리지 못하거나 조용히 사라진 이들이 참으로 많았기에 이황의 자기절제와 겸손한 삶의 태도는 꼭 한번 되새겨 볼만하다.

물욕과 권력욕에 대한 탐욕을 지극히 경계했던 이황의 세계관이 막연하거나 하루아침에 이루어진 것이 아니라는 점에 주목할 필요가 있다. 그의 저서인『자성록自省錄』을 보면 이황이 기울인 마음공부법의 노하우를 엿볼 수 있는데 그는 이 책에서 학문하는 자에게 가장 중요한 것은 자신을 다스리는 것임을 명확히 설명하고 있다. 즉 자신의 정신세계와 삶의 자세를 올바로 다스리는 심학心學 연구와 실천에 최선을 다했음을 암시하고 있다.

탐욕에 눈이 멀어 앞만 보고 달려가다 보면 자신의 잘못은 보지 못한 채 무리수를 구사하다 낭패를 당하는 경우가 참으로 많다. 또 그 문제의 원인을 자기 자신에게서 찾기보다 타인에게 전가하려 한다. 그러나 이황의 가르침에 비추어 보면 자기 자신에 관련된 문제들은 스스로 문제의 원인을 제공했다고 평가해야 하며 문제 해결의 실마리도 자기 자신의 문제를 치유하는데서부터 찾아야 함을 강조하고 있다.

『자성록』은 후학들의 편지에 이황이 답한 형식으로 기술된 책으로 요즘 말로 하면 '인성교육'에 관한 책이다. 고려대학교의 신창호 교수는 이 책을 능력이나 품성을 기르고 닦는다는 함양涵養과 몸소 자세히 살펴본다는 체찰體察을 중심으로 설명한 바 있다. (신창호,『함양과 체찰』, 미다스북스, 2010)

이황의 나이 68세, 선조 즉위년에 상소문 형식으로 작성한『성학십도聖學十圖』또한 심학의 중요함을 강조하고 있다. 성학십도는 태극도太極圖, 서명도西銘圖, 소학도小學圖, 대학도大學圖, 백록동규도白鹿洞規圖, 심통성정도心統性情圖, 인설도仁說圖, 심학도心學圖, 경재잠도敬齋箴圖, 숙흥야매잠도夙興夜寐

箴圖의 10개 도圖로 구성되었으며 전체적으로 성학, 즉 유학을 밝히고 마음을 다스리는 방법을 구체적으로 제시하고 있다.

공자, 맹자, 주자 등 유학자들의 다양한 견해에 자신의 의견을 덧붙여 선조가 세상의 진리를 깨달아 성군이 되기 위한 조건을 상세히 제시한 글로, 무엇보다도 자신의 마음을 다스리는 것이 나라를 다스리는 원동력이라는 점을 강조하고 있다. 흥미로운 것은 요즘 사회과학에서 중시하는 연구모형처럼 10개의 장별로 내용을 함축하고 있는 모형을 제시하고 있다는 점이다. 선조가 그 내용을 한눈에 파악할 수 있도록 실용적인 관점에서 저술되었음을 의미한다.

성학십도의 시작되는 글은 다분히 동양철학적인 관점에서 출발하여 유학자들의 우주관 및 세계관에 대한 개괄적인 내용으로 전개되지만 삼라만상의 지배자인 인간이 주체적으로 세상을 다스리는 현실적인 지혜에 귀결되면서 모든 인간은 하늘만큼이나 귀한 존재이기에 상호간에 신뢰와 존중하는 자세를 지녀야 함을 강조하고 있다. 특히 신분차별이란 제도상의 절차일 뿐, 인간은 그 자체로서 신분여하를 막론하고 귀한 존재라는 내용은 당시로는 큰 화제였을 것이다.

소학도와 대학도에서는 마음을 바로잡아 일체의 잡념도 개입하지 못하는 경지인 경敬의 중요성을 강조하였다. 임금은 매사를 확실하게 하고 명확하게 터득할 수 있는 만반의 태세를 갖추어야 한다는 의미이다. 심통성정도에서는 마음이 평온하여 흔들림이 없는 상태가 성性이고 인간관계에서 옳고 그름을 판단하는 것과 불쌍히 여기거나 부끄러워하거나 미워하는 것이 정情이기에 임금께서는 '성'을 잘 기르고 '정'을 슬기롭게 절제해야 함을 강조했다. 심학도에서는 사욕에 사로잡힌 세속적인 욕심을 경계하고 진실된 마음으로 서로를 존중해야만 올바른 인간관계가 형성됨에 초점을 맞추었다.

민주화된 현대사회에서도 대통령에게 성군정치의 모델을 제시하는 것이 쉽지 않음을 감안하면 절대왕권국가였던 조선이 얼마나 유학자들의 학식을 중시했는지 짐작할 수 있는 단서이기도 하다. 임진왜란이 발발하고 도성과 백성을 버렸다는 이유로 선조에 대한 후대의 평가는 좋지 않지만 대학자의 말에 귀 기울이고 교류하고자 한 모습을 보면 시대를 잘못 만난 임금일 수도 있겠다는 생각이 든다.


## 삶의 균형을 실천한 이황

사극을 소재로 한 드라마나 영화에서 이따금씩 보게 되는, 비가 오나 눈이 오나 집안일에는 아랑곳 하지 않고 글만 읽는 선비의 모습은 진정으로 올바른 선비의 모습이 아니었던 것 같다.

이황은 책을 읽을 때에도 자신의 마음을 괴롭힐 정도로 과하게 하지 말고 세상의 이치를 탐구하는 것도 생활 속에서 얼마든지 터득할 수 있다고 강조했다. 세상의 변화와 집안일을 등한시한 채 공부만 하는 것을 경계해야 하고 부모를 공경함은 물론이고, 집안일도 적극적으로 도와야 한다는 견해를 피력했다. 일상에서 벌어지는 일들을 현명하게 처리하는 과정 속에서도 진리를 깨칠 수 있음을, 하루하루의 생활 자체가 마음공부의 중요한 과정임을 냉철하게 지적하고 있다.

마음공부의 실효성을 높이기 위해서는 마음을 집중하는 삶의 태도에 익숙해져야 하고 가끔은 세상의 번잡함으로부터 벗어나 건강한 정신을 함양하되 휴식시간에도 마음이 흐트러져서는 안 된다고 하였다. 흐트러진 행동으로 인해 마음이 삐뚤어질 수도 있기에 걸음걸이 또한 조심해야 하고 같은 의미로 인의예지仁義禮智와 더불어 언행일치를 실천해야 한다고 했다.

사람들은 타인의 시선을 의식할 때는 행동을 조심하지만 홀로 있을 때나 여가를 즐길 때는 마음가짐이 흐트러져 반사회적인 행동도 저지른다. 하지만 진정으로 마음이 부자인 자가 되기 위해서는 혼자 행동할 때나 타인과 함께 행동할 때나 변함없이 초연한 삶의 자세를 가져야 한다는 것이 그의 가르침이다.

마음이 급한 사람들은 행동이나 말이 생각보다 앞서 실수를 하는 경우가 많다. 그래서 생각할 때도 여유 있는 자세를 견지해야 하고 말하기보다 듣기를 좋아해야 한다. 타인의 의견을 잘 듣는 것만으로도 많은 실수를 줄일 수 있다. 타인의 이야기를 들어줄 때 정성껏, 공감대를 가지고 들어주는 '경청'의 자세를 취한다면 인간관계 또한 좋아진다. 하지만 어디 한번 들어보자 식의 태도는 상대방을 불쾌하게 만들 수 있음을 간과해서는 안 된다.

선진사회로 나아갈수록 인간의 여가활동이 인간의 생존을 뒷받침하는 필수요건으로 대두되고 있는 것도 편리함을 추구하는 인간들의 오만이 빚어놓은 반환경적이며 숨막히는 도시 안에 갇혀 사는 현대인들을 치유하기 위한 필수불가결한 행위로 봐야 한다.

그래서 도시인들은 노동과 일상생활의 숨막히는 공간에서 벗어나 틈틈이 아름다움과 여유로움과 낭만적인 정취가 넘실대는 대자연 속에서,

자신의 정체성을 되돌아보며 인간다운 삶의 균형을 복원하고 새롭게 도약하기 위한 에너지를 재충전하는 여유로운 삶의 자세를 견지해야 한다.

# 도산서원에서 만난
# **이황**

안동호 근처의 고즈넉한 산자락에 위치한 도산서원陶山書院은 퇴계 이황이 후학들을 가르쳤던 도산서당 일대에 그의 학풍을 계승하기 위해 세워진 서원으로서 이황이 세상을 떠난 지 4년 후인 1574년(선조 7) 그를 흠모하던 유림들이 합력하여 건립하였다. 선조는 그를 기리며 한석봉친필인 '陶山書院도산서원'이라고 쓰인 현판을 사액하였다고 한다.

매표소에서 도산서원으로 이어지는 안동호변 근처의 산책로는 대학자가 걸었던 사유의 공간이 만들어놓은 품격과 낭만적인 선비의 풍류가 한데 어우러져 신비함을 자아낸다. 속세의 찌든 때에 물든 여행자의 시기와 질투심은 산책로를 걸어 갈수록 어느새 잠잠해지고 낙동강변의 멋스런 정취는 마음속에 스며든다.

도산서원은 이황이 공부하고 많은 지식인들과 교류하며 후학을 가르쳤던 도산서당과, 선생에게 가르침을 받는 후학들의 기숙사였던 농운정

이황의 자취가 곳곳에 스며있는 도산서원

사, 그리고 그의 유품이 전시되어 있는 옥진각 등이 매력적이다.

이황은 1561년(명종 16)에 도산서당을 세우고 스스로는 독서에 전념하면서 제자들을 가르쳤다. 맞배지붕에 홑처마 집으로 검소함이 묻어나며, 이황이 공부했던 방은 두 평 남짓으로 권위주의적인 분위기와는 거리가 멀다. 뽐내기 위한 화려함이나 웅장함은 찾아볼 수 없고 대학자의 정신적 넉넉함과 검소한 생활철학을 엿볼 수 있는 공간으로 꾸며졌다. 도산서당 앞에는 그가 조성한 정원의 일부와 식수로 사용했던 우물이 남아있다. 혹여 그는 사후에 자신의 업적을 빛낼 목적이나 후학들이 그를 자랑하기 위해 거대한 규모와 권위적인 모습으로 도산서당이 확대되는 것을 경계했던 것 같다.

그는 생전에도 물욕을 멀리하고 내면적 수양을 중시하였는데 그의 이러한 정신은 지금도 도산서당 곳곳에 배어있다. 남에게 보여주기 위한 오만함이나 대학자의 교만함은 이 도산서원에서는 찾아볼 수 없다.

그는 관직에 나가서도 정승의 반열에 오르지 못했다. 높은 벼슬에 오르는 것을 평생 경계했다고 말하는 것이 보다 적절한 표현일 것이다. 조선의 선비들이 중앙 정치무대에서 출세가도를 달리기 위해 파당을 조장하고 탐욕에 눈이 멀게 되면서 천수를 누리지 못하고 역사의 이슬로 사라진 이들이 참으로 많았기에 이황의 그런 자기절제와 겸손한 삶의 태도는 물질만능주의에 휘청거리고 있는 우리들이 주의 깊게 되새겨볼만한 이야기일 것이다.

또한 이황의 학식은 당시에도 전국적으로 널리 퍼져있어 그와 학문적 색체를 달리했던 율곡 이이도 이황을 찾아와 학문을 논하며 서로 주고받았던 시가 신귀현의 『퇴계 이황』에 기록되어 있다.

먼저 이이가 이황에게 지어 바친 시를 음미해 보자.

| | |
|---|---|
| 시냇물은 수사洙泗에서 갈려나왔고 | 溪分洙泗派 |
| 드높은 봉우리는 무이武夷처럼 뛰어났소. | 峯秀武夷山 |
| 천 권의 경서로 보람있게 살아가니 | 活計經千卷 |
| 거처하는 곳은 두어 칸의 집뿐이로다 | 行藏屋一間 |
| 회포를 풀고 나니 맑은 하늘에 달 떠오르듯 | 襟懷開霽月 |
| 웃으며 나누는 이야기에 거친 물결 잠자오 | 談笑止狂瀾 |
| 제가 온 연유는 도를 듣고자 함이니 | 小子求聞道 |
| 반나절 헛되이 보냈다 생각지 마옵소서 | 非偸半日閑 |

이황은 이이의 시에 다음과 같이 화답하였다.

| | |
|---|---|
| 병들어 문 닫고 있어 봄이 온지도 몰랐는데 | 病我牢關不見春 |
| 그대 만나 이야기를 나누니 심신이 상쾌하오 | 公來披豁醒心神 |
| 선비의 높은 이름 헛되지 않음을 알았으니 | 始知名下無虛士 |
| 지난날 사귀지 못했음이 적이 부끄럽소. | 堪愧年前闕敬身 |
| 좋은 곡식에 가라지 자라지 말게 하오 | 嘉穀莫容稊熟美 |
| 갈고 닦은 거울에는 티끌도 해가 될 수 있으니 | 纖塵猶害鏡磨新 |
| 과분한 이야기를 모두 제쳐놓고 | 過情談語須刪去 |
| 힘써 공부하여 서로 더욱 친해 보세 | 努力工夫各日親 |

이이는 도산서당에 3일간 머물렀으며 이황은 이이가 고향으로 돌아갈 때 "마음가짐에 있어서는 자신을 속이지 않음을 귀하게 여기고 벼슬자리에 올라서는 함부로 일 만들기 좋아함을 경계하라"고 충고해 주었다. 당대의 석학인 이이가 스스로 도산서당을 방문하여 짧은 기간이나마 이황에게 수학한 것을 보면 이황의 학문세계가 얼마나 깊고 넓은지 짐작할 수 있다.

도산서당 옆의 농운정사는 제자들이 기거하며 머물렀던 기숙사 건물로, 그들이 공부에 열중하기를 바라는 염원을 담아 '工' 자 모양으로 지어졌다. '형식이 내용을 만든다'는 격언처럼 이황은 후학들이 도산서당에 머물면서 공부에만 몰입할 수 있도록 건물의 외관에도 신경을 썼다.

농운정사 왼쪽에는 이황의 유품을 전시하고 있는 옥진각玉振閣이 있다. 선생의 많은 유품 가운데 '어제발문御製跋文'이 특히 눈길을 끈다. 어제발문은 1792년(정조 16) 임금의 특명으로 치러진 도산별과陶山別科 2년 후인 1794년에 퇴계와 그의 제자인 조목趙穆이 주고받았던 편지를 엮은 사

한석봉의 편액이 걸린 도
산서원 내의 전교당. 유
생들의 자기수양과 교육
공간이었다.

문수간師門手簡*에 대해 정조께서 느낀 바를 적은 간결한 글이다. 이황의 학문과 인품을 존중했던 정조는 '어제발문'에서 하늘天과 사람人을 대립하는 존재로 보지 않고 일체의 존재로 보는 천인합일天人合一의 경지를 칭송했다.

도산서원에는 이외에도 이황과 제자 월천月川 조목趙穆의 위패를 봉안한 상덕사尚德祠와 한석봉의 '陶山書院도산서원'이라고 쓰인 편액이 걸려있는 전교당典教堂등이 있다. 서원의 정문 앞에는 1792년(정조 16) 정조의 지시로 이황의 학덕을 높이고 지방 선비들의 사기를 높여주기 위해 치러진 특별과거시험인 도산별과를 실시한 시사단試士壇이 남아 있다. 아쉽게도 안동댐 건설로 인해 물에 잠기고 일부분만이 작은 섬이 되어 홀로 떠 있다.

이황의 종택宗宅 본래의 건물은 없어졌으나 1929년 사림과 종중宗中의 협조로 옛 종택의 규모를 참작해 지금의 터에 새로 지어졌다. 이황의 종택은 정면 6칸, 측면 5칸이며 우측에는 '추월한수정秋月寒水亭'이란 정자가 서 있다. 현재 이곳에는 후손들이 살고 있어 사전에 양해를 구하고 내부를 둘러보았다(이황은 이 종택 부근에서 생활한 것으로 전해지고 있지만 아쉽게도

---

*이황이 제자 조목에게 보냈던 편지를 모아 엮은 책

이황의 종택. 'ㅁ'자 형태로 건립되었고 그의 후손들이 거주하고 있다.

선생이 살았던 주택은 확인이 불가능했다).

종택을 감싸고 있는 논에는 황금빛으로 물든 벼들이 고택의 품격과 잘 어울렸다. 종택 안으로 들어서니 한복을 차려입은 할아버지가 흔들의자에 앉아 여유롭고 인자한 모습으로 나그네를 맞이해 주었다. 나는 후손의 인품에서도 이황의 품격을 어렴풋하게나마 느낄 수 있었다.

이황의 명성을 생각하면 훨씬 더 으리으리한 집일 것이라고 생각했는데 그의 종택은 방문자를 압도할 만큼 웅장하지도 않았고 돋보이기 위해 치장한 건물과는 거리가 멀었다. 소박하면서도 인정이 넘쳐나는, 사람이 사는 집이라는 느낌이 들었다. 권력과 관직보다는 겸손한 대학자의 품격은 종택 곳곳에서 묻어났다. 어떻게 그가 소박한 학자와 검소한 신하로서의 삶을 살 수 있었는지 종택의 모습에서도 유추해볼 수 있었다.

이황의 묘비명에는 '벼슬에 뜻을 두지 않았음에도 높은 벼슬을 하였고 만년이 되어서야 비로소 물러나 숨어서 산 진성 이공의 묘'라고 쓰여 있다.

　이황은 70세가 되던 1570년(선조 3) 세상을 떠나기 전 남긴 유서에서 조정에서 내려주는 예장을 사양할 것과 비석을 세우지 말고 조그마한 돌의 전면에다 '退陶晚隱眞城李公之墓퇴도만은진성이공지묘'라고만 새기고 그 후면에는 간단하게 본관과 조상의 내력과 행적 등만 적도록 당부하였다고 한다. 묘비명에는 벼슬에 뜻을 두지 않았음에도 높은 벼슬을 하였고 만년이 되어서야 비로소 숨어서 산 진성 이공의 묘라는 뜻이 함축되어 있다.

　도산서원에서 그리 멀지 않은 곳에 있는 온혜초등학교를 지나 이황이 태어났던 태실胎室도 살펴볼 수 있었다. 이곳은 1454년(단종 2) 이황의 조부 이계양이 지었다고 하며 몸채는 'ㅁ'자형으로 중앙에 태실이 있고 몸채 동쪽에는 일자형 노송정老松亭이 있다. 노송은 이계양의 호이기도 한데 이황의 조부가 이곳에 처음 왔을 때 주변에 늙은 소나무가 많은 것을 보고 지었다고 하고 그 호를 따서 이 집의 이름도 지었다고 한다.

　이황이 태어난 곳과 마지막으로 머물러 있는 무덤을 살펴보니 당초 웅장하고 화려할 것이라 예상한 나의 생각은 틀렸다. 직접 소박하고 아늑한 기운을 느끼고 나니 그의 깊고 고매한 성품을 다시 한번 느낄 수 있었다. 늙은 소나무를 보고 자신의 호와 대대손손 물려줄 집의 명명을 한 이황의 선조들이라면 이황을 깊은 학식과 성품을 가질 수 있는 사람으로 키웠으리라. 노송정의 소박한 집을 보니 그를 낳고 키운 큰 기를 느낄 수 있었다.

충보다 효를 중요시하게 생각하여 임금을 충이 아닌 효로 모신 이황. 그러기에 4명의 임금에게서 직언과 조언을 하고도 신임을 얻을 수 있었고, 권력욕에 대한 욕망도 없었기에 주변의 시기심도 받지 않았다. 그 스스로도 당당하고 담백한 선비, 이황.

그 선비는 도산서원에서 여유를 즐기며 마음을 비웠다. 그렇게 맑게 빈 마음을 가지고 사람들의 생각과 이야기를 들을 준비를 하지 않았을까? 그런 그의 모습을 보고 사람들이 존경하고 따른 것은 아닌가 생각해 본다.

내가 이곳에서 무엇인가를 더 채워서 배워갈 것이 아니라 이황처럼 이곳에 욕심을 내려놓고 아집을 풀어내어 가야겠다. 그 누군가의 말을 더 많이 받아들이기 위해서 말이다.

리더십에서 강조하고 있는 인간관계의 성공법칙은

보편적으로 서로 이기게 되는 윈윈 전략에 뿌리를 두고 있다.

인간관계란 사회적으로든 규범적으로든 통용되는 일반

적 원칙이 있을지라도 그보다 더 중요하게 여겨야만 하는 원칙이 있다.

# 원칙주의자의 위기관리,
# 타협에 서툴렀던
# 이이의 십만양병설

이황과 함께 조선 성리학의 양대 산맥으로 불렸던 율곡 이이는 1536년 강릉의 오죽헌에서 태어났다. 부친은 사헌부 감찰을 지낸 이원수였고 모친은 사임당 신씨이다.

사람들은 조선 사회를 가부장적인 남성 중심 사회로 인식하고 있으나 상류층의 생활상을 들여다보면 꼭 그렇다고 볼 수도 없다. 여성들도 상당한 권력을 가지고 있었다. 신사임당은 한양에 사는 이원수에게 시집갔으나 강릉에 홀로 계시는 어머니를 모시기 위해 오죽헌에서 많은 시간을 보내던 차에 이이를 낳았다.

이이는 어릴 적부터 신동이라 불릴 만큼 남다른 재능을 보여주었다. 경포대의 사계절을 아름답게 표현하며 자신의 느낌을 담은 '경포대부<sub>鏡浦</sub>

臺賦'는 그가 열 살 때 지은 것으로, 그의 천재성과 풍부한 감성을 유감없이 발휘했다.

그의 출세가도는 조선 최고의 학자로 칭송받았던 이황보다 훨씬 빠르게 시작되었다. 13세 때 진사과 초시에 합격해 세상 사람들을 놀라게 했고 29세인 1564년 7월, 생원과 진사과에 모두 장원으로 합격했으며 그 해 8월에 치러한 대과(명경과)에서 또다시 장원급제했다. 총 아홉 번의 과거를 수석으로 합격해 세상의 이목을 집중시키며 '구도장원공九度壯元公'이라 불리기도 했다.

성리학에 기초한 왕도정치를 추구하면서 학자들과 토론하는 것을 좋아했던 선조에게, 이이는 1575년 제왕학의 기본틀을 제시한 『성합집요聖學輯要』를 바쳤다. 『성합집요』는 유학에 관한 다양한 저술의 핵심적 내용을 뽑아서 만든 편저로서 정치철학서의 성격을 띠고 있다(황준연, 『이율곡, 그 삶의 모습』, 서울대학교출판부, 2000). 그는 수신修身을 성학의 출발점으로 정리했고 명명덕明明德과 치중화致中和의 개념체계를 중시했다. 명명덕은 『대학』을 중심으로 엮어졌고 치중화는 『중용』에 뿌리를 두고 있다. 당시 선조는 성리학의 거두 이황과 함께 이이를 나라의 스승으로 예우했다.

훈구세력과 척신세력을 제압하자 민심이 안정되고 정계는 사림을 중심으로 평화를 되찾는 듯 했지만 아쉽게도 사림세력은 동인과 서인으로 나뉘어 정치적 혼란은 지속되었다. 동인세력은 이황의 제자들을 중심으로 하는 영남학파가 주축이 되었고 서인세력은 이이를 따르는 기호학파 인물들이 중심이 되었다. 동인은 이황의 학설에 기초하여 우주 만물의 궁극적 실재를 이理로 보는 주리철학主理哲學을 신봉하였고, 서인은 이이의 학설에 기초하여 기氣만이 오로지 한 길로 발동한다는 주기철학主氣哲學을 중요시했다.

　여기서 강조하고 있는 '이'와 '기'의 개념은 성리철학의 근본적인 문제로서 중국 남송의 주자朱子가 처음으로 정립하였다. 그러나 이기론理氣論은 중국의 성리학자들 간에도 끊임없는 논쟁의 대상이 되었고 조선의 학자들도 이 같은 논쟁에서 벗어나지 못했다. 이황은 '이기호발理氣互發'을, 이이는 '기발이승일도氣發理乘一途'를 주장하여 서로 양립하기 어려운 철학적 가치를 주장했다. 이황은 이기호발에서 이와 기는 독자적인 존재이지만 이를 고귀한 존재로 보고 기를 천박한 존재로 파악한 반면, 이이는 기발이승일도에서 이가 아니면 기가 뿌리내릴 수 없고 기가 아니면 이가 의지할 데가 없다고 주장하여 기를 천박한 존재로 보는 이황의 견해를 반박했다.

　이황과 이이는 성리학을 바라보는 관점에서 근본적인 견해 차이를 보였다. 조선의 성리학을 독자적인 학문으로 발전시킨 점은 높이 평가되나 두 학자의 견해 차이는 향후 사림정치가 통합되지 못하고 지속적인 갈등을 야기하는 단초를 제공했다. 그러나 이황과 함께 이이가 성리학을 발전시킨 공로는 현재까지도 높이 평가되고 있다. 동인과 서인의 대립은 어쩌면 이황과 이이의 학문적 견해 차이를 정치적으로 악용한 후학들의 욕심 때문이라고 볼 수 있다. 본래 학문이란 건전한 비판과 수용을 통해 발전하는 것인데 사림세력 간의 대립은 학문적 견해를 같이하는 문인들이 정치적 이해집단으로 발전하며 나타난 부작용이라 볼 수도 있다. 한편으로 조선의 임금들이 왕권강화를 위해 의도적으로 붕당정치를 조장한 측면도 간과할 수 없다.

　조선왕조가 지속되는 동안 힘없는 군주가 등장하면 신하들이 정치를 좌지우지하는 예가 빈번했을 만큼 왕권과 신권의 대립은 조선왕조가 멸망하는 마지막 순간까지 지속되었다고 해도 과언이 아니다.

## 대학자가 추구했던 심학, 대인관계에 실패하다

천재로 태어난 자들도 있고, 태어날 때는 특별히 주목받지 못했는데 세월이 흐를수록 빛을 더하는 영웅들도 있다. 이이는 선천적으로 특별한 재능을 지니고 태어난 인물에 속한다. 선천적으로 부여받은 재능이나 유산으로 사회 권력의 전부를 통제하게 된다면 우리 사회의 갈등요인들은 쉽사리 해결되지 못할 것이라는 견해를 피력하는 이들도 있지만 선천적인 재능도 노력이 뒷받침되어야 성공할 수 있음을 상기해볼 필요가 있다. 여하튼 신동으로 불렸고 어린 시절부터 두각을 나타냈던 이이였지만 인생 후반기로 접어들면서는 크게 돋보이지는 못했고 하마터면 큰 화를 당할 수도 있는 처지에 놓이기도 했다.

이이는 정승의 반열에 오르지는 못했지만 이조판서와 형조판서 등의 중책을 맡으면서 선조를 보필했다. 그와 관련된 자료들을 검토해보면 그가 권력을 탐했던 인물이라 보기는 어렵다. 하지만 그는 자신의 주장을 지나치게 밀어붙이는 독불장군형의 성향을 보여주어 여러 차례 선조 임금과 충돌했다. 한번은 이런 일도 있었다. 일명 '황랍黃蠟 사건'이 그것인데 선조가 한 후궁에게 황랍黃蠟* 500근을 주려 하였으나 이이가 불가함을 알리는 상소를 여러 차례 올리는 바람에 선조가 결국 자신의 의지를 포기한

---

*꿀을 짜낸 벌집을 끓어 만든 기름덩이로, 기운을 돋우며 통증제어에 효능이 있다.

사건이다. 이이의 곧은 성품을 파악할 수 있는 예이기도 하지만 신하가 반대한다하여 자신이 사랑하는 여인에게 황랍을 선물하지 않았던 선조의 인품과 인내력도 대단하다는 생각이 든다.

이뿐 아니라 이이는 임금의 언행에 문제가 있다고 판단되면 과감하게 실천에 옮기는 대쪽 같은 면모를 지속적으로 보여주었다. 그럼에도 선조는 이이가 정계에서 은퇴할 때까지 그를 음으로 양으로 지켜주었을 만큼 이이의 학식을 존중했다. 어찌 보면 학자로서 원칙을 고수한 바람직한 모습이겠으나 바람직한 커뮤니케이션 능력을 보여준 것은 아니다. 설령 자신의 주장이 옳다 하더라도 자신보다 직급이 높은 상관이나 동료들에게 지속적으로, 그것도 직접적으로 잘못을 알리는 처사는 좋지 않은 결과를 초래할 수 있다. 좋은 리더를 만나 좋게 끝났으니 다행이지 그렇지 못한 리더였더라면 그가 원하는 것을 이루기는커녕 진즉에 쫓겨났을 것이다.

리더십에서 강조하고 있는 인간관계의 성공법칙은 보편적으로 서로 이기게 되는 윈윈Win-Win 전략에 뿌리를 두고 있다. 비록 내가 주장하는 논지가 맞다 할지라도 그 과정에서 상대방의 인격이나 품격이 손상될 경우, 이해당사자는 잘못을 시인하는 것을 꺼릴 뿐 아니라 자신에게 비판을 쏟아내고 있는 장본인을 적으로 간주할 가능성이 높다는 것이다. 그만큼 인간관계란 사회적으로든 규범적으로든 통용되는 일반적 원칙이 있을지라도 그보다 더 중요하게 여겨야만 하는 원칙은 상대방이 잘못했을 지라도 그가 받을 물질적, 정신적 상처가 커지게 되면 자신의 잘못을 시인하지 않으려는 경향을 보인다는 것이다. 특히 타인이 보는 앞에서 상대방의 잘못을 함부로 비판하거나 정죄하는 행위는 큰 부작용을 야기할 수 있다.

이이가 추구했던 심학은 성리학의 가르침을 현실세계에 구현하려는

'원칙론적 심학'이라 할 수 있다. 그는 학문적 이상과 현실 정치 사이에 존재하는 괴리현상을 성리학적 정치철학으로 극복하려 부단히 애를 썼다. 권력투쟁의 심화와 정치적 이해집단의 이익을 우선시했던 풍토 하에서 이이의 리더십은 큰 성과를 이룩하지 못한 채 중앙정치무대를 떠나야만 했다. 결국 그가 추구했던 정치철학은 부강한 조선 건설을 위한 성리학적 토대를 마련했지만 구체적인 개혁을 이끌지 못하는 한계를 드러냈다.

## 십만양병설, 현실정치의 벽에 부딪히다

이이가 결정적으로 정계 은퇴를 하게 된 계기는 '십만양병설'과 관련된 논쟁이었다. 십만양병설은 그 취지가 좋아, 지금도 이 제도가 실현되지 못해 임진왜란이 일어났을 뿐만 아니라 임진왜란을 보다 효과적으로 종식시키지 못했다는 주장을 하는 이들이 있다. 하지만 당시 조선사회의 내면을 면밀히 들여다보면 꼭 그렇다고 보기는 힘들다. 조선의 거시경제 여건이 좋지 못했고, 백성들의 삶 또한 궁핍했기에 십만의 정예군을 편성하기 위해 백성들을 징집하고 훈련시키면서 전투에 필요한 각종 시설과 무기를 확보하는 일은 녹록치 않은 과제였다. 결국 류성룡을 비롯한 대신들이 앞다투어 십만양병설의 불가함을 알렸고 이이는 좋은 취지였음에도 정치적인 위기에 봉착하여 되었다. 개인의 사리사욕도 아니고 부강한 조선을 건설해야 한다고 강조한 전략적인 아이디어가 자신의 정치적 위기를 초래한 것이다.

이이는 인간관계를 잘 맺지도 못했을 뿐 아니라 협상 능력 또한 부족했던 인물이라 할 수 있다. 아무리 훌륭한 아이디어나 제도라 할지라도 현실세계에서 구현되려면 거쳐야 할 가시밭길을 슬기롭게 헤쳐나가야 하는데 학자적 완벽주의와 타협에 서툴렀던 그의 성품은 정적들로부터 탄핵당할 수 있는 빌미를 제공하고 말았다. 평소 이이를 시기하고 질투하던 인사들은 십만양병설의 위험성을 물고 늘어졌던 것이다.

그는 자신의 정치적 운명이 다했음을 직감하고 정계에서 은퇴하는 길을 선택했다. 이때의 상황 판단은 현명했다. 그가 만약 자신의 억울함을 임금께 호소하며 자신을 탄핵하려는 움직임들은 정치적인 음모라고 주장하며 끝까지 버텼다면 사약을 받는 처지가 되었을 수도 있었을 것이다.

이이에 대한 평가는 학자로서, 그리고 관료로서의 두 가지 관점으로 나누어 봐야 한다. 학자로서는 퇴계 이황과 쌍벽을 이룰 만큼 조선시대를 대표하는 대학자의 반열에 올랐다. 반면 관료로서의 평가는 그리 좋은 점수를 받기 어렵다. 이이는 리더가 갖추어야할 보편적인 덕목이자 인간관계를 결정짓는 커뮤니케이션 능력이 부족했던 인물이었다. 그는 타협에 서툴렀고 상대방의 말에 공감하며 경청하는 것 또한 부족했다. 자신감에 기인한 강한 신념과 당당함, 그리고 대학자로서의 원칙이 정치가로 성장하는 데 오히려 걸림돌이 되었다고 할 수 있다.

그러나 늘 자신의 처지를 되돌아보며 과욕으로부터 벗어나기 위해 노력한 모습은 본받을만하다. 그는 평상심을 잃거나 피로할 때는 학문연구와 정치적 소용돌이에서 잠시 벗어나 여가생활을 즐기며 삶의 에너지를 재충전했다. 그는 임진강가의 '화석정花石亭'을 종종 방문하여 분노를 삭이고 마음의 평정을 유지하곤 했다.

인간은 신도 아니고 기계도 아니기에 높은 자리에 오를수록 스트레스는 증가한다. 처리해야 할 업무가 막중해지다 보면, 자신도 모르는 사이 체력은 고갈되고 일중독에 빠져들면서 합리적인 의사결정을 위한 균형 감각을 상실하기 십상이다. 그래서 리더에게 여가생활이란 선택이 아니라 필수요건이다. 자신이 선호하는 여가생활을 즐기며 삶의 에너지를 재충전해야 한다. 여행을 좋아하는 이들은 여행을 떠나고, 운동을 좋아하는 이들은 스포츠를 즐기며, 등산을 좋아하는 사람들은 산행을 즐기며 탐욕을 경계하는 삶의 여유가 필요하다.

# 이이의 출생지
# 오죽헌

    오죽헌烏竹軒에 도착해보니 수학여행 차 이곳을 방문한 고등학생들로 붐비고 있었다. 문화관광해설사는 학생들에게 오죽헌에 배어있는 율곡 이이에 관한 이야기를 풀어놓은 뒤, 선생의 영정을 모신 문성사로 학생들을 인도하고 잠시 엄숙한 묵념시간을 가졌다.

    본래 오죽헌은 형조참판을 지낸 최응현의 소유였으나 딸을 이사온에게 시집보내면서 사위에게 물려주었다. 그리고 이 집은 이사온의 딸인 신사임당의 어머니 이씨가 넷째 딸의 아들인 권처균에게 물려주었다. 권처균이 집 주위에 까마귀와 같은 검은 대나무가 무성한 것을 보고 자신의 호를 오죽헌烏竹軒이라 지으면서 집 또한 오죽헌으로 불리고 있다.

    오죽헌은 이이가 태어난 건물이라는 의미 이외에도 건축학적인 면에서 건축구조가 주심포 공포柱心包 栱包에서 익공 공포翼工 栱包 양식으로 변해가는 건축과정을 보여주고 있다. 공포란 한국과 중국의 전통 건축에서 처마

검은 대나무가 무성한 집
이라는 뜻의 오죽헌에서
이이가 태어났다.

끝의 하중을 받치기 위해 기둥머리에 짜 맞추어 댄 나무 부재로 지붕의
하중을 기둥에 전달하는 역할을 한다. 주심포 양식은 공포가 기둥 위에
만 있는 형식이고, 익공 양식은 주심포 양식을 응용하여 기둥 위에 새 날
개처럼 생긴 부재로 장식하여 미적인 효과를 높이는 방식을 의미한다.

신사임당은 흑룡이 바다에서 집으로 날아오는 꿈을 꾸고 난 후 이이
를 낳았다 하여, 이이가 태어가 태어난 방을 몽룡실夢龍室이라 부르고 있
다. 당시 신사임당은 출가외인이었기에 안채에 기거하지 못하고 별당건물
인 오죽헌에 머물렀다.

경내에는 오죽헌 외에 문성사, 바깥채, 안채 등이 남아 있어서 주택의
규모와 생활상을 이해할 수 있다. 오죽헌을 돌아 작은 문을 통과하자 바
깥채와 안채의 고풍스런 멋이 느껴졌다. 특히 바깥채가 매력적이다. 이곳
은 신사임당의 외할아버지 이사온과 이이의 외할아버지 신명화 그리고
이이의 아버지 이원수 등이 거처했던 공간이다.

바깥채의 네모진 기둥을 자세히 살펴보면 추사 김정희의 필체로 쓰인
주련을 볼 수 있다. 주련이란 고택의 기둥이나 바람벽 따위에 장식으로 써

붙이는 글씨를 말하는데 이곳 주련에는 여러 문구들이 있다.

得閒多事外　밖에 많은 일이 있는데도 한가로움을 얻어낸다
知足少年中　소년시절에 만족하는 것을 알았다
種花春掃雪　꽃씨를 심으려고 봄에 눈을 쓸었다
看籙夜焚香　선비가 공부하느라 밤이면 향 피운다

모든 주련들의 글들이 내 마음을 울렸지만, 그중에서도 특히 위의 문구들이 마음에 더 와 닿았다.

오죽헌 근처에 위치한 율곡기념관에서는 선생의 글씨와 사임당의 초충도병풍草蟲圖屛風, 누이 매창의 매화도梅花圖, 아우 옥산의 초서병풍草書屛風 등 이이 일가의 예술작품들이 전시되어 있다. 율곡기념관을 방문하여 선생의 다양한 유품을 확인하면서 이이의 『격몽요결擊蒙要訣』에 나오는 아래의 문구를 여러 번 되새겨 보았다.

오죽헌의 집주인이 추사체의 매력에 흠뻑 빠져 김정희의 필체로 바깥채의 주련을 장식했다.

사람이 세상을 살아가는데

학문을 하지 않으면

마음이 막히고 소견이 어두워져

올바른 사람이 될 수 없다.

학문에 임하는 사람은

누구나 뜻을 세워

자기도 성인이 될 수 있다는 마음으로

서두르지 말고 쉬지도 말며

꾸준히 정진해야 할 것이다.


이이가 어린 시절 호연지기를 키웠던 경포대를 찾아보기 위해 이동하던 중, 조선상류층의 주택을 대표하는 선교장船橋莊의 웅장한 모습이 시야에 들어왔다. 보편적으로 조선시대 사대부의 주택은 99칸을 넘지 못했는데 선교장의 규모는 100칸이 훨씬 넘는다.*

선교장에 대한 깊이 있는 해설을 듣기 위해 문화관광해설사와 동행했다. 관광안내를 맡은 장선생님은 온화하고 당당한 표정으로 선교장 안내를 시작하였다. 장선생님의 설명을 들으며 매표소를 통과하자 큰 규모의 연못이 나타났고 나의 발걸음이 저절로 멈추어 졌다.

"연못은 땅을 의미하는 네모난 형상으로 만들어졌으며 연못 중앙에는 신선이 산다는 봉래산을 배치하였습니다. 연꽃이 만발하는 8월에 오시

---

* 지체 높은 양반이라 하더라도 사치를 금하기 위한 목적으로 민가의 규모를 99칸으로 제한할 필요도 있었고 백성들과 구별되는 임금의 권위를 상징적으로 표현하기 위해 궁궐은 특별히 100칸이 넘도록 제도화하였다.

면 이 연못의 예술성은 절정에 달합니다. 연못가에 건축된 활래정活來亭은 1816년(순조 16) 주자의 시 관서유감觀西有感에 나오는 '위유원두활수래爲有源頭活水來*'에서 이름 지은 것으로, 선교장 북쪽의 태장봉에서 내려오는 맑은 물을 활수로 하고 있습니다. 서울 창덕궁의 부용정과 흡사한 모습으로 축조된 이 멋스런 정자는 반육반지半陸半池의 형태로, 건물의 반은 땅 위에 온돌방이 있고 반은 연못에 떠있는 마루로 되어 있습니다. 연꽃이 물에 떠있는 것과 같다하여 연화부수형 건물이라고도 합니다."

활래정 관람을 마치고 안채가 있는 공간으로 이동하자 선교장은 먼발치에서 보는 것보다 훨씬 큰 규모였음을 알 수 있었다. 조선시대에 민간주택을 이렇게 크게 지울 수 있었을까? 하고 의심이 갈 정도이다. 나는 정읍의 99칸짜리 김동수가옥을 관람하고 그 거대한 규모에 놀란 적이 있는데 선교장을 보고 나니 왕족이었던 집주인의 능력과 예술적 감각이 존경스러웠다.

창덕궁의 부용정과 흡사한 모습으로 축조된 활래정은 건물의 반은 땅위에, 반은 연못 위에 떠 있는 형태로 지어졌다.

---

*근원으로부터 끊임없이 물이 내려온다

본래 선교장을 처음 건축한 집주인은 만석군으로 효령대군(세종대왕의 둘째 형)의 11대손인 이내번으로 알려져 있다. 그리고 19세기 초반기에 건물들이 추가로 지어지면서 100칸이 넘게 되었는데, 왕족이었기 때문에 가능했을 수도 있지만 조선 말기에 접어들어 왕권이 약화되었던 시대적인 분위기도 영향을 미쳤을 것이다.

장선생님은 활래정 설명을 마치고 안채인 동별당, 사랑채인 열화당, 사당 등 선교장의 구석구석을 안내해 주었다. 건물 내부를 둘러보면서 마치 왕궁에 와 있는 듯한 착각이 들 정도로 건물들은 위풍당당하면서도 예술성이 뛰어났다.

그중에서도 특히 기억에 남는 건물은 사랑채인 열화당인데, 한국 전통 건축에 서양식 테라스가 결합되어 특이한 분위기를 연출하고 있다. 이 건물은 러시아 공사公使가 선물로 지어주었다는데, 요즘 유행어로 표현하자면 퓨전화 된 건물이다. 어떤 면에서 보면 진보된 건축물로 보이고 또 다른 관점에서 해석해 보면 전통건축문화의 파괴처럼 보이기도 한다.

열화당은 전통가옥에 서양식 테라스가 결합된 건물로 이색적인 분위기를 자아낸다.

이이는 한양에서 생활하면서 임진강변의 화석정을 자주 찾았다. 그가 8세 때에 풍광이 빼어난 화석정을 방문하여 지은 시가 『율곡전서栗谷全書』에 수록되어 있다.

| 숲 속 정자에 가을이 깊었는데 | 林亭秋已晚 |
| 시인의 가슴에 생각은 끝이 없구나 | 騷客意無窮 |
| 멀리 흐르는 물은 푸른 하늘에 맞닿아있고 | 遠水連天碧 |
| 가을 단풍은 해를 향하여 타는 듯 붉다 | 霜楓向日紅 |
| 산은 외로운 달을 토해 내고 | 山吐孤輪月 |
| 강 위에는 만리의 바람이 흘러가네 | 江含萬里風 |
| 변방의 기러기는 어디로 가는고 | 塞鴻何處去 |
| 울음소리는 끊어져 구름 속에 잠기네 | 聲斷暮雲中 |

본래 이 정자는 이이의 5대 조부인 이명신이 세웠고 1478년(성종 9) 선생의 증조부 이의석이 보수하면서 화석정이란 현판을 걸었다. 이이는 국사를 논하면서 틈틈이 이곳을 찾아 심신의 피로를 풀었으며 관직에서 물러난 후에는 이곳에서 여생을 보내면서 시를 읊고 제자들을 가르쳤던 유서 깊은 곳이다.

현재의 화석정은 한국전쟁 동란 때 소실된 것을 1966년 파주 유림들이 성금을 모아 복원한 정자로서 팔작지붕에 겹처마 형식을 따랐다. 건물 정면에 걸려 있는 '花石亭화석정'이란 현판은 박정희 전 대통령의 친필이라고 한다.

화석정 인근에는 선생의 학문과 덕행을 추모하기 위해 세워진 자운서

이이는 임진강가의 화석
정에서 시를 읊기도 하고
제자들을 가르쳤다.

원紫雲書院이 있다. 자운서원 곁에는 이이의 가족묘지가 있는데, 이이와 신
사임당의 묘도 확인할 수 있다. 그의 가족묘지는 부모의 묘를 위에 쓰고
자식의 묘를 아래쪽으로 배치하는 보편적인 방식과 달리, 이이의 묘가 신
사임당 묘위에 세워져 있다. 그 이유를 이이의 종친 사무실에 확인해 보니
특별한 이유가 있는 것은 아니고 가문의 선택에 따라 조성된 것이라고 했
다. 아마도 종중宗中에서 이이를 특별 예우한 것으로 보인다.

13세에 첫 과거 합격 이후, 인생에 있어 총 9번의 과거를 수석으로 급
제한 이이는 지금으로 치자면 13세 때부터 사법고시, 외무고시, 행정고
시 등을 수석으로 합격한 신동이자 수재였다. 학식뿐만 아니라 어머니인
신사임당으로부터 인성 교육과 형제자매들의 풍부한 예술적 감성 속에서
자랐을 이이는 어떤 사람이었을까? 아마도 뛰어난 학식과 예술적인 감성
을 갖춘 교양인이었을 것이다. 하지만 대쪽 같고 타협을 모르는 강직한 성
품 탓에 그의 그런 장점들이 당시 그가 몸담고 있던 관직에서는 그리 돋보

이지 못했을 것이다.

사람들과의 타협에 서툴렀던 이이가 결국 관직을 뒤로 하고 고향으로 돌아왔을 때, 그의 심정은 복잡했겠지만 결국 자신을 알아주지 않는 세상과 사람들을 향해 분을 쏟아내기 보다는 후학을 가르치며 자신의 마음을 달래는 심학에 충실했는지 되돌아보았을 것이다. 후대 사람들이 아직도 이이를 칭송하는 이유는 뛰어난 학식을 넘어선, 그의 깊은 심학의 경지를 칭송해서가 아닐까?

이이는 자신의 학식을 과신해 조직 내에서 살아남기 위해 조직을 나누고 경쟁해 나라를 혼란스럽게 하기보다, 후대의 젊은이들이 바르고 곧게 세상에 나아갈 수 있도록 자신의 학식을 사용한 것은 지금의 상황과 비교해본다 해도 쉽지 않은 일이다. 그가 그럴 수 있었던 이유는 아마도 어릴 때부터 어머니에게 배우고 익힌 바름과 마음 다스림, 그리고 예술을 가까이 한 사람의 여유가 아닐까 생각한다.

이이의 말년은 치열했던 젊은 시절보다는 여유로웠겠지만 지금 임진강변에서 불어오는 이 봄의 기분 좋은 바람처럼 풍족하고 시원했으리라 생각한다.

행복론에 대해 조선의 선비들은 심학에서 그 해답을 이끌어냈다.

이 시대의 리더들 또한 위대한 능력을 발휘하려면

자신만의 심학을 완성시켜 끝없이 밀려드는 다양한

스트레스로부터 자유로워질 수 있는 비법을 터득해야만 한다.

# 난세에 빛을 발하다,
# 임진왜란을 진두지휘한
# 류성룡

서애西厓 류성룡柳成龍은 1542년 안동 하회마을의 양진당養眞堂에서 태어났다. 그는 일찍부터 공부를 시작하여 여섯 살에 대학을, 여덟 살에 맹자를, 아홉 살에 논어를 배웠으며 21세 때인 1562년(명종 17)에는 퇴계 이황에게 수개월에 걸쳐 근사록近思錄*을 배웠고 1565년(명종 20)에는 성균관에 입학하여 한양의 학풍을 파악했다. 또 유학의 경전뿐 아니라 의학서나 도교道敎 관련 서적들을 공부하기도 했다.

이순신을 발탁했으며 임진왜란 때 물심양면으로 도와주었을 뿐만 아니라 그를 해하려는 세력과도 맞서 이순신을 지켜준 인물이기도 하다. 하

---

*중국 송나라의 주자(朱子)와 여동래(呂東萊)가 함께 엮은 성리학 해설서

지만 거꾸로 따져보면 이이의 십만양병설을 거부하면서 생겨난 오해와 비판으로부터 그를 보호해준 원동력이 이순신이기도 하다.

그가 태어난 양진당은 보물 제160호로, 하회마을의 품격을 이해할 수 있는 중심 건축물인 풍산 류씨의 대종택이다. 그곳은 풍산 류씨의 7세손인 류종혜 공이 부를 축적하고 자손들이 영구히 머물 수 있는 곳을 찾다 정착한 곳으로 알려져 있다. 양진당을 짓던 중 한 도인이 나타나 많은 이들에게 적선을 한 후에 완공해야 이 땅이 진정한 그대의 소유가 될 것이라 하자, 3년간 주민들과 가난한 길손들에게 도움을 준 후에야 집을 지었다는 일화로 유명한 곳이다.

이러한 이야기는 류성룡이 정승의 반열에 오른 후 그를 미화하는 과정에서 지어진 스토리로 간주할 수도 있겠으나 선조들이 공명정대하고 후덕해야만 후손들이 잘된다는 논리는 황희정승이나 이순신장군 등의 가문에서도 공통적으로 발견되는 특징이다.

현재 하회마을은 우리나라를 대표하는 민속마을이 되었고 브랜드 고급화에도 성공했다. 여기에는 좋은 스토리를 남겨준 류씨 가문, 그중에서도 류성룡의 공이 크다고 하겠다. 또한 풍수지리적 장점도 많이 작용했을 것이다. 조선왕조를 빛낸 영웅들의 발자취를 답사해보면 임금이든 정승이든 장군이든지간에 훌륭한 업적을 남긴 인물들의 유적지들은 대부분 명당터에 자리 잡고 있다. 명당터에서 생활한 모든 사람들이 영웅이 된 것은 아니겠지만 영웅이 된 대부분의 인물들이 명당터에서 나서 자란 것 또한 부인하기는 어렵다.

이러한 결과를 어떻게 받아들여야 할까? 현대사회에서 과연 풍수지리를 어느 정도 믿어야 될지 명확한 해답을 내릴 수 있는 사람은 없을 것이다. 하지만 과학문명이 발달한 오늘날에도 풍수지리 본래의 가치가 변하지는 않았을 것이기에, 이를 믿을지 말지의 여부는 각자의 선택에 달렸다고 본다. 다만 신비주의적이거나 형이상학적인 가치에 지나치게 집착하는 태도는 바람직하지 않다고 본다.

## 류성룡의 안민부국<sub>安民富國</sub>

그는 임진왜란 때 영의정이자 전시 최고의 군직인 도체찰사<sub>都體察使</sub>의 자리에 있었다. 신흥 군사강국으로 변신한 일본은 조선을 침략함으로써 자연스럽게 명나라와 군사적으로 대립하게 되었고 그러한 상황으로 인해 전쟁터로 변해버린 한반도에서는 군사적 지략 못지않게 외교전에 있어서도 삼국간의 주도권 다툼이 치열했다. 반도국가의 특성상 우리나라가 주변의 열강들을 다독일 수 있을 만큼의 국력을 가지고 있어야만 진정한 평화가 유지된다는 논리는 쉽게 변치 않는 듯싶다.

전쟁을 피하고 화해하거나 서로 평화롭게 지내자고 주장하는 주화론자<sub>主和論者</sub>라는 비난 속에서도 류성룡은 조선의 국익을 위해 묵묵히 자신의 소임에 최선을 다했다. 명군 지휘부 앞에서 무릎을 꿇어야만 하는 수모를 기꺼이 감내했고 위기에 몰린 선조가 권좌에서 물러나겠다고 선언하여 이를 진화하느라 진땀을 흘리기도 했다. 그가 만약 보위를 내놓겠다는 임금을 자신의 이해득실에 맞춰 악용했다면 조선의 운명은 완전히 달라졌을 것이다. 게다가 전쟁 중임에도 당파싸움에 빠져 국운을 위태롭게 하는 세력들과 당당히 맞서 싸워야만 했다.

세종대왕이 맹사성과 황희와 같은 명재상을 발굴하여 성군이 될 수 있었다면, 선조는 이순신과 함께 원칙을 준수하며 국익을 위해 혼신의 힘을 다한 류성룡이 곁에 있었기에 전란을 수습할 수 있었다고 해도 과언은 아닐 것이다. 이순신은 전투에 있어 불패신화를 일궈내면서 왜군을 물리치게 되는 결정적 전기를 마련했지만 무인보다 문인의 권력이 컸던 당시의 상황을 고려해볼 때 영의정 류성룡의 업적 또한 간과할 수 없다. 조선의 국운을 걱정했던 류성룡은 이순신과 동향도 아니고 정치적 동질성을 지닌 관계도 아니었지만 이순신의 잠재능력을 일찍이 발견해 그를 음으로 양으로 지원하여 임진왜란 때에 역량을 발휘할 수 있는 자리에 올려놓았다. 만약 그가 이순신을 발탁하지 않았다면 이순신 또한 그 능력을 발휘하지 못했을 수도 있었다. 전란 중 육지에서 큰 전과를 일궈낸 권율도 그가 뽑은 장군이다.

그의 인재등용 방식은 철저하게 능력 중심으로 이루어졌다. 인재를 능력 위주로 선발할 수 있었던 것은 난세였기에 가능했던 측면도 없지 않았겠지만 류성룡이었기에 할 수 있었던 것도 사실이다. 그는 능력이 뛰어난 자라면 서얼이나 공사천公私賤*은 물론이고 장사꾼이나 병졸들도 눈여겨보았고 신분이 천한 자라 할지라도 업적이 뛰어난 사람들에게는 충분한 보상이 될 수 있는 길을 터주어야 한다고 주장하기도 했다.

이와 같은 그의 생각은 사대부 중심의 관료사회에서 쉽게 통용되기 힘든 가치관이었다. 그가 나름대로 그의 실용주의 노선을 부분적이나마 관철시킬 수 있었던 것은 개인적인 사리사욕이나 당파간의 이해득실보다

*관청이나 개인적으로 거느리던 노비

국익을 우선시하는 충忠이 흔들리지 않았기에 가능했다고 여겨진다. 그의 업적에 대해 부정적인 견해를 피력하는 이들도 있지만, 그가 보여준 합리적이며 실용적인 리더십은 조선 후기에 꽃을 피운 실학사상에 큰 영향을 미쳤을 만큼 그는 시대를 앞서간 인물이었다.

'기회의 균등'이라는 가치가 흔들리게 되면 사회의 응집력이 약화되기 마련이고 조직의 성장 동력도 함께 약해진다. 신분여하를 막론하고 우수한 인재들을 영입하기 위해 관습이나 형식에 얽매이지 않았던 그의 정치철학은 대한민국이 선진사회로 진입하면서 심화되고 있는 계층분화와 양극화의 사회병폐를 치유하는 해법을 도출하는데 참고해볼만하다.

## 국운을 책임져야 하는 압박감, 심학으로 다스리다

류성룡은 스승인 퇴계 이황으로부터 자기 자신을 다스리는 심학에 대해 배울 수 있었다. 류성룡이 조선의 국운이 걸린 임진왜란을 종식시키는 과정에서 무탈하게 지도력을 발휘할 수 있었던 것도 다름아닌 심학 그 덕분이었을 것이다.

최고의 자리에 오르게 되면 전에는 상상할 수 없었던 어마어마한 위기들이 몰려드는 것은 리더가 감당해야 하는 숙명과도 같은 것이다. 오늘날에도 중대한 의사결정 과정에서 고뇌하는 경영자들이 심대한 스트레스를 이기지 못하고 자살하거나 극단적인 행동으로 사회적인 물의를 일으키곤 한다. 하물며 국운을 책임져야 했던 류성룡의 마음은 어떠했겠는가? 그러나 자신의 마음을 다스릴 수 있는 지혜를 터득했던 류성룡은 전란 중에도 흔들림 없이 국정을 이끌 수 있었다. 복잡한 환경 속에서 성과를 창출해야 하는 오늘날의 경영자들도 한번쯤 류성룡의 입장이 되어 생각을 정리해 보면 도움이 될 것이다.

리더로서의 중압감, 과도한 업무로 인한 스트레스보다 더 무서운 것은 자신의 의사결정과 행동이 틀렸다고 스스로를 원망하는 것이다. 모든 잘 잘못을 남의 탓으로 돌리는 태도 또한 좋지 않다. 남들이 시기와 질투로 자신을 헐뜯든지, 같이 망하자고 덤빌지라도 초연하게 대처하면서 타인을 원망하는 삶의 방식에서 해방될 필요가 있다. 한 걸음 더 나아가 긍정적인 삶의 태도를 견지하게 되면 같은 환경 하에서도 인내력을 강화하고 스트레스를 감소시키는데 효과적이다. 즐거워서 웃는 것이 아니라 웃어서 즐거울 수 있다는 것이다.

지금은 고객만족을 넘어 고객감동을 만들어야 하는 시대다. 고객만족은 쉽게 표현하자면 표준화된 고객응대 매뉴얼에 따라 행동하면 되는 수준이었다. 이에 비해 고객감동은 고객이 기대하는 것 이상을 주어야 한다는 논리로, 스스로 감성적이며 행복한 사람들만이 실현할 수 있다.

유능한 리더가 되기 위해서는 스스로 더 행복한 삶을 살아야 한다. 행복해지기 위해서는 자신의 육체를 보존할 수 있을 만큼의 재물이 있어야 하지만 끊임없이 재물을 얻기 위해 몸부림치다 보면 어느새 행복은 멀어지고 불행이 닥쳐온다. 행복이란 물질세계가 아닌 정신세계에서 통제되고 있음을 보여주는 반증이기도 하다. 역사적으로 현자들은 재물의 중요성을 부인하지 않으면서도 정신적인 행복을 얻기 위해 보다 많은 관심과 노력을 기울여왔음을 눈여겨봐야 한다.

행복론에 대해 조선의 선비들은 심학에서 그 해답을 이끌어냈다. 심학에 능통한 사람들은 아직 발생하지도 않은 일 때문에 지나치게 고민하거나, 지레짐작으로 문제를 확대시켜 고통스런 삶을 살아가는 어리석음을 범하지 않는다. 이 시대의 리더들 또한 위대한 능력을 발휘하려면 자신만의 심학을 완성시켜 끝없이 밀려드는 다양한 스트레스로부터 자유로워질 수 있는 비법을 터득해야만 한다.

# 문필봉을 바라보며
# 꿈을 키우다

우리나라 전국 방방곡곡에는 많은 민속마을들이 있지만 그중에서도 역사성과 전통건축의 공간미학을 갖춘 안동하회마을은 그중에서도 단연 으뜸이다. 이미 1999년, 영국 여왕 엘리자베스 2세가 이곳을 방문하면서 하회마을은 세계적인 관광명소로 부상한 바 있다.

이 마을은 풍산 류씨가 대대로 살아오던 집성촌으로 낙동강물이 동쪽으로 흐르다가 S자형을 이루며 마을을 감싸고 돌아나가 마을이름이 하회河回가 되었다고 한다. 지천이 아닌 낙동강의 너른 강폭과 살랑거리는 푸른 물결, 그리고 사람들을 실어 나르는 나룻배가 어우러진 풍광은 이곳을 처음 방문한 나그네조차 그저 바라만 봐도 가슴이 시원해지는 풍경이 아닐 수 없다. 나룻배에 올라서면 옛 선비들이 풍류를 즐기면서 시를 읊조린 연유를 알 것만 같다.

목가적인 나룻배를 타고 강 건너편에 도착하자 따스한 햇살을 머금은

낙동강이 삼면을 에워싸고 있고 하회마을의 동쪽에는 화산이 마을을 호위하고 있는 형국으로 연화부수형 또는 태극형의 길지로 꼽힌다.

은빛 강물의 물결침은 고풍스런 마을 분위기를 고스란히 전해주듯 정감이 묻어났다. 간간히 강물에 투영된 가을볕은 여유가 넘쳐나는 강물 위의 여행자에게 수확의 계절이 성큼 다가왔음을 전해주었다. 부용대로 향하는 산길은 평온했지만 곳곳의 예리한 암석들이 나타나 나그네의 겸손하지 못한, 흐트러진 마음가짐을 매 순간 바로잡아줬다.

낙동강에서 솟구쳐 오른 거대한 부용대芙蓉臺에서 바라보는 하회마을은 황금들녘의 풍요로움이 넘실거린다. 휘돌아나가는 낙동강을 강변에서 바라볼 때는 S자형의 날렵함이 눈에 들어오지 않았었는데 전망대에서 다시 낙동강을 바라보니 '하회'의 의미가 생생하게 전해져왔다. 석양 무렵이 되자 부용대로 향하는, 붉고 영롱한 빛으로 수놓을 마을 전경을 바라보려는 사람들의 발걸음에 힘이 실리기 시작했다.

풍수지리의 심오한 지식이 없는 범인들이 보더라도 하회마을은 길지임을 단박에 느낄 수 있다. 천연 요새인 마을의 삼면을 폭이 넓고 풍부한 수량의 낙동강이 지켜주고 있고 마을 뒤편에는 사람들의 접근을 쉽게 허용하지 않는 산세가 외부의 접근으로부터 마을을 온전하게 지켜주고 있다. 요새의 중심에 둥지를 튼 하회마을은 사람들이 농사짓고 생활하기에 충분한 강물과 너른 옥토를 선물로 받았을 뿐만 아니라 주변 지형과 어우러진 풍경은 신선들이 질투할 만큼 목가적이고 낭만적이다. 이토록 아름답고 풍요로움이 넘쳐나는 길지에서 위대한 영웅이 탄생하지 않았다면 아마도 풍수지리는 허구임을 입증할 수밖에 없을 것이다.

하회마을의 좋은 풍수 기운을 증명하듯 이곳에서 나고 일찍부터 문필봉을 바라보며 꿈을 키워온 서애西厓 류성룡柳成龍은 조선의 국운이 걸린 임진왜란 때에 조선군의 통수권자로서 왜군을 무찌르는데 혁혁한 공을 세웠다. 풍산 류씨의 대종택인 양진당養眞堂은 마을 앞 낙동강 너머의 문필봉을 바라볼 수 있는 최적의 장소에 지어졌다. 조선 선비들이 얼마나 풍수지리를 신봉했는지 짐작이 가고도 남음이 있는 곳이다. 마을 이장님이 전해주는 양진당에 얽힌 다채로운 설명을 들으며 낙동강 너머의 문필봉

풍산 류씨 대종택인 양진당(養眞堂)은 류성룡이 태어나고 자란 곳이다.

을 바라보니 왠지 류성룡이 어린 시절 꿈꾸었던 원대한 꿈을 마치 나도 같이 꾸는 것 같은 기분이 들었다.

양진당과 문필봉은 제법 거리를 두고 마주보고 서있다. 체험적으로 조선의 선비들이 중시했던 풍수지리상의 길지吉地*에 대한 교훈을 터득할 수 있는 곳이기도 하다. 꿈 많은 젊은이가 문필봉을 바라보며 자라난다 하더라도 살고 있는 주택과 문필봉의 거리가 너무 가깝다면 보기에도 답답하겠지만 풍수지리상으로도 길지라 할 수 없다. 풍수지리도 중용의 가치를 중시하나보다. 중용이란 동양철학의 기본개념으로 지나치거나 모자람이 없이 도리에 맞아야 하는데 이는 고대 그리스의 아리스토텔레스Aristoteles가 주장한 도덕론Magna Moralia과 맥을 같이한다.

양진당 건너편에는 보물 414호이자 류성룡의 종택인 충효당忠孝堂이 있다. 류성룡은 임진왜란이 끝날 무렵 영의정에서 물러나 낙향하였지만 허름한 초가에서 생활하다 1607년(선조 40)에 생을 마감하였다. 현재의 충

류성룡의 종택인 충효당의 내부전경

---

* 명당을 상징하는데, 특별히 후손들의 부귀영화를 중시했다.

효당이 52칸의 번듯한 고택으로 자리매김하게 된 것은 선생 사후에 그를 존경했던 문중과 제자들의 도움이 컸기 때문이다. 예나 지금이나 명예를 지키면 후세에 영원토록 그의 업적과 품격이 지켜진다는 평범한 진리를 확인할 수 있는 곳이기도 하다.

안동하회마을이 세계문화유산으로 지정된 까닭은 이곳이 단지 민속촌의 개념으로서가 아니라 그 안에 담긴 사상과 류성룡과 같은 좋은 생각들을 가진 사람들이 살던, 살아있는 마을이기 때문에 각광받고 인정받는 것은 아닐까?

충효당의 앞마당에는 영국 여왕이 친히 식재한 구상나무가 귀한 자태를 뽐내고 있다. 아마도 그녀 또한 이곳에 살던 이들의 인품과 덕망에 반하지 않았을까 생각해본다.

이곳을 둘러보던 중 흥겨운 꽹과리와 사람들의 웃음소리가 들려 소리가 이끄는 곳으로 발걸음을 돌려보니 마침 근처 상설공연장에서 '하회별신굿탈놀이'가 한창 공연 중이었다. 국내외의 많은 관광객들이 공연을 관람하고 카메라셔터를 눌러대며 흥겨워했다. 예전에도 많은 인파로 붐볐지만 세계문화유산으로 등재된 2010년과는 비교할 수 없을 만큼 큰 차이를 보였다.

탈춤은 스토리텔링 면에서도 재미를 주지만 다양한 얼굴과 인물을 표현한 탈에서 풍기는 해학적인 모습이 보기만 해도 웃음이 절로 나게 한다. 하회마을에서 탈춤이 발전하게 된 계기는 약 500년 전부터 시작되었다고 한다. 10년에 한 번씩 정월 보름날 또는 특별한 일이 있을 때에 서낭신에게 별신굿을 해왔고 이것이 굿판과 함께 서낭신을 즐겁게 하기 위해 탈놀이로 발전시켰다. 탈을 쓴 광대가 양반을 향하여 그들의 잘못된 점을

조선 사회의 모순을 풍자
하는 하회별신굿탈놀이

지적하여 나무라기도 하고 양반에게 수작을 부리는 등 매우 풍자적이며 해학적인 내용을 담고 있다.

탈춤에 사용되는 탈의 종류는 하회탈, 각시탈, 백정탈, 선비탈, 양반탈, 중탈, 할미탈 등이 있다. 1950대 초만 하더라도 세상의 주목을 받지 못하던 하회탈은 이제 한국 전통문화를 대표하는 문화상품이 되었는데 이 하회탈에 대한 이야기도 전해져 온다. 하회마을에 재앙이 끊이지 않던 어느 날, 이 마을에 살던 허도령이라는 청년이 꿈을 꾸었는데 탈을 만들어 그 탈을 쓰고 굿을 하면 마을의 재앙이 사라질 것이라는 신의 계시를 받게 된다. 그날부터 청년은 사모하는 낭자도 멀리한 채 혼신의 힘을 다해

하회탈을 완성했다는 이야기가 전해져 내려오고 있다.

하회탈은 오리나무로 만들어지고 탈 표면에는 2~3겹의 옻칠이 되어 있다. 탈 중에서도 양반탈은 위로 향하면 웃는 얼굴, 아래로 향하면 성낸 얼굴로 표정변화가 다양하다. 그래서 너털웃음을 웃을 때는 고개를 뒤로 젖히고 성을 낼 때는 얼굴을 아래로 하는데, 연기자인 광대의 몸짓과 자연스럽게 일치되도록 만들어졌다.

하회마을을 방문해서 여건이 허락된다면 하회마을의 전통 민박집에서 하룻밤 묵는 것도 좋은 경험이 될 것이다. 하지만 하회마을이 유명관광지가 되면서부터 지나치게 상업화되고 있다는 견해에 대해서도 귀를 기울여야 한다. 민속마을은 전통문화의 고유성이 파괴되면 그 매력을 상실하기 때문에 지나친 상업주의는 항상 주의해야 할 것이다.

과거에 태어나 지금을 살아가는 우리는 미래를 위해 살아가고 있다. 하지만 지금처럼 앞만을 바라보고 남들보다 더 빨리 나아가야한다고 소리치는 이 세상에서 하회마을이 지금의 우리들에게 말하고자 하는 바는 무엇이길래 여전히 많은 사람들이 이곳을 사랑하고 찾는 것일까 궁금해졌다.

류성룡은 이곳에서 태어나 이곳의 산과 들의 기운을 받아 커 갔으며 마지막에는 이곳에 묻힐 때까지 분명 이 산과 강, 마을이 말하는 것들을 어릴 적부터 자연스럽게 몸으로 느끼고 배우고 자라났을 것이다. 그를 태어나게 하고 품은 하회마을이 지금까지도 그 우아한 멋을 멋스럽게 드러내고 있듯이 그도 자신의 주변을 조용하지만 오래 밝힐 수 있는 촛불과도 같은, 그런 삶을 살고자 한 것은 아니었을까? 그런 그라면 현재의 부귀영화도 언젠가는 사그라질 것이고 화려하게 피어난 것들의 마지막은 그만큼

악취가 날 수도 있음을 경계했
을 것이다.

과거의 류성룡이 살았던 이
곳은 지금의 우리들에게도 많
은 길을 보여주고 있다. 앞으로
만 빨리 나아가려는 사람들에
게 좋은 미래란 빨리 갈 수 있
는 길이 아니라 오래 걸을 수
있는 푸르고 단단한 길임을 말
이다.

이곳의 아름다움과 훌륭한
정신적 유산에 감탄한 벽안의

영국 엘리자베스 여왕이 안동 하회마을을 방문한
기념으로 심은 구상나무

여왕이 심은 어린 구상나무의 푸른 젊음, 그 소나무도 이 하회마을의 정
신을 따라 또 하나의 건강한 미래로 쑥쑥 자라날 것이다.

지금 내가 한발 한발 내딛는 발걸음이 그 누군가의 새로운 이정표가
될 길임을 잊지 말아야 할 것이다.

리더는 환경의 변화에 민감해야 하고 변화를 주도할 수

있어야 한다. 영웅이 되려면 권력을 쟁취하는 시점과 함께 물러날 때를

정확히 알고 대처해야만 한다. 일단 물러났으면 후진들에게

길을 터주고 도와주는 배려의 리더십을 발휘하는 것이 바람직하다.

# 과유불급過猶不及,
# 아쉬운 영웅들

리더란 오케스트라의 지휘자처럼 조직 전체의 조화를 이끌어야 하고 과욕을 경계하며 지도자로서의 소명에 충실해야 한다. 하지만 능력이 클 수록 더 많은 것을 이루고자 하는 것도 사실이다. 조선왕조에서도 빼어난 처세술과 지략을 가졌음에도 너무 많은 것을 탐해 스스로 화를 자초한 영웅들이 있다.

역성혁명으로 조선왕조가 건국되는 과정에서 신왕조의 기틀을 다지는 데 혁혁한 공을 세웠던 정도전은 신권정치를 주창하다 이방원(후에 태종)에 의해 제거 당했다. 왕권과 정면으로 대립했던 그의 명예회복은 조선왕조가 끝나갈 무렵 고종대에 이르러서야 겨우 이루어졌다. 사림정치를 계승 발전시키고자 혼신의 힘을 다했던 조광조 역시 급진적인 개혁정책에 따른 부작용으로 말미암아 유배지에서 사약을 받아야만 했다. 주자학을 신봉하며 북벌계획을 주도했던 송시열 역시 팔십이 넘는 나이에도 정치에 미련을 두다 사약을 받았다. 흥선대원군은 국제정세의 흐름을 무시한 채 무리하게 쇄국정책을 추진하다 조선의 국력을 약화시키는 결과를 초래했다.

이들은 분명 어떤 면에서 영웅들이다. 하지만 심학, 즉 스스로를 다스리기 위한 자기 철학을 완성하지 못한 좋은 예이기에 반면교사反面教師*로 삼고자 언급하려 한다. 나아갈 때와 멈출 때를 알고, 과하지 않게 조절하는 것, 무리하게 탐하지 않는 것이 어찌보면 심학, 중용의 완성이라 하겠다.

## 신권정치를 추구했던 정도전

정도전은 1342년 경상도 봉화지역의 토착세력인 정운경의 아들로 태어나 22세 때 과거시험에 급제하며 관직생활을 시작했다. 하지만 고려의 국가 재정은 이미 파탄 상태였고 지방의 호족들도 임금의 권위에 직간접적으로 도전할 만큼 왕실의 권위는 크게 실추되어 있었다. 그는 백성들의 어려움을 직접 겪으며 백성이 나라의 근본이라는 민본사상을 중시했고 무능한 군주는 바꿀 수 있다는 혁명 사상을 꿈꾸었으며 중앙정부가 권력을 장악하되 군주는 관념상으로만 절대권을 갖고 재상이 통치의 실권을 가져야 한다는 신권정치의 통치이념을 신봉하고 있었다. 그런 그에게 태조 이성계와의 만남은 꿈을 이룰 수 있는 절호의 찬스였다.

---

*타인이나 사물의 부정적인 교훈에서 가르침을 얻게 됨을 일컫는 말

조선의 건국 과정에서 정도전은 시문, 경국제세經國濟世, 성리학, 불교 등 다방면에 걸쳐 많은 업적을 남겼다. 그중에서도 가장 두드러진 것은 왕궁의 완성이었다. 일정에 맞게 주도적으로 일을 진행하며 경복궁을 비롯한 궁궐 내의 주요 건축물의 이름을 지은 것 또한 그였다.

한양천도가 이루어지고 경복궁과 도성 건립이 완성되면서 점차 신왕조의 기틀이 공고해지자 정도전은 그의 야심을 드러내기 시작했다. 그가 바라던 신권정치를 구현하기 위해서는 강력한 왕권정치를 바라던 이방원이 세자가 되는 것을 막아야만 했다. 이를 위해 그는 태조 이성계의 두 번째 부인인 신덕왕후와 손을 잡았다. 이성계의 첫 번째 부인 신의왕후의 자식들인 방의, 방간, 방원 등과 신덕왕후는 이미 차기 임금의 계승권을 놓고 치열한 다툼을 벌이고 있던 차였다. 신덕왕후는 자신의 핏줄인 의안대군 방석을 세자로 책봉하고자 했다. 이로써 조선왕조는 건국 초기부터 또 다시 칼바람에 휩싸이게 되었다.

신의왕후 한씨 소생의 자식들 중 방원은 자신이 임금이 되어야 한다고 굳게 믿고 있었고 막강한 사병을 보유하고 있어 언제라도 모반을 도모할 수 있는 인물이었다. 또한 아버지를 닮아서인지 무인의 기질뿐 아니라 정세를 분석하고 대책을 수립하는데도 주도면밀했다. 그렇다고 방원이 부왕을 상대로 직접 충돌할 수는 없는 노릇이었다. 방원은 자신에게 가장 걸림돌이 될 정도전을 제거하기로 마음먹고 때를 기다리고 있었다. 정도전 또한 방원의 생각을 읽고 사병을 혁파한다는 명목을 내세워 방원의 사병들을 관군에 편입시키려 하는 등 다양한 방식으로 왕족 규제정책을 만들어 나갔다. 나이 어린 세자 방석과 태조 이성계를 등에 업고 자신의 의지를 마음껏 발휘했다고도 볼 수 있다.

사태는 급박하게 전개되었고 정도전의 뜻대로 방원은 힘 한번 써보지도 못하고 정치적 음모의 희생양이 될 수밖에 없는 상황이 전개되고 있었다. 승부사 기질이 남달랐던 방원은 정도전과 세자 방석을 죽이는 것만이 자신이 권좌에 오를 수 있는 유일한 길임을 간파하고 주저 없이 칼을 빼들었다. 단순하게 힘으로 해결했다거나 결단력이 돋보인다고만은 할 수 없는 일이다. 정세를 읽고 어떻게 행동할 것이지, 사후처리는 어떻게 할 것인지 많은 고민이 없었다면 아무리 방원이라 한들 세자를 공격할 수는 없었을 것이다. 1398년 8월 '제1차 왕자의 난'이 발발하자 정도전은 남은 등과 함께 살해되었다. 방원은 정도전과 함께 세자 방석을 제거함으로써 권력의 주도권을 장악하였다. 정적을 제거하는 과정은 속전속결로 이루어졌다. 의사결정을 위해서는 많은 자문을 구하고 심사숙고해야 하지만 일단 결정이 되면 신속해야 한다는 것은 현대경영에서도 같은 의견이다.

만약 정도전이 먼저 결단을 내리고 방원을 선제공격 했더라면 어땠을까. 하지만 이는 왕권정치에서는 불가능한 일이다. 확실한 반역의 증거와 임금의 사전 허락 없이는 신하된 자가 왕자를 독자적으로 제거할 수 없는 노릇이다. 신권정치에 대한 집착을 버리고 방원과 우호적인 관계를 맺었더라면, 아니 방원이 권좌에 오를 수도 있다는 가능성을 염두에만 뒀더라면 조선의 그림은 크게 달라질 수도 있었을 것이다.

**중종의 명참모,
신진사림 조광조**

조선의 제9대 임금인 성종은 탁월한 정치력을 발휘하여 태평성대를 이룩했지만 폐비 윤씨의 소생인 연산군이 임금이 되면서 상황은 급변했다. 정치보다 자신의 욕구 충족에만 매달리며 국가 재정을 파탄내고 두 번의 사화를 일으켜 대신들은 물론 민심을 적으로 만들었다. 이러한 폭정은 1506년 박원종 등이 주도한 반정으로 끝났고 성종의 둘째 아들 진성대군(중종)이 제11대 왕위에 올랐다. 1515년 중종은 자신의 정책 추진에 방해가 되는 공신세력들을 견제하기 위해 급진 개혁론자 조광조를 중용하였다.

조광조는 한양사람으로 1482년에 태어났으며 찰방察訪*으로 부임하던 아버지를 따라 평안도로 가 무오사화로 유배 중인 김굉필(사림정치의 선구자이며 김종직의 수제자)에게 수학한 인물이다. 그가 이루고자 했던 도학정치의 핵심은 '국왕이 현명해야 하고 성리학의 이념 또한 뿌리내려야 하며 사림인사들이 정계에 입문하여 부패하고 잘못된 관행을 바로잡아야 한다'는 것이었다. 훈구세력은 도학정치의 방해꾼이기에 제압해야 하는 대상이었다. 훈구세력과의 싸움은 예견된 수순이었다.

개혁 초반에 조광조는 중종의 전폭적인 지지와 사림파인 성균관 유생들의 도움으로 모든 일들을 일사천리로 진행해 나갔다. 중종 또한 자신을 임금으로 추대해준 훈구세력의 그늘에서 벗어나 자신이 뜻하는 국정을 운영할 수 있었기에 그를 아꼈다. 과거제가 아니라 천거를 통한 인재등용을 활용해 신진 사림들을 국정의 다방면에 포진시키며 그의 권한은 더욱 커졌다. 하지만 이러한 그의 개혁은 훈구세력을 지나치게 자극했다. 훈구세력들은 그가 너무 독단적이며, '조선왕조가 조광조의 손에 놀아난다'고 비아냥거렸다.

---

*각 도의 역참 일을 맡아보던 종육품 벼슬

조광조가 사약을 받고 세상을 떠난 전라도 화순의 적려유허지

1519년, 그는 중종반정의 공신들이 너무 많을 뿐 아니라 부당하게 공신이 된 자들이 많다고 지적하면서 70여 명의 공훈功勳*을 삭제하자고 주장했다. 이에 훈구세력들은 더 이상 물러설 곳이 없었고 풋내기 사림정치가에게 호락호락 당하고 있을 만큼 어리석지도 않았다. 훈구세력들은 조광조와 그를 추종하는 세력들을 무력화시키기 위해 조광조가 임금이 될 것이라는 유언비어를 퍼뜨렸다. 중종도 처음에는 믿지 않았으나 상황을 방치할 수만은 없었다. 결국 지나친 개혁의 부작용을 우려한 중종은 훈구세력과 타협하기 시작했다.

중종의 지지를 받지 못한 조광조는 순식간에 반역자로 낙인찍혀 전라도 화순 땅에서 유배생활을 하다 사약을 받고 세상을 떠났다. 당시 조광조와 뜻을 같이하다 처형된 이들은 무려 70여 명에 달했다. 임금을 업신여기거나 스스로 임금이 되고자 하는 마음은 추호도 없었으나 반대세력과의 타협은 생각지도 않은 채 급하게 개혁을 서두르는 바람에 일찍 생을 마감하게 된 조광조는 1545년 인종에 의해 복권되었다.

훈구세력을 신속하게 제압하기보다 세력균형을 유지하며 사림정치를 확대할 수 있을 만큼 조금만 더 느긋했었더라면, 스스로를 완성하는 시간을 좀 더 가졌었더라면 어땠을까 하는 생각을 해본다.

---

*나라나 기업을 위해 세운 큰 업적

## 왕권강화에 집착했던
## 흥선대원군

흥선대원군은 1820년 인조의 셋째 아들인 인평대군의 8세손이지만 왕족이라 칭하기에 민망할 정도로 몰락한 가문에서 태어났다. 당시는 순종, 헌종, 철종 3대에 걸쳐 안동 김씨 일파의 세도정치가 이루어지고 있었고 왕권은 신권에 밀려 아무런 힘도 없는 때였다. 왕위 계승권자들은 신권에 의해 역적으로 몰려 죽을까 걱정하며 조용히 살기만을 바랐다.

흥선대원군은 이런 상황을 이용해 자신의 둘째 아들 명복을 임금으로 만들 계획을 세웠다. 우선은 안동 김씨의 권력자들에게 그들이 원하는 허수아비 임금이 될 사람으로 인정받아야 했다. 이에 스스로를 숨기고 어리석은 사람, 건달처럼 꾸미고 다녔다. 그러면서도 최종 의사결정권자인 익종비 조대비와 연을 만들어 나갔다. 힘없는 왕권의 대변인이었던 조대비로서는 왕권강화를 꿈꾸는 흥선대원군이 무척 반가웠을 것이다.

드디어 그의 바람대로 아들이 왕위에 오르자 그는 본격적으로 왕권강화에 나섰다. 일부 안동 김씨와 손잡고 부패한 관리를 몰아내고 당파를 초월해 인재를 찾았고 양반에게도 세금을 부과하여 양민의 부담을 줄이고 국가의 재정을 튼튼히 하고자 하였다. 또한 주요 서원을 제외한 크고 작은 서원들을 철폐해 붕당의 폐해를 막고자 하였다. 모든 서원, 모든 세도가를 몰아내는 전쟁을 치룬 것이 아니라 일부를 남기고 그들로 하여금 옳다고 생각하는 일을 하도록 만든 치밀함만 보더라도 그는 절대 어리석은 사람이 아니라는 것을 알 수 있다. 조선 왕실의 명예를 회복하고 왕권을 강화하기 위한 그의 개혁은 그렇게 하나씩하나씩 진행되는 듯 했다.

하지만 왕권 부흥을 알리고자 임진왜란 때 소실된 경복궁을 재건하면서 백성들에게 노역과 세금을 부과하고 쇄국정책을 통해 열강들과 대치하면서 그의 리더십은 서서히 흔들리기 시작했다. 게다가 고종 친정 이후 그가 보여준 리더십은 실망스럽기 그지없다. 그는 실각한 이후에도 며느리인 명성황후와의 대립 속에서 잃어버린 자신의 권력을 되찾기 위해 동분서주했고 1890년대에 접어들어서는 자신의 권력욕을 위해 일본과도 결탁하는 추한 행태를 보여주었다.

당시 일본은 과감하게 서양에게 문호를 개방하면서 서양식 무기 도입과 군대조직을 재편하는데 총력을 기울이고 있었지만 주변국을 압도할만큼 군사력을 키웠다고 보기는 어려운 상황이었다. 중국도 나름대로 서양의 과학기술을 접목시켜 서구 열강들의 무력시위에 대응하고 있던 시기였다. 당시 조선의 실학 수준을 보더라도 서양 열강들에 대한 정보가 매우 부족했다고 보기 어렵다. 아마도 흥선대원군은 국제정세를 파악하고 있었음에도 불구하고 조선왕조의 정통성을 강화하는 것이 우선이라고 여겼던 것 같다. 만약 흥선대원군이 경복궁 건설에 투입했던 재정을 조선 군대의 현대화와 서양식 무기를 도입하는 식의 작업에 박차를 가했더라면 조선이 그토록 무기력하게 외세에 침략당하지는 않았을 것이다.

1860대 초반만 하더라도 일본이 군사력을 강화하고는 있었지만 1880년대와는 비교가 되지 않을 만큼 강력한 군사력을 보유하지 못한 상황이었다. 그래서 일본이 청나라나 러시아와 전면전을 수행하기에는 역부족이었다고 보는 견해가 지배적이다. 또한 그 시기는 서구 열강들의 무기가 비약적으로 발전하던 시기였다. 고종이 친정을 시작하기 전인, 흥선대원군 집권기가 조선이 군사강국으로 도약할 수 있는 마지막 기회였다는 의미로 해석된다. 흥선대원군은 쇄국정책 일변도의 정책에서 벗어나 유연하면서도 개방적인 리더십으로 민족의 자존심을 지켜내면서도 서양의 무기들을 도입하고 개량하여 실전배치에 총력을 기울였어야만 했다.

고려의 멸망과 조선의 건국이라는 혼란기 속에서도 맹사성이나 황희는 정적을 만들지 않고 묵묵히 자신의 소임을 다해 중용의 예를 보여주었다. 그에 비해 정도전은 훨씬 더 많은 일을 했음에도 불구하고 신권정치에 대한 지나친 열망으로 인해 역사에서 찾기 어려운 인물이 돼버렸다. 조광조는 유일한 대안이 도학정치라 보고 과감한 개혁을 통해 조선의 발전을 도모하려 했으나 기존의 이해집단과 타협하지 못하고 부딪쳐 실패할 수밖에 없었다. 올곧은 선비의 기질이 지나쳐 스스로 화를 자초한 셈이다. 조선이 망해가는 끝자락에서 보여준 흥선대원군의 몸부림은 아쉽기만 하다.

리더는 환경의 변화에 민감해야 하고 변화를 주도할 수 있어야 한다. 너무 앞서가는 리더십도 문제지만 제대로 감지하지 못하고 버티기만 해서도 안 된다. 그리고 위의 모두에게 해당되는 이야기로 진정으로 후세에 대접받을 수 있는 영웅이 되려면 권력을 쟁취하는 시점과 함께 물러날 때를 정확히 알고 대처해야만 한다. 그리고 일단 물러났으면 후진들에게 길을 터주고 도와주는 배려의 리더십을 발휘하는 것이 바람직하다.

인간이 살아가는 세상은 그 주체가 되는 인간이 불완전하기에 '나는 옳고 너는 그르다'는 발상 자체를 경계해야만 공동체의 안정적인 발전을 도모할 수 있음을 명심하자. 상대방이 내 맘에 안 든다고 해서 적으로 간주할 것이 아니라 나와 다른 생각을 가진 자에 대해 면밀히 분석하고 이견을 좁혀나가는 리더여야만 조직의 발전을 이끌 수 있을 것이다.

몸의 피로와 정신적 스트레스를 풀고 미래를 대비하는 안목을 키우고 도약을 위한 재충전의 시간이 바로 여가생활이다. 단순히 논다는 생각으로 여가를 무시하다가는 일에는 성공하고도 인생에는 실패할 수 있고 장기적으로 보면 일도 결국 실패하기 십상이다. 그렇기 때문에 진정으로 성공한 리더가 되기 위해서는 일과 여가생활의 균형을 잡아야 한다.

조선시대의 리더들, 즉 왕족과 선비들의 삶에는 품격 있는 여가문화가 있었다. 맹사성은 음악을 사랑하며 정치적 탐욕으로부터 자유로울 수 있었고 정철은 담양의 식영정에서 지인들과 교류하면서 우리 민족 고유의 가사문학을 정립했다. 윤선도는 정치에 환멸을 느낀 뒤 해남의 보길도에 조선 최대 규모의 정원인 부용동원림을 꾸며놓고 신선처럼 생활했으며 조선의 임금들은 창덕궁 후원에서 정치적 번뇌를 치유하며 재충전한 삶의 에너지로 신하들을 위로하고 배려하는 서번트 리더십을 발휘했다.

현재 우리 사회는 20세기 중반기 이후 산업성장을 목표로 매진하면서 노동을 중시하게 되었고 여가생활을 비생산적인 행위로 보는 부작용이 지속되고 있다. 농경민족으로 음주가무를 즐겼던 선조들의 영향인지 여가의 형태 또한 다양하지 않고 과한 음주와 쾌락 중심으로 흘러가고 있음을 부인하기 어렵다. 이에 비해 유목민족들은 생존을 위해서라도 옮겨 다니며 그곳의 문화를 익혀야 했기에 여가 또한 체험과 학습을 위주로 하는 여행을 중시했다.

글로벌 시대에 살고 있는 우리는 세계인들과 경쟁해야 한다. 이를 위해서라도 이제는 문화체험적이며 학습적인 여가생활을 실천하여 삶의 에너지를 재충전하면서 미래를 내다보는 안목을 키워야 한다.

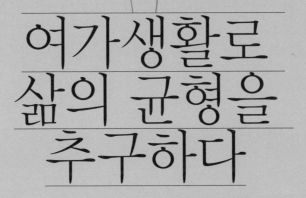

# 4부

# 여가생활로
# 삶의 균형을
# 추구하다

친화력이란 사람을 끌어당기는 힘을 의미하며

대인관계를 성공으로 이끄는 원천으로 중용 및 경청,

서번트 리더십이라 불리는 봉사와 관용, 배려와

감사, 설득력의 원천인 유머 등이 핵심적인 구성요인이다.

# 음악으로 정치적
# 탐욕을 경계하다,
# 맹사성의 청백리정신

조선 청백리의 대표적 인물인 고불古佛 맹사성孟思誠은 1360년(고려 공민
왕 9) 수문전제학修文殿提學을 지낸 맹희도의 아들로 충청도 온양에서 태어
났으며 최영장군의 손녀사위이기도 하다. 1386년(고려 우왕 12) 문과에 급
제하여 관직생활을 시작했고 조선 건국 뒤에는 잠시 은둔생활을 했음에
도 세종대인 1427년에 우의정의 반열에 올랐다.

고려왕조의 멸망과 조선왕조가 건국되는 과정의 신흥 권력자들은 고
려의 잔당들이 모반을 도모할까 촉각을 곤두세우고 조선에 위협이 될 만
한 인물들을 칼바람으로 다스렸다. 자신의 목숨을 버리고 가족을 지킨
이들도 있었고 자신의 목숨뿐 아니라 가족 전체를 파멸의 길로 빠뜨린 이
들도 있었으며 정계를 떠나 가문을 지키면서 야인으로 인생을 마감한 이

들도 있었다. 그러나 그보다 더 많은 고려의 신하들은 조선의 건국에 주도적인 역할을 담당했거나 건국 뒤에 동참하여 부귀영화를 누렸다. 자신의 목숨을 바쳐가며 고려왕조의 슬픔에 동참한 이들에게 존경을 표하는 이들은 지금도 많다. 반면 고려말기에 이성계를 도와 조선을 건국하고 핵심 권력층으로 부상한 사람들에 대해서는 칭찬과 비판이 상존하는 것 또한 사실이다.

맹사성은 조선 건국 후 관직에 복귀하였고 세종대에는 우의정과 좌의정의 반열에 오른 성공한 관료였지만 고려왕조를 끝까지 수호하려고 애쓴 영웅이거나 조선의 건국에 큰 공로를 세운 인물도 아니다. 과연 새롭게 등장한 신흥권력 앞에서 어떻게 처신하는 것이 가장 바람직한 것인지 혼란스럽기만 하다. 굳이 바람직한 처세의 우열을 가린다면 이타주의와 개인주의적 관점에서 접근해볼 수 있다. 이타주의자는 자기 자신이나 가문의 부귀영화보다 국가와 민족의 번영이라는 웅대한 비전을 위해 자신을 희생하는 사람을 의미하고, 개인주의자는 자기 자신이나 가문의 영화를 추구하는 자들을 말한다. 맹사성은 이타주의 관점보다는 개인주의 관점에서 영웅이 된 자라 할 수 있다.

그는 처의 조부인 최영장군이 살해당하고 그의 조부마저 세상을 하직하자 가문을 지키기로 결심하고 부친 맹희도와 함께 충청도로 피신하여 위기를 모면했다. 만약 그가 지방으로 피신하지 않았다면 그의 가문은 몰락의 길을 따랐을지도 모른다. 그의 마음속에는 위기에 처한 가족을 구하고 더 나아가 가문을 재건하고픈 열정이 뜨거웠던 모양이다.

맹사성이 최영장군의 손녀사위였기에 청백리정신으로 살아갔다고 단정 지을 수는 없으나 인간들이 살아가는 세상은 비슷한 성향을 지닌 사람들끼리 통하는 것이 많은 법이다. 물욕을 극도로 경계하면서 충과 효를 중시했던 최영장군과 맹사성은 만남이 시작될 때부터 통하는 것이 많았던 사이였을 것이다. 비록 그가 최영장군처럼 끝까지 고려에 충성하지 못한 채 조선의 관료사회에 발을 내딛게 되었지만 청렴결백했던 장군의 정신만큼은 혼신의 힘을 다해 실천했던 것으로 봐야 할 것이다.

## 파당을 경계하며 삶의 균형을 추구하다

그는 활발한 문예활동을 통해 피냄새나는 정치의 소용돌이 속에서도 여유로운 마음가짐을 터득할 수 있었다. 그가 추구했던 인생철학은 파벌을 경계하면서 정치적 이해집단들의 당리당략으로부터 벗어나 있었기에 그가 위기에 처해 있을 때마다 극복할 수 있는 발판을 마련할 수 있었고 자연스럽게 다양한 인사들과 폭넓은 인간관계를 형성할 수 있었다.

음악에 심취하지 않았다면 그도 권력에 눈이 멀어 불행했던 권력자들의 전철을 밟았을지도 모른다. 맹사성은 음악을 통해 그의 마음속에 이글거리는 탐욕을 경계할 수 있었고 정치권력의 무상함을 있는 그대로의 모습으로 바라볼 수 있었기에 청빈한 삶 속에서도 행복을 누릴 수 있었다.

외암사상연구소는 『아산 유학의 여러 모습』이라는 책에서 맹사성에 대해 '그는 태종대 주요 인물 대부분과 상당한 친분을 유지하면서도 어떠한 정치 세력에도 가담하지 않았다. 공적인 업무 외에는 일체의 관료와 접촉하지 않았으며 비리에도 가급적 관여하지 않았다. 당대의 관행상 맹사성처럼 정치 세력을 형성하지 않고 재산에 관심이 없는 경우는 드물었다. 맹사성이 굴곡진 역경을 거치면서도 세종대에 정치적으로 급부상할 수 있었던 것은 일반적으로 찾아보기 힘든 자기 절제와 결벽에 가까운 도덕성을 갖추고 있었기 때문이었던 것이다'라고 평하고 있다.

조선 건국 과정에서 이성계 일파는 맹사성의 처조부이자 고려의 충신이었던 최영장군을 제거하였고 그의 조부인 맹유 또한 조선 조정에 나와 일하라는 요청을 거부하다 생을 마감하게 되면서 그의 가문은 절대 절명의 위기를 맞이하게 되었다. 맹사성은 부친 맹희도와 함께 무모하게 목숨을 버리기보다는 은둔의 길을 선택했다. 그 후 조선왕조의 기틀이 안정되면서 맹사성은 벼슬길에 올랐다. 한편으로는 현실주의자요, 다른 한편으로는 기회주의자였다고 할 수 있다.

그는 비교적 현실을 냉정하게 받아들이는 실용적인 가치관을 지녔던 인물인 듯싶다. 일반적으로 역사속에서는 이타주의를 실천한 위대한 선각자들이 자기 자신은 물론 가문에 심각한 피해를 끼치면서도 공공의 가치를 드높여 위대한 영웅 대접을 받기에, 맹사성과 같은 인물들은 크게 부각되기 어렵다. 하지만 현대사회는 인간의 보편적 행복 추구에 대한 열망이 강한 탓에 맹사성과 같은 개인주의적 성향이 강한 이들이 전해주는 교훈에 많이들 공감한다. 또한 현대경영의 관점에서 보면 리더가 자신의 생명을 바쳐가면서까지 자신이 책임지고 있는 기업이나 기관의 발전을 도모하는 것은 그리 바람직하지 못하다. 극단적인 이타주의로 존경을 받기보다 맹사성처럼 명분과 실리를 수용하면서 점진적으로 자신의 능력을 확대해나가는 리더십이 보다 현실적이면서도 실천적인 대안이라 하겠다.

그는 직권남용을 철저히 경계했으며 물욕을 멀리한 조선의 대표적인 청백리이다. 어떠한 정치세력과도 연합하지 않고 묵묵히 자신에게 주어진 소임을 충실히 수행했다. 말은 쉽지만 높은 자리에 있으면서 뇌물을 멀리하고 겸손의 리더십을 발휘한다는 것이 얼마나 힘든 일인지는 위인들의 자서전을 들춰보면 쉽게 이해가 된다.

맹사성이 보여준 중용적 리더십의 특징을 간결하게 표현하자면, 청백리정신과 겸손에 바탕을 둔 커뮤니케이션의 마술사라 하겠다. 그는 몰락한 고려왕조에 충성하다 자신뿐 아니라 가문 전체를 위기에 빠뜨리는 상황에 처하는 우를 범하지 않았다. 유능한 인재들이 위기에 적절하게 대처하지 못해 능력을 발휘하기도 전에 역사의 뒤안길로 사라진 예가 너무도 많다. 또 어느 한 편에 치우치지 않고도 많은 사람들의 도움을 끌어냈으며 그들의 존경을 얻었다. 당파 싸움에 세월을 보내다 말도 안 되는 이유로 물러나는 일은 그와 거리가 멀었다.

커뮤니케이션이란 친교, 상호이해, 정보, 통신, 관계, 교류 등의 의미를 함축하고 있다. 커뮤니케이션을 도외시한다면 사회생활을 유지하기도 힘들 뿐 아니라 리더로서의 능력을 발휘하는 것 자체가 사실상 불가능하다고 볼 수 있다. 특정 세력과 연대를 꾀하기보다 다양한 정치 세력들과 원만한 관계를 유지한 그의 친화력도 커뮤니케이션에 기반한다. 친화력이란 사람을 끌어당기는 힘을 의미하며 대인관계를 성공으로 이끄는 원천으로 중용 및 경청, 서번트 리더십이라 불리는 봉사와 관용, 배려와 감사, 설득력의 원천인 유머 등이 핵심적인 구성요인이다.

그가 온전히 자수성가한 인물이라 말하기는 어렵다. 능력을 인정받게 된 세종대 전까지, 맹사성은 참으로 많은 위기를 맞았다. 그때마다 그의 지인들과 그를 아끼거나 존경했던 권력자들이 자신의 일처럼 그의 목숨을 지켜주었다. 덕분에 정치인으로서 장수할 수 있었을 뿐 아니라 천수를 누릴 수도 있었다. 그는 부친의 후배이자 조선 초 권력의 중심에 있었던 권근으로부터 글을 배웠는데 위기에 처했을 때도 많은 도움을 받았다. 당시 영의정 성석린과 맹사성에게서 글을 배운 양녕대군도 그가 사헌부 대사헌으로 있을 때 조대림 사건으로 태종의 노여움을 사 극형을 선고 받게 되자 눈물 어린 상소로 맹사성의 생명을 구해주었다.

## 음악으로 세상살이의 탐욕을 경계하다

사람들은 인맥을 동원해 손쉽게 자신이 원하는 바를 손에 넣으려 하지만 적과 동지가 순식간에 바뀔 수 있는 권력구조의 특성을 감안해 보면 장기적인 관점에서는 득보다 실이 커질 수 있다는 역사적 교훈에 귀를 기울여야 한다. 조선을 빛낸 영웅들 중에도 인맥을 동원해 출세할 수 있는 기회가 주어져도 단호히 배격했던 인물들이 많았다.

자신을 위한 당파를 배격하면서 중용의 리더십을 실천한 맹사성은 사후에도 많은 선비들로부터 존경을 받았다. 아마도 그를 흠모하던 많은 선비들이 충청도 아산에 위치한 그의 고택(맹씨행단)을 방문했을 것이고 기회가 된다면 선생의 곁에서 그의 정신을 계승하고자 했을 것이다. 맹사성 고택 인근의 설화산 주변은 풍수가 좋다고 알려진 외암리(외암민속마을)로, 외암巍巖 이간李柬 등 다수의 유능한 선비들을 배출한 고장이다.

전국적으로 역사적 위인들이 태어났거나 살았던 흔적들을 살펴보면 유독 특정지역이나 마을에서 다른 곳보다 많은 위인들을 배출해 왔다는 사실을 확인할 수 있다. 성냥갑 같은 아파트로 가득 찬 도회지에서 풍수지리를 논하는 것이 큰 의미는 없어 보이지만 전국 방방곡곡에는 아름다운 산세와 호수, 바다와 다채로운 강물들이 자유롭게 흐르는 곳곳에 너무나도 많은 명당들이 있다.

도시에서 직장 생활을 하고 자녀들에게 좋은 교육여건을 마련해주기 위해 헌신했다면 은퇴 이후에는 자연을 벗 삼아 생활하며 후손들에게 명당 터의 기운을 전해줄 수 있는 호젓한 시골마을에서 여생을 보내는 것도 나쁘지 않을 것이다. 과학문명이 고도로 발달한 현대사회에서도 풍수지리의 영향력은 쉽사리 약화되지 않고 있다. 어차피 인간의 지식이란 한계가 많으므로 눈에 보이는 것만을 좇아 살아가는 태도는 그리 바람직하다고 보기는 어렵다. 형이상학적인 가치나 도교적인 신비주의는 피해야겠지만 사람들의 삶을 윤택하게 하는 보편적인 가치들은 널리 알려졌으면 좋겠다.

외암리의 선비들이 조선 후기로 넘어오면서 정치적인 소용돌이에 휘말리지 않은 점도 흥미롭다. 오늘날까지 외암리가 민속마을로 계승되어 오고 있는 근원적인 힘 또한 설화산 너머 외암리의 반대편에서 탐욕을 경계하며 청빈한 삶을 영위했던 맹사성의 영향력이었다고 말해도 무방할 듯싶다. 맹사성은 공적인 업무를 처리할 때에만 역마를 활용했고 사적인 용도로는 가급적 자제했다. 가끔은 소를 타고 다니기도 했고 걸어 다니는 것을 부끄럽게 여기지 않았을 만큼 겸손한 성격의 소유자였다.

조선의 선비들은 현대인들보다 상대적으로 물욕을 경계하면서 정신적인 행복 추구에 많은 관심을 기울였다는 사실을 눈여겨볼 필요가 있다. 당시는 오늘날처럼 물질만능주의가 만연해 있지도 않았고 물질적 풍요를 뛰어넘을 수 있는 정신적 가치와 신분적인 위계질서와 체면에 대한 욕구가 선비들을 물질적 탐욕으로부터 어느 정도는 보호한 측면도 있다.

인간이 살아가는 존재 이유와 행복을 추구하고픈 욕구는 물질적 욕구와 정신적 욕구로 구분된다. 인간에게 물질적, 정신적 욕구는 모두 중요하다. 하지만 두 욕구가 균형을 이루거나 정신적 욕구가 비교우위에 있어야만 여유롭게 인간다움을 유지하며 행복한 삶을 추구할 수 있다는 것이 선현들의 보편적인 가르침이다. 물질적 욕구에만 몰입한 채 정신적 욕구에 해당되는 문화예술 활동이나 여행 등의 여가활동에 소홀한 리더는 일중독자가 되거나 물질만능주의의 노예로 전락할 가능성이 크다. 인간의 물질적 욕구와 정신적 욕구는 시소게임과 같기 때문이다. 물질적 욕구가 적은 사람은 상대적으로 정신적 욕구가 강하다고 볼 수 있는 반면, 정신적 욕구가 약한 사람은 상대적으로 물질적 욕구에 탐닉할 가능성이 높다는 반증이기도 하다.

또한 리더는 보통사람들보다 극심한 스트레스에 노출되어 있어 업무상의 과중한 스트레스를 해소하기 위해서라도 여가활동을 통한 심신의 휴식과 삶의 에너지 충전에 많은 노력을 기울여야 한다. 여가활동에는 음악이나 미술, 여행 등의 활동이 포함된다. 음악을 좋아하는 사람은 음악을, 미술을 좋아하는 사람은 미술을, 여행을 좋아하는 사람은 여행을 즐기면 된다. 그리하면 일중독으로부터 자신을 지켜낼 수 있게 되고 물욕을 경계하는 힘도 강해진다. 맹사성이 권모술수가 난무하고 국익보다 사익을 우선시하는 정치적 당파싸움으로부터 자유로울 수 있었던 것도 자신이 좋아하는 음악활동에 심취하여 행복을 누리며 정치적 번뇌와 물욕으로부터 자유로울 수 있었기 때문일 것이다.

그는 세종대에 조선의 음악을 정비하는 과정에서 전문 음악가였던 박연과 함께 큰 공로를 세운 인물로도 알려져 있다. 유교적 통치이념을 추구했던 조선왕조는 예의범절과 함께 음악을 중요시했다. 특히 궁중음악에 있어서 중국 음악의 편중이 심했기에 세종은 즉위 후 조선의 음악을 전반적으로 정비했다. 문화전략가였던 맹사성은 세종의 명을 받들어 조선 음악이 나아갈 방향에 대한 전략을 세웠고 전통 악기의 복원 및 개량 등의 실무적인 개혁은 전문음악가였던 박연이 담당했다.

물질적 탐욕에 빠져있는 현대인들이 정치가이자 풍류객이자 음악인으로서의 삶을 살았던 맹사성의 삶을 곱씹어보고 그의 삶의 진정한 의미를 되새겨본다면 보다 멋지고 아름답게 인생을 살아갈 수 있는 나침반을 얻을 수 있을 것이다. 인간의 삶이란 밥먹고 생리현상을 해결하는 생존필수시간을 제외하면 노동시간과 자유재량시간인 여가시간으로 대별된다. 유능한 리더라 하더라도 노동에 몰입하다 보면 여가활동이 위축되어 일 중독자가 되기 쉽고 반대로 지나치게 여가활동을 탐닉하다 보면 노동을 기피하는 인생 낙오자가 되기 십상이다. 그래서 여가문화를 연구하는 관광학자들은 노동과 여가활동의 균형을 매우 중요시하고 있다.

맹사성은 자신이 좋아했던 음악활동을 통해 정치적 탐욕으로부터 한 발치 벗어날 수 있었고 물질적 행복 못지않게 시문과 예술 활동에서 맛볼 수 있는 정신적 행복을 누렸기에 청백리의 삶을 살면서도 물욕에 흔들리지 않을 수 있었다. 현대사회는 맹사성이 살았던 시대보다 물질적 탐욕과 유혹이 훨씬 거센 시대이기에 리더를 꿈꾸는 이들이라면 상대적으로 자신이 좋아하는 여가활동에 정성과 투자를 아끼지 말아야 한다. 그래야만 물질적 욕망과 정신적 행복의 균형을 유지할 수 있을 뿐 아니라 세상의 수많은 유혹으로부터 자유로워질 수 있는 마음의 여유를 갖게 된다.

# 맹사성고택과
# 외암민속마을

맹사성이 거처했던 고택에 발을 들여놓으면서 나는 깜짝 놀랐다. 전국
각지의 고택들을 방문해보았지만 정승을 지낸 선생의 고택이 이토록 소
박할 수 있을까하는 의구심을 들었기 때문이다. 이 집은 본래 최영장군이

소박하지만 품격이 느껴
지는 맹사성의 고택

지은 집인데 맹사성이 최영의 손녀사위가 되면서 물려받게 되었다.

그의 고택은 정승의 품격에 걸맞지 않게 정면 4칸, 측면 3칸의 아담한 기와집이다. 지방 고을의 군수를 지낸 사람들도 수십 칸에 달하는 저택을 소유한 예

맹사성과 그의 부친, 조부를 모셔놓은 세덕사

가 많은 것을 생각해 보면 그가 살았던 소박한 고택에서도 그의 청백리정신을 확인할 수 있었다. 하지만 맹씨 가문의 화려했던 영화만큼은 거대한 두 그루의 은행나무가 도도하게 대변하고 있는 듯하다. 소박하기 그지없는 고택을 은행나무가 호위하고 있는 형국이다. 'ㄷ'자 형태의 이 고택은 여러 차례에 걸쳐 수리되기는 했지만 고려시대의 건축구조를 이해할 수 있는 귀중한 유산으로 남아있다.

이곳은 '맹씨행단'이라 불리기고 하는데 그 이유는 맹사성의 부친인 맹희도가 이곳에서 은둔생활을 하며 후학양성에 매진하여 붙여진 이름때문이다. 경내에 맹희도가 후학을 가르쳤던 흔적은 대부분 사라졌지만 영조의 친필 어제사액御製賜額*인 행단杏亶이 고택 입구에 위치한 기념관에 보관되고 있다. 기념관에는 맹사성의 유품인 호패, 금동연화반(금동으로 만든 쟁반), 금동연화잔, 그리고 갓끈 등이 남아있지만 아쉽게도 방문객들

---

*임금이 누문이나 사당 등에 이름을 지어 내리던 일.

에게는 상시적으로 공개하고 있지 않다.

맹사성과 그의 부친과 조부를 모셔놓은 세덕사世德祠에도 청백리정신은 묻어난다. 사당이라고 불리기조차 민망할 정도의 아주 작은 규모로 지어졌다. 고불의 청백리정신을 해칠까봐 후손들께서 너무 조심하다보니 이토록 단출한 사당을 지어놓은 듯싶다.

고택에서 담장 밖으로 나아가면 먼발치에 맹사성이 시를 읊고 풍류를 즐겼던 구괴정九槐亭이 보인다. "청렴결백했던 맹사성도 구괴정에는 한껏 사치를 부렸네요"라고 동행한 문화관광해설사께 말을 전하니 그분은 구괴정에 얽힌 사연들을 간명하게 설명해주었다.

"구괴정을 살펴보시면 맹사성의 고택에 비해 화려하게 지어졌음을 쉽게 짐작할 수 있습니다. 그래서 맹사성의 청백리정신을 오해하시는 분들도 있지만 이 정자는 맹사성이 혼자서 건립한 건물이 아닙니다. 세종대에 영의정 황희와 우의정 권진과 함께 좌의정이었던 맹사성이 합력하여 건립한 정자입니다. 삼정승이 지었다하여 삼상당三相堂이라 불리기도 합니다. 보시다시피 풍광이 빼어난 곳에 자리 잡고 있어서 시인과 묵객들의 발길

영의정 황희와 우의정 권진, 좌의정 맹사성이 합력하여 세운 구귀정

이 끊이지 않았다고 합니다."

흥미로운 사실은 이런 사연으로 지어진 정자가 일부 특권층만을 위한 공간이 아니라 열린 공간으로 마을주민들을 위로하는 공간이기도 했고 지나가는 나그네의 쉼터로 활용되기도 했단다.

맹사성고택을 호위하고 있는 설화산 건너편에는 우리나라 중부권 최고의 민속마을인 외암리가 자리잡고 있다. 외암리를 빛낸 인물을 살펴보면 외암 이간이 으뜸이다. 이간은 송시열의 수제자로 기호학파를 이끌었던 수암逡庵 권상하權尙夏 밑에서 학문을 연마한 선비였다. 그는 애초부터 과거시험을 통한 정계진출에 관심이 두지 않았고 학문 연구와 후학양성에만 매진하며 한평생을 외암리 일대에서 보냈다. 그런 이유로 외암리에서 광덕산으로 이어지는 강당골 일대에는 그의 흔적들이 남아있다.

외암리에서 영암군수댁으로 불리는 건재고택建齋古宅의 정원은 우리나라 전통정원의 백미로 불릴 만큼 매력적이다. 이밖에 퇴호退湖 이정렬李貞烈의 참판댁, 송화군수를 지낸 이장현의 송화댁, 성균관 교수를 지낸 이용구의 교수댁도 외암리의 품격을 대변하는데 한몫하고 있다. 이 중 참판댁은 이정렬의 할머니가 명성황후의 이모이기에 고종황제로부터 하사받아 지어졌다고 한다. 그리고 그 주변의 평범한 초가들조차 외암리의 여유롭고 낭만적인 분위기를 북돋우고 있다. 특별히 건재고택은 마을을 호위하고 있는 설화산의 물줄기를 고택 안으로 끌어들여 불火 산인 설화산의 화기를 식힐 겸 정원 내에 연못을 만들어놓았는데 고택의 규모에 비해 연못을 작게 만들어놓은 것이 이채로웠다. 화기를 지닌 산에서 흘러내리는 물로써 '불' 산의 화기를 잠재운다는 이치는 '물로 불을 끈다'는 논리이다. 풍수지리란 참으로 과학적인 지식으로 이해하기 어려운 경지인 듯싶다.

연못과 소나무, 고택이 어우러져 멋스런 정취를 자아내는 건재고택의 정원

　민속마을은 전국 방방곡곡에 아직도 남아있다. 류성룡의 종택이 있는 안동하회마을이 많이 알려져 있지만 서울에서 멀리 떨어져 있는 경상도와 전라도 지역에는 아직도 곳곳에 민속마을이 남아있다. 그런데 중부지역에서는 이곳 외암리를 제외하면 변변한 민속마을이 없는 실정이다. 그 이유를 들자면 강력한 외래문명의 영향 때문인지 서울에서 가까울수록 몇몇 국보급 문화유적지를 제외하면 우리의 전통문화의 흔적들 대부분이 사라져버렸다.

　외암민속마을이 위치해 있는 충남 아산지역은 지리적으로 봤을 때 서울에서 가깝고 삼성전자와 현대자동차 등의 대기업 관련 협력업체들이 밀집된 산업도시로 발돋움하고 있어 이 마을은 첨단문명의 여파 속에서도 홀연히 전통문화의 맥을 이어오고 있는 셈이다. 어떤 연유에서 외암리가 민속마을로서의 전통적 가치를 유지해오고 있는지에 대한 근원적인 해답을 찾아내는 것은 결코 쉽지 않다. 다만 외암리가 민속마을로 명성을 드높이고 있는 것은 설화산 건너편의 맹사성고택에서부터 실마리를 풀어내야 한다고 보는 견해가 설득력이 높아 보인다.

맹사성의 청백리정신은 도도히 살아남아 그 고고한 전통적 가치와 함께 맹사성의 품격을 전해주고 있다. 그의 소박하고 현실적이며 유연한 가치관과 정신은 그의 고택 곳곳에 스며있다. 이 아담한 고택은 전통문화의 소중함을 일깨워주려는 듯 오늘도 묵묵히 그 자리를 지켜내고 있으리라.

정철이 현대의 리더들에게 전해주고 있는 여가생활의

교훈은 바쁜 일상 속에서도 자연과 호흡할 수 있는

자신만의 여가공간을 확보하여 심신의 피로를 풀고 사색하며

자신의 리더십을 되돌아보는 삶의 여유에 모아진다.

# 고품격 여가생활,
# 정자에서 꽃피운 정철의
# 가사문학

1536년 한성부 장의동(서울 종로구 청운동)에서 태어난 송강 정철은 큰 누이가 인종의 후궁 숙의, 작은 누이가 월산대군의 손자인 계림군의 부인이었기에 궁궐에 자주 출입하며 남부럽지 않은 생활을 하였다. 하지만 그가 열 살 때 을사사화가 일어나 그의 아버지가 유배를 떠나면서 집안이 몰락하는 비운을 맞이하였다. 이후 아버지가 유배에서 풀려나자 조부의 고향인 담양의 창평으로 이주하였다. 정철이 담양의 환벽당環碧堂과 인연을 맺게 된 것은 창계천가에서 김윤제를 만나면서부터다. 나주목사였던 김윤제는 을사사화를 피해 벼슬을 그만두고 환벽당에서 후학들을 가르치고 있었다.

어느 날은 김윤제가 환벽당에서 낮잠을 자고 있는데 집 아래 창계천의 용소에서 거대한 용이 노닐고 있는 꿈을 꾸었다고 한다. 이를 신기하게 여겨 창계천에 내려가 보니 어린 정철이 물놀이를 하고 있었다고 한다. 그 후 김윤제는 그 인연을 소중히 여겨 정철을 환벽당에서 공부할 수 있도록 여건을 마련해주었다. 정철은 17세 때 김윤제의 외손녀이자 담양지역의 부호였던 유강항의 딸과 결혼하여 4남 2녀를 두었다. 27세 때인 1562년에 문과 별시에 장원급제하였는데 당시 명종은 장원급제한 그를 궁궐로 초청하여 성대한 연회를 베풀어 주었다. 그의 누의가 명종의 부왕인 인종의 숙의였음을 감안하면 대수로운 일도 아니지만 이를 계기로 몰락했던 집안이 다시 살아날 수 있었다.

그는 선조대에 이르러 두각을 나타내기 시작했다. 사간원 대사간과 전라도 관찰사, 우의정과 좌의정을 역임했고 임진왜란 때에는 선조를 보필하며 체찰사로서의 소임에 충실했다. 관료생활 초기부터 강직한 성품으로 불의를 보고 그냥 넘어가지 못해 많은 인사들과 갈등을 겪어야 했지만 율곡 이이와 절친한 사이였고 선조는 그의 소신과 비범함을 높이 평가해 주었다.

그의 가장 큰 업적은 중국문화 일변도의 사회풍토 하에서 가사문학을 통해 조선 문학의 독창성을 보여준 것이라 하겠다. 당시는 훈구세력이 몰락하고 사림인사들이 정국을 주도하던 시기, 즉 붕당정치가 고개를 들기 시작한 혼란스런 때였다. 그 또한 수차례 파직되었지만 그 때마다 고향인 담양의 창평에 내려와 가사문학 연구에 전념했다. 어쩌면 그의 이러한 문학적 열정과 성과들이 정치적 탐욕으로부터 자신을 지켜내는데 큰 도움이 되었다고 볼 수 있다.

상사화가 만개하는 9월의 환벽당을 방문하면, 집주인의 미의식을 엿볼 수 있을 만큼 매혹적인 정취를 느낄 수 있다. 조선의 선비들은 풍수지리와 풍광이 빼어난 곳에 집을 짓고 사시사철 계절의 변화에 순응하면서도 집주인의 성향에 따라 개성 넘치는 미의식을 주거공간에 접목시켰다. 노동의 공간과 생활의 공간, 그리고 여가의 공간을 차별적으로 접근하고 있는 현대인들의 모습과는 다분히 구별된다.

## 조선시대 가사문학의 특징

조선 중기는 당파싸움이 치열했고 그러한 정치현실을 개탄하며 많은 선비들이 각 지방으로 흩어지던 시기였다. 담양에서 세월을 낚고 있던 정철은 새롭게 태동한 가사문학에 매료되어 이를 독자적인 문학으로 승화시켰다.

가사문학이란 우리의 독창적인 필체로 자연의 아름다움을 표현한 문학의 한 장르이다. 중국 중심의 문학관을 뛰어넘었다는 면에서 그 의미가 큰 장르이기도 하다. 이서李緖의 낙지가樂志歌를 필두로 송순松荀의 면앙정가俛仰亭歌와 정철의 성산별곡星山別曲, 관동별곡關東別曲, 사미인곡思美人曲, 속미인곡續美人曲 등이 발표되면서 담양지역은 가사문학의 메카로 자리매김하였다.

담양은 대나무가 자생하기에 적당한 기후와 토양을 가지고 있는 우리나라의 대표적인 대나무 산지이다. 일찍이 죽세공예가 발전하여 500년 역사를 자랑하고 있는 곳이기도 하다. 또한 대나무는 곧게 뻗어 올라간 모양새 때문인지 올곧은 선비정신의 상징처럼 여겨져 왔다. 그래서 담양에는 선비들이 시를 읊고 풍류를 즐겼던 흔적들이 곳곳에 남아있다.

## 정철의 가사문학,
## 정자에서 꽃을 피우다

담양에서 꽃을 피운 가사문학은 정자를 중심으로 발전했다. 경치가 좋은 장소에 머물며 쉬기 위한 장소인 정자의 기본적인 모양은 비슷하지만 자세히 보면 집주인의 의도에 따라 각양각색이라는 것을 알 수 있다. 단순히 기둥을 세우고 지붕을 덮어 햇볕과 비를 피하고 주변 풍경을 즐길 수 있도록 만드는 것이 보편적이지만 바람을 막을 수 있는 벽을 치거나 겨울철 주인이 머물 수 있도록 방을 함께 배치한 정자들도 있다. 보고자 하는 방향, 높이, 출입구의 위치, 동선 등에서도 조금씩 차이가 있다. 논이나 밭에서 음식을 먹고 휴식도 취했던 원두막을, 시와 낭만을 노래하는 문화의 공간으로 발전시켰다고 볼 수 있다.

전국에 분포해 있는 정자들을 살펴보면 크게 네 가지 유형으로 분류할 수 있다. 강이나 계곡에 세워진 정자, 연못에 세워진 정자, 산기슭이나 언덕에 세워진 정자, 그리고 집안에 세워진 정자 등이다. 특히 집안에 세워진 정자 옆에는 운치를 더하기 위해 자연친화적인 연못을 조성해 놓고 이상세계를 염원하며 지적 유희를 즐기기 위한 장소로 꾸며졌다. 집안이나 궁궐 정원 내의 정자를 제외한 대부분의 정자들은 한국 건축의 개방성을 엿볼 수 있을 뿐 아니라 자연 친화적인 전통정원의 의미를 담고 있다. 나눔의 공간으로서의 뜻도 있다. 개인 주택과 달리 정자에는 담장을 두르지 않았는데 이는 집주인만의 공간이 아닌 공동체적 공간이었음을 상징한다. 여행에 지친 나그네의 쉼터였고 농사일에 지친 농민들의 쉼터였으며 선비들의 공부방이요 풍류를 논하는 사교의 장이기도 했다.

정철이 '성산별곡星山別曲'을 지은 곳으로 유명한 식영정息影亭은 아름다운 호수를 굽어볼 수 있는 언덕 위에 우뚝 솟아 있다. 그림자도 쉬어 간다는 뜻을 가지고 있는 식영정은 서하당 김성원이 스승이자 장인인 석천 임억령을 위해 지은 정자로 정철, 고경명 등과 함께 학문적 교류와 풍류를 즐겼던 곳이기도 하다.

식영정에 오르려면 나지막한 언덕을 오르듯 계단을 올라야 한다. 식영정에 올라서서 무심한 마음으로 주변 풍광을 관찰해 보면 그저 평범한 언덕배기에 불과하다고 폄하할 수도 있다. 단지 시원스레 펼쳐진 드넓은 평지를 굽어볼 수 있기 때문이다. 특별하거나 매혹적인 비경을 선호했던 선비들도 많았지만 정철이 가사문학을 연구하면서 주로 머물렀던 정자들은 너무도 아름다워 비현실적인 공간이 아닌, 일상생활과 호흡하는 아늑한 터에 자리 잡고 있다.

정철이 성산별곡을 창
작한 식영정

그가 정자에서 지인들과 풍류생활을 하며 시문을 탐구한 것은 오늘날로 치면 여가생활에 해당된다. 그의 여가생활이란 단순한 놀이이거나 반사회적인 행위일 수 없고 자신의 몸을 닦는 수기修己였으며 학문 탐구의 시간이었고 현실탈출의 피난처이기도 했다. 이는 조선 선비들의 보편적인 정서이다. 선비들에게 자연이란 수기의 공간이요, 작품 창작의 무대였으며 내적 성장의 중요한 수단이었다.

그들은 인간의 심성을 연구했는데 온전히 순수한 심성을 지니고 있는 것은 자연뿐이라고 여겼기에 그들의 풍류생활은 어떤 식으로든 자연 속에서 이루어졌다. 자연이란 부족함도 없고 과함도 없는 공간이기에 마음속에 탐욕이 이글거릴 때는 아름다운 풍광 속의 정자에 머물며 치우침이 없는 자연계의 법칙을 자신의 삶에 적용시켜 스스로를 제어할 수 있는 지혜를 터득하고자 했던 것이다.

조선의 선비들이 자연속에서 풍류생활을 하며 유유자적하는 모습을 보고 어떤 이는 베짱이를 떠올리며 게으르다 생각할지 모르겠다. 하지만 이는 평상심을 유지하기 위한 대표적인 수양법이다. 단순히 노는 것이 아니라 스스로를 다스려 가장 좋은 상태로 만들었다는 것이다.

평상심을 잃고 삶에 쫓기는 리더는 의사결정과정에서 실수를 하는 경우가 많다. 리더의 작은 실수가 어떤 상황에서는 큰 피해를 가져올 수도 있다는 것을 알았던 조선의 리더들은 자연을 가까이 하며 평상심을 갖기 위해 노력했다.

정철이 현대의 리더들에게 전해주고 있는 여가생활의 교훈은 바쁜 일상 속에서도 자연과 호흡할 수 있는 자신만의 여가공간을 확보하여 심신의 피로를 풀고 사색하며 자신의 리더십을 되돌아보는 삶의 여유에 모아진다. 그래야만 늘 평상심을 유지할 수 있고 '지속가능경영'의 중심에 설 수 있게 된다.

끊임없이 샘솟는 샘물처럼 지속가능경영을 선도하기 위해서라도 리더는 노동과 여가생활의 균형을 추구해야 한다.

# 가사문학의 산실,
# 피향정과 송강정

호남제일정湖南第一亭으로 알려진 정읍 피향정披香亭을 방문해 보면 담양 인근의 정읍에서도 가사문학의 흔적들을 확인할 수 있다. 피향정은 통일 신라 헌안왕 때 최치원이 세웠다고 알려져 있지만 건립연대는 확실치 않 다. 세월의 흐름 속에서 현재의 크기로 지어진 것은 1716년(숙종 42)인 현

가사문학의 산실이었던 피향정. 조선 중기의 목조 건축 양식으로 중건되었 고 호남제일정(湖南第一亭) 으로 널리 알려져 있다.

감 유근柳近 때다.

보물 제289호인 피향정은 앞면 5칸과 옆면 4칸의 큼지막한 누정樓亭*
으로 겹처마의 팔작지붕 건물이다. 지붕 처마를 받치기 위해 장식한 구조
는 새 부리가 빠져나온 것처럼 꾸며 간결하면서도 웅장한 멋을 더했다. 건
물의 벽면은 모두 뚫려 있어 사방을 바라볼 수 있고 난간에는 짧은 기둥
들을 촘촘히 배치하여 거대한 정자의 멋을 배가시켰다.

건물 안쪽 천장을 바라보면 내부구조가 개방된 연등천장이지만 천장
일부를 가리기 위해 우물천장으로 꾸민 곳도 있다. 한마디로 피향정은
정자라기보다 거대한 누각처럼 웅장함과 멋스러움을 함축하고 있는데
호남 선비들의 자연관과 풍류사상을 함축적으로 전해주고 있는 곳이기
도 하다.

본래 통일신라 때 최치원이 세웠다는 설이 있지만 확실치 않으며 조선
광해군 시절 현감이었던 이지굉李志宏이 새롭게 짓고 그 후 여러 차례 중건
되어 오늘에 이르고 있는데 조선 중기의 목조건축양식을 보여주고 있다.
'피향'이란 여름철에 연꽃이 만발하면 그 향기가 피어오른다는 의미로 미
루어 짐작해 보면 예전에는 이곳 일대가 연꽃으로 수놓인 연못이 있었을
것이다. 건물 내부에는 이곳을 다녀간 선비들의 시가를 기록한 편액들이
걸려있다.

담양에서 정철의 발자취를 살펴보면서 송강정松江亭을 빼놓을 수 없다.
그의 성품을 함축적으로 표현하고 있는 송강정은 세상을 등지고 살아가
는 은둔자의 공간도, 세상을 향해 도전장을 내던진 혁명가의 탐욕도 엿볼

---

*누각(樓閣)과 정자(亭子)를 아울러 이르는 말.

정철은 아담한 정자를 짓고 죽록정이라 하였으나 후에 송강정으로 개명되었다. 정철의 후손들이 한쪽은 죽록정, 다른 한쪽에는 송강정이라는 현판을 달아 이를 증거로 남겼다.

수 없는 공간이다. 단지 대문장가의 기상과 올곧은 인생철학이 담겨있을 뿐이다. 본래 송강정은 1584년(선조 17) 정철이 대사헌을 지내다 동인과 서인의 권력다툼으로 벼슬에서 물러난 뒤에 세운 정자로 정면 3칸, 측면 3칸의 단층 팔작지붕 건물이다. 지금의 정자는 멋진 기와로 장식되어 있지만 정철이 건립했던 당시에는 초막草幕*이었다.

현재의 정자는 1770년에 후손들이 그의 정신을 계승하기 위해 새롭게 지어졌는데 주변 경치를 감상할 수 있는 마루와 함께 가운데 방을 배치하여 거처할 수 있도록 건립된 것이 인상적이다. 오늘날 도심 속의 공원이나 시골에서 흔하게 접할 수 있는 정자들은 기둥과 지붕만 있는 개방된 형태가 대부분이지만 조선시대의 정자에는 방을 배치하여 주거기능을 갖춘 정자들이 제법 많았다.

성산별곡의 산실인 식영정息影亭에서 송강정에 이르는 도로가에는 자미紫米라고 불리기도 하는 목백일홍이 7월에서 9월 초까지 만개한다. 특히

---

*아담하게 지은 초가 별장

7월 말이 가장 아름다운데 붉게 물든 꽃길의 매혹적인 분위기가 인상적이다.

담양에는 정철이 청년시절 학문에 몰두했던 환벽당環碧堂과 중년기에 가사문학을 발전시켰던 정자인 식영정息影亭도 있지만 정철이 직접 건립한 송강정의 의미는 그가 머물렀던 여러 정자들과 비교해 볼 때 그 의미가 각별하다. 그는 관직에서 물러난 후에도 연구와 후학 양성에 전념하였으나 주군을 원망하지 않았고 자신의 문학세계를 벗어나지도 않았다. 그에게는 자신의 작품세계를 펼칠 공간이 필요했고 장소를 물색한 끝에 자신의 처지에 합당한 공간을 찾아냈다. 그리고 그곳에 정자를 짓고 죽록정竹綠亭이라 이름 붙였다.

그는 죽록정을 건립하면서 계단에도 각별히 신경을 썼다. 사색의 공간이 필요했던 송강은 너무 길지도 짧지도 않은 계단은 오르내리면서 시상을 떠올렸고 선조 임금을 사모하는 마음을 담아 사미인곡思美人曲을 지었다.

이 몸이 생겨날 제 님을 좇아 생겨나니

한평생 연분이며 하늘 모를 일이런가

나 오직 젊어 있고 님 오직 날 사랑하시니

이 마음 이 사랑 견줄 데 전혀 없다

평생 원하기를 함께 지내자 하였더니

늙어서야 무슨 일로 외로이 두고 그리는고

엊그제 님을 모셔 광한전廣寒殿에 올랐더니

그 사이 어찌하여 하계下界에 내려왔나

올 적에 빗은 머리 얽힌 지 3년이라

연지분 있지만은 눌 위하여 곱게 할까
마음에 맺힌 시름 첩첩이 쌓여 있어
짓느니 한숨이요 떨어지느니 눈물이라
(이하 생략)

(자료 : 한국가사문학관)


사미인곡에서 정철은 자신의 심경을 남편과 이별하고 홀로 살아가는
부인의 마음에 비유하여 표현하였다. 그는 세상사의 흐름에 순응하면서
선조를 존경했으며 신하된 자의 예의를 끝까지 지켰다. 비록 당파싸움으
로 자리에서 물러나긴 했지만 자신의 충정을 사미인곡으로 승화시킨 그
의 인생철학은 지금의 시선으로 봐도 존경스럽다.

죽록정은 후에 후손들에 의해
송강정으로 개명되었는데 정자의
한 면에 죽록정이란 현판을 걸고
다른 한 면에 송강정이란 현판을
걸어 죽록정에서 송강정으로 이름
이 변경되었음을 알리고 있다. 송
강정 옆에는 위풍당당한 노송이
정철의 기상을 묵묵히 전해주고
있다.

중국 문학을 답습하던 종래의
관행에서 탈피하여 우리의 독자적

정철은 송강정을 오르는 이곳 계단에서 사미
인곡의 시상을 떠올렸다.

인 가사문학을 정착시킨 정철의 업적을 리더십의 관점에서 접근해 보면 창조적 혁신에 해당된다. 그가 중국문화 일색이었던 당시에 독자적인 문학적 행보를 보인 것은 결코 쉬운 일이 아니었다. 아울러 그는 정치무대에서 물러난 뒤에는 자신의 처지를 순순히 받아들이는 삶의 태도를 견지했다. 어쩌면 그가 담양이 아닌 한양이나 인근지역에서 생활하고 있었다면 정치적인 소용돌이에 휘말렸을 수도 있었다. 하지만 그는 정치에 대한 후회나 미련 없이 마음이 통하는 지인들과 함께 자연을 찬미하며 여생을 마무리했다.

그가 정치적으로 위대한 업적을 남겼다고 말할 수는 없겠지만 뛰어난 선비들이 권력을 탐닉하다 불행한 최후를 맞이한 예가 많은 당시의 현실을 고려해 볼 때 그는 분명 욕심을 부릴 때와 물러날 때를 정확히 판단하고 실천했던 선비였다.


그가 죽록정 근처의 돌계단을 오르내리며 사미인곡의 시상을 떠올린 것처럼 나도 이 계단을 걸으면 그의 정신과 마음가짐을 되새길 수 있을까 하여 곧고 길게 뻗은 소나무길 사이의 돌계단을 하나하나 오르고 있다. 그가 이 계단을 오르며 했던 생각, 내려가며 했던 생각들은 어떤 것들이었을까?

다채로운 자연의 아름다움이 묻어나는 정원에서

차를 마시거나 계절의 변화를 온몸으로 감지하며 산책하는 리더라면

일상생활의 복잡한 문제들을 단순하게 바라볼 수 있는 여유를

회복할 수 있을 것이고 해결의 실마리도 얻게 될 것이다.

# 미래지향적인 여가생활,
# 윤선도가 설계한 무릉도원

윤선도는 1587년(선조 20) 한성부 동부 연화방(서울 종로구 연지동)에서 태어났다. 그는 어린 시절부터 시 짓는 재주가 뛰어났고 인정이 많았으며 의로운 성격을 지녔다고 한다.

선조가 승하하고 광해군이 집권하자 그에게 시련이 닥쳐왔다. 1616년 (광해군 8) 서른 살의 윤선도는 신하들의 부조리한 국정운영이 도를 넘어서 위태로운 지경에 이르렀기에 이이첨, 박승종, 유희분의 죄를 엄히 물어야 한다는 병진소丙辰疏를 올렸다. 하지만 결국 모함을 받아 한양에서 2천여 리나 떨어진 함경도 경원 땅으로 유배를 떠날 수밖에 없었다. 인조반정으로 복권된 이후에도 남인이라는 출신과 강직한 성품 탓에 수차례 유배와 은거를 반복했다. 42세에는 봉림대군과 인평대군의 사부師傅<sup>*</sup>를 맡기도 했다.

　윤선도는 정치판이 혼탁해지면 미련 없이 고향으로 돌아와 아름다운 자연을 벗 삼아 학문연구에 정진하며 유유자적한 선비로서의 소명에 충실했다. 관직생활은 비록 순탄치 못했지만 도를 넘지 않는 자기절제와 올곧은 선비의 본분을 다했기에 온갖 풍파에도 불구하고 명예를 지킬 수 있었다. 또한 해남일대와 보길도에서의 그의 삶은 여느 선비와는 다르게 경영자로서의 지도력을 가지고 있었고 독특한 생활방식과 함께 남다른 예술혼을 보여주었다. 그는 여행 중 마음에 드는 장소를 만나면 감상만 하고 돌아오는 것이 아니라 그곳에 자신만의 공간을 마련해 지극정성으로 꾸미고 생활하며 문학작품으로 승화시키는 태도를 견지했다. 그가 좋아했던 해남 인근의 금쇄동만 하더라도 산세가 험해 집을 짓기 어려운 곳임에도 불구하고 정자와 정원을 만들어 작품 활동을 하던 곳이다. 그는 험준한 산성으로 거처를 옮겨 무릉도원을 설계하고 연못을 조성하여 자연미와 인공미의 절묘한 조화를 즐겼고 자신의 마음 밭에 투영된 신비한 세계를 산중신곡山中新曲 18수로 승화시켰다.

　송강 정철이 생활공간 인근의 경치 좋은 정자에서 그의 문학세계를 펼쳤다면 윤선도는 일반인들이 쉽게 접하기 어려운 깊은 산중이나 섬에서 그의 행복론을 실천했다는 점이 흥미롭다.

---

*세자의 교육을 맡던 으뜸 벼슬

## 해남 윤씨가의 학풍과
## 윤선도의 간척사업

해남 윤씨 가문이 명문가문으로 부상한 것은 윤선도의 고조부인 어초은漁樵隱 윤효정尹孝貞이 해남 출신의 부호인 해남 정씨의 규수를 부인으로 맞이하면서부터다. 그의 결혼은 경제적 부와 연결되었고 해남에 거주하고 있던 최부와 연결되면서 학문적 성숙을 꾀할 수 있었다. 해남 윤씨가는 가학家學으로 소학小學을 중시하였는데 민본위민적民本爲民的 실천사상을 강조하고 있다. 윤효정으로부터 시작된 해남 윤씨가의 소학 중시 풍토는 사림파적 학맥 속에서 윤선도와 윤두서 등으로 이어졌다.

조선의 모범적인 선비들이 그러했듯이 윤선도는 학습적이며 문화 체험적인 여가생활을 몸소 실천한 인물이다. 그가 해남의 땅끝마을을 마주보고 있는 보길도에 정착하게 된 계기는 1636년 발발한 병자호란과 관련이 깊다. 전란이 발발하자 한양을 향하던 윤선도는 인조가 청나라에 항복했다는 소식을 듣고 남해안의 여러 섬들을 여행하며 마음속에 끓어오르는 분노를 삭였다. 그러던 중 발견한 섬이 보길도. 풍수지리에도 남다른 식견이 있었던 그는 보길도에서 여생을 보내기로 결심하고 섬 전체를 정원으로 꾸미는 작업에 돌입했다.

그의 유적지를 이야기할 때, 청춘을 보냈던 한양의 유적지보다 해남지역과 보길도가 부각되고 있는 것은 그의 대표작인 〈산중신곡〉과 〈어부사시사〉 등이 이곳에서 창작되었기 때문이다. 또한 보길도는 진도와 고금도 일대의 간척지들을 총괄하는 지휘본부의 역할을 수행해낸 곳이기도 하다. 윤선도고택인 '녹우당'은 바다로부터 제법 떨어져 있어서 교통이 편리하지 않았던 당시에 해남 일대의 해안과 여러 섬들의 사업장들을 효과적으로 관리하는 것이 쉽지 않았을 것이다.

풍수지리에 해박했던 그가 해남 땅에 살면서 보길도를 개척한 것은 그 당시에도 이곳 일대가 사람 살기에 좋을 뿐 아니라 경제적으로도 매우 유용한 곳이었음을 상징한다. 지정학적으로도 해남은 한반도 최남단으로 대륙문명이 반도를 통해 해양으로 퍼져나가는 곳인 동시에 해양문명이 유입되는 거점이었다. 또한 해남은 먼 옛날 지구의 정복자였던 공룡들이 뛰놀던 곳이라는 상징성을 지닌 곳이기도 하다.

그는 유산으로 물려받은 부를 활용해 진도와 고금도 등지에서 대규모 간척사업을 통해 막대한 부를 축적했다. 또 정치적인 소용돌이로부터 비교적 자유로울 수 있었던 남해안 지역에 터전을 잡고 있었던 것은 그에게는 큰 행운이었다. 진도의 굴포리는 본래 그가 벌인 간척사업을 기념하여 세운 사당과 기념비가 있었던 곳인데 지금은 대몽항쟁 때 명장으로 알려진 배중손 사당과 동상이 그 자리를 차지하고 있다.

당시 조선사회는 임진왜란과 병자호란을 거치면서 중앙정부 차원에서도 간척사업을 적극적으로 벌였고 경제 여건이 좋은 민간에서도 간척사업에 뛰어들던 시대였다. 하지만 해안가나 섬을 개척하기 위해서는 중앙정부의 하가를 받아야 했기에 재력가라 할지라도 정치적 역량이 부족한 자들은 감히 엄두를 낼 수 없는, 당시로서는 세인들의 관심을 집중시킬 만큼의 거대한 프로젝트였다. 게다가 막대한 노동력을 투입해야 했기에 사업에 따른 위험도 큰 사업이었다.

당시에 해안가의 땅을 옥토로 바꾸는 사업은 재력가들이 보편적으로 관심을 보였던 사업영역은 아니었다. 윤선도는 오늘날로 치자면 벤처기업가적인 기질을 지닌 자라 할 수 있다. 그의 가문은 일찍이 해안가나 섬의 간척사업에 적극적이었는데 그는 한발 더 나아가 인근 섬들의 사업장들을 보다 효율적으로 경영하기 위해 보길도로 삶의 터전을 옮기는 주도면밀함을 보여주었다.

그가 추구했던 해남 일대에서의 삶은 단순히 관직에서 물러난 선비들이 보편적으로 추구했던 은둔생활은 아니었던 것 같다. 그는 진도와 고금도 일대에서의 대규모 간척사업을 진두지휘한 사업가로서의 삶에 충실하면서도 여가생활의 질을 중시했다. 보길도 전체를 정원으로 꾸며놓은 뒤에 그곳에서 신선처럼 생활하며 조선 시조문학의 대가로 거듭나는 등 노동과 여가생활의 조화를 추구하는 모범적인 삶을 살았다.

세계시장을 선도하고 있는 다국적기업들도 무한경쟁 환경을 극복하기 위한 핵심전략으로 단순히 봉급을 인상하는 정책에서 탈피하여 근무시간 단축과 근무환경 개선 같은 복지 향상에 치중하고 있는 실정이다. 심지어 리조트형 호텔처럼 근무공간을 꾸미는데 막대한 투자를 아끼지 않는 기업들도 간간이 눈에 띈다. 쾌적한 근무환경과 노동의 질은 상관관계가 높기 때문일 것이다.

## 보길도에 깃든 윤선도의 행복론

윤선도가 조성한 부용동원림의 공간구조를 보면 그의 인생철학과 행복론을 엿볼 수 있는데 그는 신선이 되고픈 욕망이 강했던 인물로 해석된다.

부용지는 신비스런 분위기를 고조시키기 위해 부용지 곳곳에 많은 기암괴석을 배치했으며 공간구조는 세연정, 동천석실, 낙서재, 곡수당, 기타지역 등으로 나뉜다. 세연정 일대는 부용동 입구로, 판석 제방을 막아 연못을 조성하고 정자를 세워 놓고 유희를 즐기며 풍류와 문학을 논했던 공간이었다. 동천석실 지역은 부용동 최고의 절경지대로 가파른 절벽 위에 단출한 정자를 세워놓고 주변에 연지를 조성했으며 간간히 신선처럼 지냈던 공간이다. 낙서재는 격자봉 아래 소은병이란 바위 밑에 세운 집으로 소박하기 그지 없는 주거공간이다. 곡수당은 낙서재 동북방으로 약 200미터 떨어진 곳으로 윤선도 아들인 학관이 거처했던 곳이다. 기타지역으로 격자봉 서쪽 골짜기의 낭음계와 곡수당 북쪽의 봉우리인 하한대 등이 매력적이다.

선비들이 건립한 조선의 대표적인 정원에는 남원의 광한루원과 담양의 소쇄원이 있다. 광한루원의 연못에는 도교 신선사상에서 추구하는 삼신산을 조성하여 멋을 부렸다. 소쇄원은 조광조의 제자였던 양산보가 정치에 환멸을 느껴 속세로부터 벗어나 생활하려 했던 정원의 조성 목적대로 은둔자의 삶에 적합한 공간으로 꾸며졌다.

윤선도가 보길도의 부용동원림에서 생활했던 방식은 양산보와는 조금 다르다. 정치에 환멸을 느낀 양산보가 속세와 단절된 삶을 살려고 했다면 윤선도는 정치로부터 멀리 벗어나려 했던 것은 사실이나 세상살이로부터 숨거나 도피하려는 의도는 아니었다. 그는 부용동에서 남해안 일대의 사업장들을 진두지휘했고 비경이 살아있는 곳곳에 크고 작은 쉼터를 마련하고 아름다운 자연을 찬미하며 지인들과 풍류를 즐겼다. 이렇듯 윤선도에게 부용동원림이란 삼라만상을 옮겨 놓은 소우주였다. 그는 넘치지도 부족하지도 않은 대자연 속에서 터득하는 자연미와 자연친화적인 최소한의 인공미를 조화시켜 그만큼의 독특한 미학의 완성시켰다.

윤선도는 여든 살이 넘도록 정치활동을 저버리지 않을 정도로 정치에 대한 애정이 많았다. 그러나 정치활동을 하던 대부분의 시간을 유배지에서 보냈을 만큼 불운했고 정승의 반열에 오른 성공한 관료도 아니었다. 서인 주도의 정국에서 남인이었던 그가 큰 꿈을 펼치기는 쉽지 않은 상황이었다. 지금도 그에 대해서 정치가나 사업가보다 조선 시조문학의 대가라는 문학인으로서의 이미지가 강하다. 그런 그가 노년기까지 정치활동을 한 이유에는 나름대로의 목적이 있었을 것으로 추론된다.

오늘날에도 거대한 사업체의 대주주이면서 정치무대에서 활약하고 있는 정치인들이 있는데 윤선도 또한 선대로부터 물려받은 막대한 부를 지키기 위해서라도 정치무대를 떠나지 못한 측면이 있었던 것 같다. 정치적인 영향력이 막강했던 조선사회의 특징을 고려할 때 그는 정치적인 야망도 있었겠지만 사업가로서 자신의 재물을 지키고 부를 확대하기 위해서라도 정치적인 영향력이 필요했을 것이다.

그가 보길도에 꾸며놓은 부용동원림을 보면 보통 사람들은 질투를 낼만큼 거대한 규모이지만 그의 재력도 그만큼 대단했음을 보여주는 증좌이기도 하다. 그러나 윤선도는 모범적인 선비로서의 삶을 저버리지 않은 것으로 알려져 있다. 그의 고택인 해남의 '녹우당'을 방문해 보면 그의 선비정신을 이해할 수 있다.

어쩌면 그가 추구했던 행복은 다른 이들과 조금 달랐던 것 같다. 조선의 대표적인 거부로 살면서 정치적으로는 큰 족적을 남기지는 못했지만 속세와 단절된 보길도에 자신만의 공간을 만들어 생활하며 자신의 문학수준을 대가의 반열에 올려놓았다. 놀고 즐기는 것만이 아닌 학습적인 여가 활동의 진수를 보여주었다 하겠다. 이에 비해 우리의 여가문화는 세상사를 논하던 음주가무를 벗어나 반사회적인 쾌락과 과도한 음주에 익숙해져버렸다.

관광이론에 의하면 여행자들은 문화 체험에 적극적일 수도 있고 소극적일 수도 있다. 문화체험에 가장 적극적인 여행자는 탐험가지만 그 인구는 전 세계적으로 소수에 불과하다. 대부분의 여행자들은 문화 체험을 부분적으로 수용하지만 외국여행 중에도 자국 문화를 체험하려는 경향을 띈다. 외국여행을 하면서 하루에 한 끼 이상은 반드시 한식을 먹어야 하는 여행자들을 말한다.

로마에 가면 로마법을 따르듯 타 문화권을 여행할 때 그 지역의 문화체험에 적극적인 여행자들은 소극적인 사람들과는 차원이 다른 결과를 도출하게 된다. 문화체험 중심의 여행자들은 여행을 낭비나 사치로 인식하지 않으며 행복한 인생과 보다 나은 미래를 준비하는 투자의 관점에서 접근한다. 반면 문화체험에 소극적인 여행자들은 여행을 단순한 휴식, 스트레스 해소나 음주가무의 기회로 받아들인다.

프랑스 파리, 영국 런던, 이탈리아 로마처럼 인공적인 건축물의 공간미학을 발휘하여 세계적으로 아름다운 도시로 인정받고 있는 예도 있지만 서울을 비롯한 한국의 대도시들은 자연친화적이지도 못하고 아름다운 공간미학으로 꾸며졌다고 볼 수도 없는 실정이다. 개인적으로는 제2의 윤선도가 많이 나타나 자신의 일터와 생활공간이라도 최대한 자연친화적으로 꾸며줬으면 하는 바람이 있다. 또 우리나라의 전통정원과 한옥이 함축하고 있는 자연친화적인 공간미학은 생태환경의 중요성이 날로 증대되고 있는 현대사회에서도 아주 유용한 가치를 담아내고 있기에 이제부터라도 전통정원의 복원에 각별한 노력을 기울였으면 좋겠다.

다채로운 자연의 아름다움이 묻어나는 정원에서 차를 마시거나 계절의 변화를 온몸으로 감지하며 산책하는 리더라면 일상생활의 복잡한 문제들을 단순하게 바라볼 수 있는 여유를 회복할 수 있을 것이고 해결의 실마리도 얻게 될 것이다.

여행은 자기계발의 중요한 수단이다. 가족여행을 통해서는 가족 간의 유대를 강화할 수 있으며 직장동료들과 함께하는 여행을 통해서는 서로에 대한 신뢰를 높이는 계기가 될 수 있다. 리더라면 여행을 통해 심사숙고하고 있던 전략적 아이디어를 이끌어낼 수 있다. 또한 여행은 노동으로 일그러진 심신의 피로를 풀고 삶의 균형을 회복하는데 큰 도움을 준다.

# 윤선도의 발자취,
# 녹우당과 부용동원림

조선의 거부巨富였던 윤선도의 가족들은 해남 땅에 둥지를 틀고 문예 활동에 박차를 가했는데 지금도 그의 고택인 녹우당綠雨堂을 방문해 보면 윤선도의 인생관과 그가 추구했던 사상적 토대를 조금이나마 이해할 수 있다.

녹우당에 들어서면 500여 년 된 거대한 은행나무가 방문객을 향해 인

여유로운 정취가 묻어나는 윤선도의 고택, 녹우당의 사랑채(왼쪽)와 풍경(오른쪽).

사를 건넨다. 가을철이 되면 담장 너머에서 붉게 물든 감들이 나뭇가지에
주렁주렁 걸려있다. 은행나무 뒤편의 담장은 오래된 기와만큼이나 이 집
의 역사적 숨결을 간직한 채 초연하게 버티고 서 있다. 사랑채의 앞마당으
로 당당하게 뻗어 나온 차양은 여느 고택에서 쉽게 볼 수 없는 독특한 모
양새다. 이 차양은 햇볕을 가리거나 비가 들이치는 것을 방지하는 것 외에
도 가볍게 거닐면서 사색하기에 적합한 구조로 되어 있다. 앞마당은 그리
넓지 않지만 아담한 정원과 연못을 조성하여 멋을 한껏 부렸다.

　본래 녹우당은 해남 윤씨의 종가로 윤선도의 4대 조부인 윤효정이 지
은 건물이다. 특히 사랑채는 효종이 윤선도에게 하사했던 수원 집을 해상
운송하여 이곳에 이전한 건물이다. 효종이 사부인 윤선도에게 주택을 하
사한 행위도 훌륭하지만 임금이 하사한 주택을 해체하여 경기도 수원에서
머나먼 전라도 해남까지 옮겨와 복원한 그의 마음씨도 본받을 만하다.

　녹우당綠雨堂이란 편액은 당대의 명필이자 공재恭齋 윤두서尹斗緖의 절친
한 친구였던 옥동玉洞 이서李漵의 글씨이다. 집 뒤편의 비자나무숲에서 들
려오는 바람소리가 마치 비가 내리는 것처럼 들린다 하여 붙여진 이름이
다. 큰사랑 옆에 있는 작은 사랑방은 판자 가리개로 분리하여 설치했는데

녹우당의 편액은 당대의 명
필, 이서의 글씨라고 한다.

사진_ 이동미

자녀들을 배려한 공간으로 알려져 있다.

풍수적으로는 사신사四神砂가 잘 짜여진 명당터로 유명하다. 사신사란 좌청룡, 우백호, 전주작, 후현무를 상징하는데 쉽게 표현하자면 주택 좌우와 앞뒤에 위치해 있는 산들을 의미한다. 녹우당을 호위하고 있는 주산인 381미터 높이의 덕음산 자락은 산책하기에 안성맞춤이고 고택 앞으로 펼쳐진 시원스런 들판은 바라보기만 해도 가슴이 시원해진다.

위풍당당한 은행나무 옆의 유물전시관에 들어서자 공재 윤두서의 자화상이 단연 돋보였다. 자화상의 얼굴빛에서도 해남 윤씨 가문의 자긍심은 술술 배어나온다.

담장을 따라 산길로 접어들자 녹우당 뒤편으로 어초은 사당漁樵隱 祠堂*과 고산사당孤山 祠堂**과 추원당追遠堂*** 등 500여 년 전에 조성된 비자나무 숲에 둘러쌓여 있다.

그는 병자호란과 기나긴 유배생활에 지친 심신을 이끌고 고향인 해남 땅을 방문했지만 마을 주민들의 곱지 않은 시선과 스스로도 정치에 대한 환멸을 삭히지 못하고 방황했다. 그가 세상을 등지고 은둔생활을 하게 된 시점은 경상도 영덕에서의 유배생활을 마친 뒤로 알려져 있다. 선생은 녹우당에서 가까운 수정동水晶洞 일대에서 잠시 생활하다 '황금의 자물쇠로 잠긴 주석궤짝'이란 의미의 금쇄석궤金鎖錫櫃를 얻는 꿈을 꾸고 나서 금쇄동으로 거처를 옮겨 세 차례에 걸쳐 약 9년 동안 은둔자의 삶을 영위했다.

해남의 땅끝마을에서 배편으로 한 시간 가량 이동하면 보길도에 도착

---

* 해남 윤씨가를 명문가문으로 키운 어초은 윤효정의 신주를 모신 곳
** 고산 윤선도의 신주를 모신 곳
*** 해남 윤씨 문중의 재실

한다. 이 섬은 행정구역상으로 완도군에 속해 있지만 해남의 땅끝마을과 지리적으로 인접해 있어 녹우당과 연계하여 답사하기 수월하다.

해 뜨기 전 어둠에 휩싸인 회색빛깔의 가을바다는 여명과 함께 서서히 정체를 드러내고 새벽을 뒤흔들던 파도소리는 서서히 붉은 빛으로 물들기 시작했다. 7시에 출발하는 보길도 행 여객선에 올랐다. 여객선에서 바라보는 일출은 바닷가에서 체험하는 일출과는 차원을 달리한다. 육지에서 바라보는 일출은 태양이 정지된 장소에서 위쪽으로만 올라가기 때문에 박진감 넘치는 속도감을 체험하기 어렵다. 하지만 여객선에서 바라보는 붉은 태양은 바다와 섬들 사이를 빠르게 넘나들며 다채로운 비경을 연출한다.

여객선이 선착장을 벗어나자 붉은 빛으로 이글거리는 거대한 태양이 바다 속에서 화려하게 떠올랐다. 나는 그 웅장함과 아름다움에 본능적으로 카메라를 꺼냈다. 어느덧 태양은 상공으로 치솟으면서 아름답고 영롱한 모습을 뒤로 한 채 아침 공연을 마무리했다.

윤선도가 보길도에서 우리나라 최대 규모의 정원인 부용동원림芙蓉洞苑林을 조성하고 장기간 머문 또 다른 이유는 이곳이 풍수지리상으로 흥할 수 있는 좋은 터였기 때문이다. 황원포구 앞에는 뱀 모양의 섬, 장사도가 천연의 요새역할을 담당해 유사시에도 뱃길을 확보할 수 있는 이점을 지닌 곳이기도 하다. 그는 황원포에서 낙서재까지 수 킬로미터에 이르는 거대한 공간에 부용동원림을 조성하면서 자신의 주거지였던 낙서재와 아름다운 경치를 감상하며 차를 마셨던 동천석실, 그리고 그의 문학적 재능을 유감없이 발휘하여 〈어부사시사漁父四時詞〉를 창작했던 세연정 유적지를 그의 독특한 미의식을 접목시켜 완성하였다.

나는 보길도의 청별항에 도착하여 부용동원림의 답사 1번지라 할 수 있는 세연정洗然亭을 방문했는데 세연지洗然池와의 조화가 돋보였다. 세연지에 물을 가두기 위해 설치된 판석보는 보면 볼수록 매력이 넘쳐난다. 물을 가두는 인공 둑으로, 돌다리의 역할도 하고 비가 많이 내리는 우기에는 폭포가 흘러내려 운치를 더하면서도 세연지의 수량을 일정하게 유지해 주고 있다.

세연지는 다양한 크기의 자연석을 적재적소에 배치하여 신비스런 분위기를 자아낸다. 세연정의 오른쪽 판석보 옆에는 사람들이 어우러져 춤을 추며 풍류를 즐기던 동대東臺와 서대西臺가 마주보고 서 있다. 동대는 가로 6.7미터, 세로 7.5미터의 장방형의 공간이고 서대는 한 변의 길이가 7.5미터의 정방형으로 나선형으로 꾸며진 계단이 남아있다.

세연지를 굽어볼 수 있는 옥소대에 올라 세연정 일대를 내려다보자 세연정의 멋스런 정취가 한눈에 들어왔다. '세연'이란 주변 경치가 물에 씻은 듯 깨끗하다는 의미를 담고 있다. 이 일대에서 창작된 〈어부사시사〉는 사계절을 테마로 각각 10수로 구성되었다.

봄노래와 가을노래의 첫 수를 음미해 보자.


봄노래

앞개에 안개 걷고 뒷산에 해비친다

배 띄워라 배 띄워라

썰물은 물러가고 밀물이 밀려온다

찌거덩 찌거덩 어야차

강촌의 온갖 꽃이 먼 빛이 더욱 좋다

주변 경치가 물에 씻은 듯 깨끗하다는 뜻의 세연정. 집주인은 자연풍광을 벗삼아 풍류를 즐겼다.

가을노래

물외에 맑은 일이 어부생애 아니던가

배 띄워라 배 띄워라

어옹을 웃지 마라 그림마다 그렸더라

쩌거덩 쩌거덩 어야차

서철 흥취 한가지나 가을 강이 제일 좋아

(자료 : 녹우당)

산세가 빼어난 보길도의 지도를 살펴보니 남쪽으로 빼어난 경치를 굽어볼 수 있는 곳에 격자봉이 자리를 잡고 있다. 격자봉格紫峰의 혈맥이 세 번 꺾이며 내려오면 소은병小隱屏이란 병풍바위가 있고 그 아래에 윤선도가 생활했던 낙서재樂書齋가 자리잡고 있다. 낙서재는 1637년 초가로 지어졌다가 후에 3칸으로 확장되면서 사방으로 툇마루를 달았다.

그는 1653년 2월에 낙서재 남쪽에 사랑채를 짓고 세상을 등지고 살아

고즈넉한 분위기의 곡수당. 이곳은 윤선도의 아들이 머물렀던 곳이다.　　　　　사진_양영훈

간다는 뜻을 담아 무민당無悶堂이란 편액을 걸었다. 낙서재 인근에는 곡수당 曲水堂 터가 남아있는데 이곳은 그의 아들 학관이 머물던 집이다. 동천석 실洞天石室은 곡수당 건너편 산중턱의 경치가 빼어난 바위 위에 지어진 1칸 짜리 집으로 윤선도가 차를 마시며 사색하던 곳이기도 하고, 틈틈이 공 부도 하며 신선처럼 지냈던 곳이다.

　이렇듯 자기 자신과 자식을 위해 여러 곳으로 구분된 다양한 공간을 마 련한 것을 보면 윤선도는 단지 속세를 떠나 도망치듯 이곳에 머문 것은 아 닌 것 같다. 그는 이곳에서 본인뿐 아니라 후손들을 위한 교육의 장소와 휴식의 공간, 자연을 관찰하고 여유를 즐길 수 있는 공간들을 마련했다.
　이곳은 윤선도에게 단지 도피의 장소가 아니라 자연의 섭리를 배우며 순리대로 살고자 했던 그의 인생철학이 담겨 있는 곳이요, 해남 일대에서 추진했던 간척지들을 진두지휘했던 전진기지이기도 했다.

　그는 권력암투가 난무하는 정치사에 자신의 이름을 높이 세우기보다는 육지와 단절된 보길도에 자신만의 무릉도원을 꾸며놓고 정치적 탐욕을 경계하며 그만의 독특한 행복론을 실천했다.

　천하 절경인 보길도에 도착해 자신과 후손들의 삶터를 그려보며 대를 이어가며 번창할만한 길지를 물색했을 그의 비범한 눈길을 생각해본다.

조선의 임금들이 머물렀던 비원은 미래를 대비하는 전략 수립을 위한

사색의 공간이었고 서번트 리더십의 현장이었다. 사람들의 앞에

나서기 위해서는 그들을 끌고 갈 카리스마도 필요하지만 그들과 함께 하기 위한

봉사하는 마음, 섬기는 자세가 필요하다는 교훈이 담겨있는 곳이기도 하다.

# 왕실의 여가문화를 엿보다,
# 임금들의 산책로 창덕궁 후원

조선의 여가문화를 살펴 볼 때 꼭 봐야 하는 곳이 궁궐이다. 최상위 지배계층인 왕실 사람들이 그들의 거처를 어떻게 꾸몄는지가 결국은 조선 전체의 여가문화를 말해주기 때문이다.

조선의 궁궐 중에서 창덕궁은 가장 한국적인 궁궐로, 북한산을 타고 내려온 응봉자락에 1405년(태종 5) 이궁離宮으로 세워졌다. 외전 83칸, 내전 195칸 총 278칸으로 건립되어 755칸이었던 경복궁의 3분의 1에 불과했지만 점차로 왕실 가족과 왕실에 종사하는 사람들이 증가하면서 자연스럽게 궁궐의 규모는 확장되었다.

경복궁은 광화문에서 신무문에 이르는 축을 중심으로 근정전을 비롯한 주요 건축물을 배치하여 궁궐의 웅장함을 효과적으로 표현한 반면, 창덕궁은 정문인 돈화문敦化門을 축으로 건물들을 배치하지 못하고 횡으로 펼쳐진 지형적 특성을 고려하여 크게 세 가지 축으로 배치되었다. 첫 번째 축은 돈화문에서 북한산의 한 줄기인 응봉으로 펼쳐졌다. 두 번째 축은 정전인 인정전이 놓인 방향이다. 돈화문이 먼발치에서 응봉을 바라보고 있다면 인정전은 궁내에서 가장 높은 지점에 배치되어 정전의 품격을 효과적으로 표현하였다. 세 번째 축은 희정당과 대조전으로 이어지는 축이다.

창덕궁은 현재 조선을 대표하는 5대 궁궐인 경복궁, 창덕궁, 창경궁, 덕수궁, 경희궁 중에서 보존 상태가 가장 좋다. 뿐만 아니라 조선의 마지막 임금인 순종이 최후까지 생활한 곳이라는 점에서 그 상징성이 남다른 곳이다. 조선의 임금들이 웅장한 경복궁보다 창덕궁에서의 생활을 선호한 데는 여러 가지 이유가 있겠지만 왕실정원인 창덕궁 후원의 매력도 큰 영향을 미쳤을 것이다.

순종이 생활했던 당시의 돈화문은 임금 전용 출입문이었고 대부분의 신하들은 창덕궁 서쪽에 있는 금호문으로 출입했다. 현재의 돈화문은 임진왜란 때 왜군에 의해 불타버렸다가 1609년 광해군이 즉위하면서 다시 세워졌는데 수많은 전란에도 불구하고 지금까지 원형을 보존하고 있다.

**세계문화유산**
**창덕궁의 공간미학**

경복궁은 큰 전란이 있을 때마다 파괴되는 아픔을 겪었던 반면, 창덕궁은 비교적 피해가 적었다. 경복궁과 대별되는 창덕궁의 매력은 후원에 집약된다. 조선 왕실정원을 대표하는 창덕궁 후원은 왕실 정원을 위해 궁궐

창덕궁의 정전인 인정전. 경복궁의 근정전과 같이 궁궐의 중요 행사인 즉위식과 외국의 사신을 맞이했다.

이 존재하고 있다고 느낄 만큼 매혹적인 공간구조를 띄고 있다.

돈화문 앞의 수문장 교대식에서도 세계문화유산 창덕궁의 품격은 저절로 이해가 된다. 수문장의 화려한 의상과 절도 있는 행동은 고궁의 매력을 증대시켜 주기에 충분하다. 오늘날 고궁에서의 수문장 교대식은 전 세계적으로 관광객을 유인하는 상징적 이벤트가 되었다. 영국의 버킹엄 궁에서 벌어지는 근위병 교대식에서도 확인할 수 있듯, 대중들의 삶과 구별되는 왕궁의 수문장 교대식은 그 자체만으로도 방문자들을 끌어들이기에 충분하다.

돈화문에 들어서면 작은 물길을 가로지르는 금천교가 보인다. 금천교는 단순히 응봉에서 흘러내리는 물을 다스리는 역할 외에, 세속적인 영역에서 성스러운 영역으로 들어오는 사람들이 나쁜 액운을 씻어버리고 깨끗한 마음으로 입궐하라는 염원을 담고 있다. 그래서 금천교를 떠받치고 있는 다리의 양쪽에 해태와 현무를 배치하여 나쁜 귀신과 사악한 기운을 다스리게 했다.

금천교를 지나쳐 안쪽으로 이동하면 인정문이 보인다. 이 문의 규모는 작지만 정전의 영역으로 들어가는 상징성을 지니고 있다. 즉위식 때는 왕권을 상징하는 대보大寶를 임금에게 전달하는 의례가 행해졌던 곳이다. 새로 즉위하는 임금은 아직 정전에 들어갈 자격이 없었기에 인정문에서 즉위하고 인정전으로 이동하여 신하들의 축하인사를 받아야만 했다. 조선 사회는 임금이 절대 권력자로 군림했던 사회였지만 임금이 지켜야할 예법이 엄격하여 행동에 많은 제약이 따를 수밖에 없었다.

인정전은 창덕궁을 대표하는 건물답게 화강암으로 만들어진 두벌의 높다란 월대가 인상적이다. 이곳에서 궁궐의 가장 중요한 행사인 즉위식과 외국의 사신을 맞이하는 의식 등을 거행했다. 내부를 살펴보면 매우 화려하게 장식된 전등을 볼 수 있다. 바닥은 본래 흙을 구워 만든 전돌이 깔려 있었는데 한일병합 이후 나무로 된 마루로 바뀌었다. 이곳에도 어좌가 놓여있고 어좌 뒤에는 일월오악도日月五岳圖 병풍이 왕궁의 품격을 대변하고 있다.

인정문을 빠져나오면 순종이 이용했던 승용차가 전시되고 있는 어차고가 나타난다. 자동차 옆에는 임금이 궁궐 밖으로 이동할 때 사용했던 어연御輦*도 전시되어 있다. 어차고 맞은편에는 편전인 선정전宣政殿이 위치하고 있는데 정면 3칸, 측면 3칸 크기로 임금의 공식 업무 외에 왕비들도 가끔 이용했던 곳이다. 팔작지붕에 청기와로 마무리하여 이색적인 분위기를 자아낸다.

---

*임금이 이동할 때 타는 수레.

임금의 집무실과 침전 건물
이었던 희정당. 궁궐이지만
서양식 인테리어가 혼재되어
있다.

선정전 옆의 희정당熙政堂*은 전통적인 궁궐 모습을 하고 있지만 내부의 인테리어는 대부분 서양식이다. 창문은 창호지 대신 유리를 사용하여 왠지 어색해 보인다. 겉모습은 전통건축이지만 내부는 전통식도, 그렇다고 서양식도 아닌 어색한 모습을 보니 조선 말기의 어지럽고 혼란스러웠던 우리의 가치관과 문화가 이 궁궐에서도 상징적으로 보이는 것 같은 기분이다.

희정당의 복도를 따라 이동하면 순종이 머리를 손질하던 이발소 내부

*임금의 집무실과 침전 건물.

전통건축양식과 서구건축양식이 공존하는 희정당의 내부. 순종이 머리를 손질하던 이발소와 황후 침전의 침대가 이색적이다.

도 살펴볼 수 있다. 당시에는 굉장히 고급스럽고 파격적인 시설이었겠지만 지금은 시골 이발소와 흡사한 분위기를 자아낸다. 전통적인 생활양식을 존중하면서 서구문화의 장점을 부분적으로 도입했다기보다는 궁궐 내부가 무분별하고 급하게 서양식으로 개조된 느낌이다. 희정당의 가운데 마루는 중국풍의 서양식 응접실로 꾸며졌고 양쪽 벽면에는 1920년 김규진이 그린 〈총석정절경도〉와 〈금강산만물초승경도〉라는 대형 그림이 걸려 있다.

희정당 뒤편에는 황후의 침전이자 업무 공간인 대조전이 자리 잡고 있다. 대조전의 지붕을 보면 궁궐의 일반적인 건물과 달리 용마루가 없다. 임금과 왕비가 주무시는 침전에 용이 누워있을 수 없다는 이유에서이다. 대조전의 내부 또한 희정당과 마찬가지로 서양식으로 꾸며졌다. 왕비의 침대는 지금 우리들이 사용하는 것과 흡사하며 나무장식에 용 문양을 그려 넣어 왕실문화의 품격을 보여주고 있다. 거실에는 서양식 테이블과 의자가 놓여있고 왕실가족이 목욕을 하던 욕실도 오늘날 우리들이 사용하는 것과 흡사하다.

순종은 희정당에서 생활하다 1926년 4월 25일 대조전에서 망국의 설움을 간직한 채 승하했다.

순종 승하 후 순정효황후 윤비와 왕실 가족들, 영왕과 이방자 여사, 덕혜옹주가 이곳 낙선재에 머물며 상량정을 바라보았을 것이다.

희정당 옆에는 내의원이 있고 후원으로 향하는 도로를 가로지르면 낙선재가 보인다. 순종 승하 후 순정효황후 윤비와 왕실 가족들이 생활했던 곳이기에 조선왕실의 생생한 흔적들이 곳곳에서 묻어난다. 1963년에는 일본에 머물고 있던 영왕과 영왕비 이방자 여사, 그리고 덕혜옹주가 우여곡절 끝에 귀국하여 낙선재에서 여생을 보냈다.

낙선재의 정문인 장락문長樂門은 흥선대원군의 글씨로 '오래도록 즐긴다'는 의미를 담고 있는데, 무릉도원으로 향하는 관문을 상징한다. 흥선대원군은 조선왕실의 종말을 예감했는지 현실에서 이룰 수 없는 꿈과 이상을 이상세계에서 달성하고픈 소망을 표현한 것 같다. 장락문에서 바라보면 약간 좌측으로 치우쳐 있는 상량정이 낙선재의 멋을 대변하듯 고고한 자태를 뽐내고 있다.

## 창덕궁 후원과 왕실의 여가문화

조선의 이궁으로 출발하여 20세기 후반기까지 왕족들이 생활했던 창덕궁은 인간미가 풍기는 궁궐이다. 그래서인지 설계 또한 왕실 가족의 쾌적한 생활에 중점을 두고 있다. 경복궁은 조선을 대표하는 궁궐답게 임금의 권위를 표현하는데 심혈을 기울였지만 상대적으로 임금들이 거닐었던 정원은 외소한 편이다. 반면 창덕궁 후원은 임금의 권위를 내세우기보다 왕실 가족들의 삶의 질과 여가생활에 적합한 공간구조로 조성되었다. 창덕궁 후원後苑은 궁궐 정원인 궁원宮苑으로, 창덕궁 북쪽의 울타리 안에 있음을 상징하는데 비밀스런 궁원이란 의미의 비원秘苑, 금지된 정원이란 의미의 금원禁苑이라 불리기도 했다.

정원은 집주인의 사회적인 지위와 경제력을 보여주는 상징적인 공간이다. 지배계급의 독점적인 생활공간인 정원의 발전과정은 동서양 모두 유사한 경향을 띄고 있다. 다만 지역, 문화에 따라 그 구조와 미학은 차별적으로 발전해왔다. 우리나라 정원이 중국의 영향으로부터 벗어나 독자적인 형태를 갖추게 된 시기는 조선시대이다. 전통정원은 궁원을 비롯하여 낙향한 선비들이 주로 건립했던 별서정원別墅庭園*과 향원 등 다양한 형태로 존재한다. 산과 바다와 호수 등이 어우러져 있는 그대로의 자연경관 자체가 빼어난 곳들이 많았기에, 우리의 전통정원은 특별히 조경을 하지 않고 사람들이 머물 수 있는 정자 건물 한 채만으로도 빼어난 정원을 꾸밀수 있었다. 자연스럽게 나무를 심거나 화단을 조성하고 인공적인 조형물들을 설치하는 것은 불요불급한 경우에 제한적으로 허용되었다.

정원을 만들면서도 기본적으로 지키던 배후사상이 있는데 유교사상, 도가사상, 풍수지리가 그것들이다. 유교사상은 조선시대 지식인들의 정치와 생활의 근본이념으로, 중국 송·명 시대에 이르러 이론적인 체계화

*벼슬이나 당파싸움에서 벗어나 자연 속에서 유유자적한 삶을 위해 건립한 정원

와 철학적인 기반을 공고히 하면서 성리학으로 계승 발전되었다. 조선의 정원에, 특히 궁궐 정원에 네모난 연못을 파고 가운데 둥근 섬을 배치하는 방지원도형方池圓島形 연못은 우주와 인간의 소통을 중시했던 천원지방天圓地方 정신을 담고 있다. 도가사상은 노장사상의 도道와 무위無爲의 개념으로부터 발전했다. '도'는 삼라만상의 궁극적인 원리를 상징하며 '무위'는 인간의 가치관을 배제한 채 자연의 법칙에 따라 살아가는 행위를 상징한다. 조선시대 정원에 스며든 도가사상에 따르면 인간이란 자연에 동화된 정원에 생활하면서 자연에 순응하는 삶을 살아야 한다는 논리다. 도가사상과 함께 신선사상이 결합되면서 선비들은 현실의 한계를 대리만족하고자 하는 염원을 담아 정원을 무릉도원처럼 꾸며놓고 세월을 낚곤 했다. 풍수지리는 음양론과 오행설에 기초하여 땅에 관한 길흉화복을 체계화한 논리로, 길한 것을 택하고 흉한 것을 멀리하고자 했던 옛 선현들의 지혜가 담겨있다.

비원은 창덕궁이 조선의 이궁으로 건립된 다음해인 1406년(태종 6)에 조성되었다. 궁궐의 규모에 비해 상대적으로 크게 조성된 점도 흥미롭지만 단순히 임금과 왕실 가족들의 휴식 공간 외에도 다양한 용도로 활용된 점에 주목할 필요가 있다. 1776년 정조는 창덕궁의 후원인 부용정 맞은편 어수문 뒤편에 주합루를 건립하고 1층에는 왕실 도서관인 규장각을 설치했다. 조선 왕실의 학문에 임하는 자세와 철학을 엿볼 수 있는 상징성을 내포하고 있다(주합루에서 보관되고 있던 책들은 현재 서울대학교 도서관에 있다). 순조는 비원 안쪽 고즈넉한 공간에 대리청정을 수행하던 효명세자가 학문에 정진할 수 있도록 기오헌寄傲軒이란 건물을 세웠다.

조선의 지식인들은 학문을 탐구함에 있어 아름답고 쾌적한 공간 속에서 자연의 아름다움을 음미해가며 학문에 정진했다. 출세하여 가문과 자신의 부귀영화를 꿈꾸었던 열망이야 그 때나 지금이나 흡사했겠지만 당시의 선비들은 최선을 다하되 결과에 순응하는 자세를 견지했다. 공부함에 있어서도 탐욕을 경계하고 결과에 순응했던 이유는 삼라만상이 자연의 이치대로 순환해야 하는 성리학적 가치를 중시했기 때문이다. 오늘날 수많은 젊은이들이 출세하고자 하는 일념으로 고시촌이라 불리는 비좁고 쾌적하지 못한 공간 속에서 고행하듯 자신의 몸을 학대해가며 고통을 감내하는 방식과는 전혀 다르다.

낙선재에서 후원으로 향하는 작은 언덕길에 올라서면 인간을 압도하는 웅장한 건물들은 보이지 않고 목가적인 전원풍경이 펼쳐진다. 창덕궁 후원은 북한산에서 이어진 산줄기의 아름다운 지형을 살리면서 곳곳에 자연친화적인 연못을 파고 정자를 배치하여 가장 한국적이면서도 세계적인 정원을 창출해 냈다.

창덕궁의 자연수계는 남북으로 길게 뻗어있는 능선에서 동과 서로 물줄기가 나뉘는데 후원으로 흘러드는 물줄기는 능선을 따라 동쪽으로 흐르는 4개의 골짜기로부터 물을 공급받는다. 주능선에서 소요정 앞으로 흐르는 물줄기와 관람지, 애련지, 부용지 등의 연못으로 흘러드는 골짜기의 물을 이용하여 정원을 꾸몄다. 반면 여행자들은 골짜기의 물 흐름과는 반대로 부용지, 애련지, 관람지 순으로 답사할 수 있다.

부용지는 네모진 연못의 테두리를 대리석으로 장식하였고 연못 가운데에 둥근 섬을 배치했다. 천원지방설에 근거하여 하늘을 둥글고 땅을 네모나다는 뜻을 함축하고 있다. 연못 안에 배치된 둥근 섬은 '하늘이 둥글다'는 뜻 외에 신선경도 표현하고 있다.

창덕궁의 부용정. 천원지방
설에 근거해 네모난 연못 안
에 둥근 섬을 배치했다.

　부용지의 한 모퉁이에는 열십자 모양으로 지어진 부용정이 연못에 두
다리를 담근 채 멋스럽게 서 있다. 먼발치에서 부용정 일대를 바라보면 더
할 것도 뺄 것도 없는 간결한 공간구조가 전해주는 미적 신비감이 술술
배어나온다.

　부용지의 남쪽 모서리부분의 장대석에는 뛰어 오를 듯한 물고기 한 마
리를 조각해 놓았는데 임금과 신하의 관계를 함축적으로 표현한 것이다.
임금은 물을 상징하고 물고기는 신하를 상징한다. 연못에는 물고기가 살
아야 하고 물고기는 물을 떠나 살아갈 수 없다는 의미로 해석된다.

　부용지에서 동쪽으로 내려가자 후원에서 가장 오래된 건물인 영화당
暎花堂이 나타났다. 임금께서 잔치를 베풀거나 활쏘기를 즐겼던 장소였고
과거시험도 치러졌던 곳이다. 과거시험이 임금의 휴식공간에서 치러졌다
는 것은 일과 휴식을 이분법적으로 생각하기보다 통합적인 관점에서 실천
한 당시의 경향을 보여주는 증좌이기도 하다.

　영화당에서 왼쪽의 산자락을 끼고 좀 더 깊숙이 들어가면 효명세자가

학문에 정진했던 기오헌倚傲軒이 나온다. 북쪽으로 좀 더 들어가면 불로문 不老門을 거쳐 연못인 애련지愛蓮池와 정자인 애련정愛蓮亭을 만날 수 있다. 큰 지붕을 떠받치고 있는 애련정의 기둥들은 더하지도 부족하지도 않은 날렵한 모습인데 애련지의 황량한 분위기를 온화하고 목가적인 분위기로 반전시켜 놓았다.

애련지를 지나 안쪽으로 더 들어가면 1828년 순조가 건립한 연경당演 慶堂이 나온다. 궁궐 양식을 적용하지 않고 사대부의 집처럼 지어졌다. 당시 순조는 세도정치에 휘둘려 제대로 정사를 보지 못하고 이곳에서 많은 시간을 보냈다. 연경당의 정문도 장락문인데 왕권을 행사하지 못하는 군주의 신세를 이상세계에서 위로받고 싶었던 염원을 담고 있는 듯하다.

창덕궁은 조선 왕실의 생활을 엿볼 수 있는 상징적인 공간이다. 요즘 사람들은 노동과 여가활동을 이분법적으로 생각하는 경향이 강한데 조선의 왕실 가족들은 노동과 여가활동을 다분히 통합적인 관점에서 접근했음에 주목할 필요가 있다.

조선의 임금들이 머물렀던 비원은 단순히 음주가무나 쾌락이 아니라, 미래를 대비하는 전략 수립을 위한 사색의 공간이었고 이를 뒷받침하기 위한 학습과 문화체험의 공간이었다. 뿐만 아니라 유능한 선비들에게 그들의 꿈과 이상을 펼칠 수 있도록 학습의 장을 마련해주었던 배려의 공간이기도 했다. 왕세자가 공부하던 곳이었고, 신하들을 위로하고 보듬어주던 서번트 리더십servant leadership의 현장이었다. 사람들의 앞에 나서기 위해서는 그들을 끌고 갈 카리스마도 필요하지만 그들과 함께 하기 위한 봉사하는 마음, 섬기는 자세가 필요하다는 교훈이 담겨있는 곳이기도 하다.

창의성을 필요로 하는 기업이라면 좋은 성과를 내기 위해서라도 이제는 실무자가 편해야 한다. 더 이상 권위를 내세워서는 안 된다. 민주적이면서도 부하직원들을 세심하게 배려하는 리더여야만 성과를 높일 수 있는 시대가 되었다. 권위주의적인 리더십에 벗어나 조직 구성원들이 잠재의식 속에 내재된 능력을 발휘할 수 있도록 직급에 따른 적절한 권한위임이 필요하다. 그리고 그들이 스스로 주인의식을 가지고 만나는 모든 이해관계자를 감동시키도록 해야 한다.

그 시작은 이 책을 읽는 여러분이 스스로를 다스리고 여유를 찾는 것이다.

조선의 리더십을 탐하라
© 이영관 2012

1판 1쇄    2012년  6월  29일
1판 3쇄    2014년 12월  10일

지은이      이영관
펴낸이      김승욱
편집        정은아
디자인      엄혜리 이보람
마케팅      방미연 이지현 함유지
제작        강신은 김동욱 임현식
펴낸곳      이콘출판(주)
출판등록    2003년 3월 12일 제406-2003-059호

주소        413-120 경기도 파주시 회동길 216
전자우편    book@econbook.com
전화        031-955-7979
팩스        031-955-8855

ISBN       978-89-97453-04-7    03320

* 이 도서의 국립중앙도서관 출판시도서목록(CIP)은 e-CIP홈페이지(http://www.nl.go.kr/ecip)와
  국가자료공동목록시스템(http://www.nl.go.kr/kolisnet)에서 이용하실 수 있습니다.
  (CIP제어번호: CIP2012002794)